共/享/员/工/系/列

组织赋能

卓越经理人8项修炼

朱文兴 张培泉 邱永锋 陈雪玲 ◎著

企业管理出版社
ENTERPRISE MANAGEMENT PUBLISHING HOUSE

图书在版编目（CIP）数据

组织赋能：卓越经理人 8 项修炼 / 朱文兴等著. -- 北京：企业管理出版社，2022.1

ISBN 978-7-5164-2384-4

Ⅰ．①组… Ⅱ．①朱… Ⅲ．①企业领导学 Ⅳ．① F272.91

中国版本图书馆 CIP 数据核字（2021）第 073744 号

书　　名：	组织赋能：卓越经理人 8 项修炼
书　　号：	ISBN 978-7-5164-2384-4
作　　者：	朱文兴　张培泉　邱永锋　陈雪玲
责任编辑：	郑亮　黄爽
出版发行：	企业管理出版社
经　　销：	新华书店
地　　址：	北京市海淀区紫竹院南路 17 号　　邮　编：100048
网　　址：	http://www.emph.cn　　电子信箱：emph001@163.com
电　　话：	编辑部（010）68701638　　发行部（010）68701816
印　　刷：	河北宝昌佳彩印刷有限公司
版　　次：	2022 年 1 月第 1 版
印　　次：	2022 年 1 月第 1 次印刷
开　　本：	710mm×1000mm　1/16 开本
印　　张：	17 印张
字　　数：	244 千字
定　　价：	68.00 元

版权所有　翻印必究　·　印装有误　负责调换

前言 PREFACE

数字经济时代的跳跃性、非连续性、集成性和虚拟化的动态经济发展规律给职业经理人带来了巨大的挑战，以往任何时代都是对技术与设备的淘汰，而在数字经济时代不仅仅是对技术与设备的淘汰，更重要的是对人的淘汰，尤其是职业经理人。

企业的发展离不开企业内部卓越的管理人才，职业经理人是企业的实际领导者与执行者，是企业的灵魂人物，他们的知识、素质与能力影响着企业的生存与发展，既可以在关键时刻让企业扭转困局，走出困境，也可以让企业在短期内土崩瓦解。

当前，大多数企业职业经理人的管理风格与策略仍然沿袭传统的管理模式与思维，善于用规则与制度去管控人与治理企业，用家长式的说教及空中楼阁式的目标去说服下属；善于用制度惩罚员工，用刚性的薪酬去激励员工，虽辛劳工作，施尽全能，但成效甚微，把责任归咎于企业内部员工，归咎于社会大环境，不能正确认识到传统管理与组织赋能的本质区别。组织赋能的核心理念是如何驱动组织自我成长，赋予企业新的增长动力和源泉，实现企业自发性成长，并自动适应环境变化的需求。

职业经理人从优秀走向卓越，必然需要做好三件事，即管好自己、管好他人、管好工作，实现业务与能力的同频共振。为此，需要从自我赋能、员工赋能走向组织赋能。职业经理人的 8 项修炼如图 1 所示。

- 角色认知
- 自我管理
- 时间管理
- 有效沟通

自我赋能

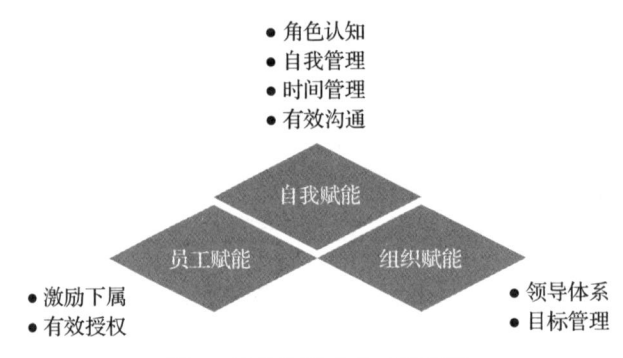

员工赋能　组织赋能

- 激励下属
- 有效授权

- 领导体系
- 目标管理

图 1　职业经理人的 8 项修炼

职业经理人自我管理的修炼是自我赋能的核心要义，需要正确认知数字化时代职业经理人的角色、岗位，以及新时代要求下的履职行为，但管理工作的重心在协调，仅仅对职业经理人自身赋能，显然难以有效驱动他人及团队成长。为此，需要进一步赋能他人，实现员工赋能，驱动员工成长，改变传统人事管理的模式，有效实现员工自我管理和驱动，这是员工赋能的核心要义。他们需要激励下属的积极性，充分授权，给予团队有效的创新空间。但员工赋能和自我赋能仅仅局限于人的管理，职业经理人的核心工作是管人理事，数字经济时代如何驱动业务和能力同频共振，提高领导力和执行力的效度，实现人与事的无缝对接，就需要实现组织赋能。制定目标、做好预算及抓好绩效，在工作中给员工赋能，在赋能中促进公司发展，赋予企业新的增长动力和源泉，实现组织自我成长，是组织赋能的核心。

本书分为自我赋能、员工赋能和组织赋能三篇，共八章内容，采用言简意赅、通俗易懂的语言表述方式，采用大量的最新案例，以便读者能够轻松愉悦地完成阅读并拓宽视野。该书既可以作为工商管理类本科及工商管理硕士等的教材，又可以供企业管理者自学使用。

本书在写作过程中，借鉴了部分学者在相关领域的研究成果，虽然作者在主观上想对所有文献资料都予以标注，但不可避免会存在挂一漏万的情况，在此对这些研究工作者一并表达我们诚挚的谢意。

限于作者的学识水平，书中难免会有疏漏，敬请广大读者批评指正。

目录 CONTENTS

第一篇

自我赋能

第一章 角色认知 ………………………………………… 3

第一节 经理人角色剖析 …………………………… 6
一、何为职业经理人 …………………………… 6
二、职业经理人职业化 ………………………… 7
三、职业经理人的十大素质能力 ……………… 10

第二节 职业经理人的重要性 ……………………… 20
一、职业经理人对企业的价值 ………………… 20
二、互相成就 …………………………………… 23

第三节 互联网时代职业经理新认知 ……………… 23
一、互联网时代经理人的新视角 ……………… 24
二、"互联网+"时代职业经理人的新标准 …… 26

第二章　自我管理 ……………………………………………………… 31

第一节　自我管理能力 …………………………………………… 33
一、自我管理的内涵 …………………………………………… 33
二、成功的自我管理 …………………………………………… 34
三、如何自我管理 ……………………………………………… 38
四、自我管理实现自我赋能 …………………………………… 40

第二节　经理人的角色转换 ……………………………………… 42
一、职业经理人管理赋能 ……………………………………… 45
二、赋能的核心执行力 ………………………………………… 47
三、互联网环境下人力资源赋能策略 ………………………… 53

第三章　时间管理 ……………………………………………………… 59

第一节　时间管理的重要性 ……………………………………… 61
一、时间管理中时间的双面性 ………………………………… 61
二、时间管理中时间的价值变身 ……………………………… 62
三、管理时间就是管理自己 …………………………………… 65

第二节　时间管理原则及策略 …………………………………… 67
一、时间管理的策略 …………………………………………… 68
二、高效的时间管理 …………………………………………… 71
三、善用时间的良好习惯 ……………………………………… 77
四、目标设定与时间规划 ……………………………………… 79

第四章　有效沟通 ……………………………………………………… 87

第一节　全面解析沟通 …………………………………………… 90
一、沟通的基本要素 …………………………………………… 90
二、沟通的方向 ………………………………………………… 94

三、人际沟通的影响因素 ………………………………………… 95

第二节　沟通中的障碍 ……………………………………………… 96
　　一、沟通中的个人障碍 …………………………………………… 96
　　二、沟通中的组织障碍 …………………………………………… 99
　　三、日常沟通中的七个"C" …………………………………… 101

第三节　沟通的技巧 ………………………………………………… 105
　　一、有效沟通的四大原则 ……………………………………… 105
　　二、与上级的沟通技巧 ………………………………………… 105
　　三、与下属的沟通技巧 ………………………………………… 110
　　四、水平沟通的技巧 …………………………………………… 112

第二篇

员工赋能

第五章　有效授权 ……………………………………… 119

第一节　何谓授权 …………………………………………………… 123
　　一、授权是什么 ………………………………………………… 123
　　二、授权的类型 ………………………………………………… 126
　　三、授权的误区与障碍 ………………………………………… 130

第二节　经理人如何授权 …………………………………………… 135
　　一、被授权人的选择 …………………………………………… 135
　　二、经理人授权的前提 ………………………………………… 136

第三节　授权的艺术 ………………………………………………… 139
　　一、全新认识被授权者 ………………………………………… 139

二、授权的策略原则 ……………………………………………… 141
　　三、授权中应注意的问题 …………………………………………… 144

第六章　激励艺术 …………………………………………………… 149

第一节　为什么要激励员工 ……………………………………… 152
　　一、什么是激励 ……………………………………………………… 152
　　二、认识激励 ………………………………………………………… 153
　　三、激励的作用 ……………………………………………………… 156

第二节　激励的前奏——赋能员工让激励插上翅膀 …………… 160
　　一、企业职业经理人的管理误区 …………………………………… 161
　　二、职业经理人的优势导向管理 …………………………………… 162

第三节　职业经理人的激励策略 ………………………………… 164
　　一、激励赋能策略 …………………………………………………… 165
　　二、从员工角度看激励的误区 ……………………………………… 170
　　三、管理者在激励中的错误认知 …………………………………… 175

● 第三篇 ●

组织赋能

第七章　领导体系 …………………………………………………… 185

第一节　新时代领导体系认知 …………………………………… 187
　　一、领导者与管理者对比 …………………………………………… 188
　　二、领导的前提 ……………………………………………………… 191
　　三、领导力与执行力 ………………………………………………… 192

四、领导者自我修炼——领导力开发 197
　　五、领导力提升策略 200

第二节　领导者的十九个金句 201

第三节　数字时代职业经理人领导力创新 205
　　一、数字经济时代的概念 206
　　二、数字经济的特征 206
　　三、数字经济的未来 209

第八章　目标管理 215

第一节　认识目标管理 217
　　一、目标管理的概念 217
　　二、实现目标管理的条件 219
　　三、目标管理的核心 222

第二节　目标管理成功的要素 225
　　一、目标管理成功实现的因素 225
　　二、目标管理成功实现的特征 228
　　三、目标管理中存在的问题 233
　　四、目标的执行 237

第三节　职业经理人目标管理的有效策略 244
　　一、职业经理人目标管理的制定 245
　　二、从执行层面看职业经理人目标管理 247
　　三、职业经理人目标管理的高效执行 249

参考文献 257

第一篇 自我赋能

顾名思义，自我赋能就是职业经理人赋予自身能量和力量，驱动自我成长。大数据、智能制造、移动互联网、云计算正在重塑新业态，职业经理人的自我赋能已经成为日常管理工作不可或缺的一部分。重新定位职业经理人的角色认知、提升自我管理能力、合理有效地利用碎片化的时间，以及促进有效的沟通已经成为职业经理人追求职场发展空间的重要修炼，也是适应当下数字经济转型、获得持续核心能力的关键所在。

本篇共分为四章，主要从职业经理人的角色认知、自我管理、时间管理、有效沟通四个方面进行解析与阐述，以期通过基础知识与新的发展融合来说明职业经理人对于企业的重要意义，通过学习标杆企业案例实现自我赋能。

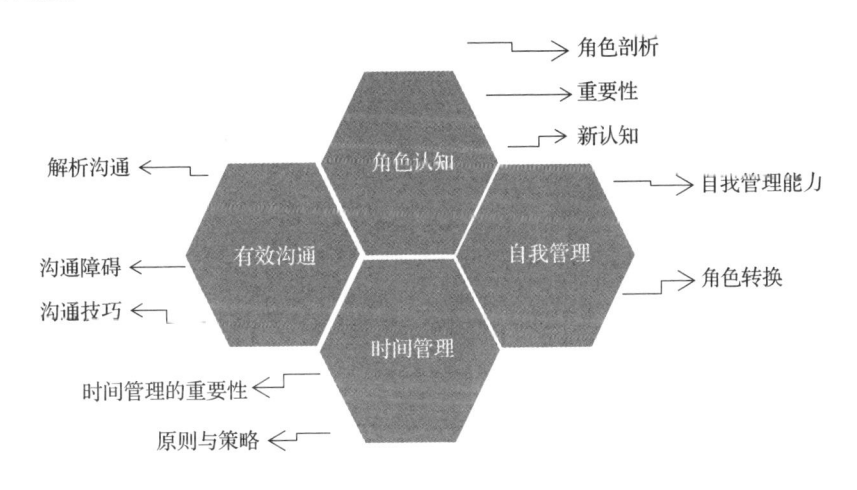

角色认知 → 角色剖析、重要性、新认知

自我管理 → 自我管理能力、角色转换

时间管理 → 时间管理的重要性、原则与策略

有效沟通 → 解析沟通、沟通障碍、沟通技巧

第一章

角色认知

> 职业经理人在企业发展中起着决定性作用。在中国近年的发展中，已经证明了职业经理人在企业成长与发展中的重要性：是企业发展的引领者，是风口上的指路人。卓越的职业经理人可以说是"凤毛麟角"，称得上"千军易得，而一将难寻"。故企业管理者应先学会自我赋能，通过赋能提升能力与素质，从而成为卓越的经理人，而自我赋能的前提就是角色认知。

企业要持续稳健经营，要成为现代化的国际企业，靠老板、靠感情、靠物质激励是不可能长远的，迟早都会出问题。美的依靠的是一套行之有效的选拔机制，通过完善的放权机制、培养机制、激励机制、约束机制，培养了大批职业经理人。

——美的集团创始人　何享健

开章案例　宁德时代曾毓群：心怀凌云志，扶摇上九天

宁德时代新能源科技股份有限公司（以下简称宁德时代）目前是创业板第二大高市值的独角兽企业，企业能有今天的发展与成就离不开创始人曾毓群卓越的领导力与战略专家的眼光。作为锂电池时代的领导企业，宁德时代在竞争激烈的动力电池市场是如何获得当今辉煌的成绩的？这需要我们从多个维度进行解析与学习。

1. 公司概况

宁德时代是全球领先的锂离子电池研发制造公司，专注于新能源汽车动力电池系统和储能系统的研发、生产和销售，致力于为全球新能源的应用提供一流的解决方案。

2. 高瞻远瞩，提前布局

宁德时代管理者高瞻远瞩，从整个行业的产业链角度提前布局，来打造全产业链核心竞争优势，依托从前端研发到整个制造与装车的过程进行深耕，率先形成了全闭环生态以及可循环经济。

3. 重于研发与创新

企业的发展离不开技术创新与研发，创新是一个"烧钱"的事，关键因素是资金，也就是研发成本。而宁德时代的管理者清楚地意识到核心技术与创新的重要性，每年拿出远超国内任何一家同行业企业的资金用于研发与创新。高额的投入，足以说明企业管理者前瞻的战略思维，卓越的洞察能力与管理魄力是当今宁德时代铸就辉煌的保障。

4. 坚持主业，拓宽产业链

宁德时代在坚持做好主业的同时，也拓宽了与产业链相关的市场与领域，特别是在开拓应用场景上，用"电动化＋智能化"赋能各个应用领域和场景，为各行各业提供可持续、可普及、可信赖的能量来源。

5. 危机意识常在

2017年4月，宁德时代创始人曾毓群发布了一封内部群发邮件，提醒企业全员时刻保持危机意识，并且提前做好应对。曾毓群常说：企业发展就像马拉松赛跑，不能歇着，要一直有目标。

随着智能制造时代的来临，曾毓群嗅到了危机与机会，在日本松下、韩国SK、LG、三星SDI进军中国建厂之时，宁德时代与华为牵手合作，强强联合，开启了一个崭新的时代。

6. 案例启示

第一，敏锐的市场洞察力。宁德时代的成功说到底是一位卓越企业管理者的成功，企业从萌芽到成功处处都闪现着卓越的经理人本色，把职业经理人的角色升华到了企业家的高度。有人说宁德时代的成功是赶上了风口，但是即便是赶上了风口，如果没有敏锐的商业眼光，没有卓越的市场洞察力，没有不停步的创新与改革，风口对于常人来说也就只是一个风口而已。

第二，双循环两驾马车并驾齐驱。宁德时代在风口上没有停息，积极学习并采用国家双循环策略。内部苦练内功，加大技术研发与能力提升力度，从而与国内多家汽车企业联合，也成功与长安及华为合作，开创了智能网联电动汽车的另一番天地；外循环与特斯拉合作，努力争取更大的世界汽车动力电池市场。

第三，自我创新。宁德时代秉承创新精神，"以创新成就客户"是宁德时代的企业使命，创新是企业的生命力，成就客户是宁德时代获得持续成功的保障。宁德时代每年把大笔资金用于创新研究，为企业健康、稳定发展提供了有力的保障。

第四，赋能绿色发展。宁德时代把绿色发展作为企业的社会责任，为产品可持续利用及循环使用攻关，通过筛选，使用纳米涂层技术来提高动力电池的性能与寿命。宁德时代热情拥抱互联网与大数据，利用大数据云服务及车载高性能 BMS 边缘计算，车云协同，实现更全面的诊断及更人性化的电池管理，让绿色发展成为可持续。

（以上资料来自多方整理）

既然企业经理人如此重要，就需管理者重新认识职业经理人，顺势而为，知其然，赋其能，才能有针对性地进行提升与打造，从而创造出更多的独角兽企业。

第一节　经理人角色剖析

职业经理人有别于一般意义上的管理者或领导，认为一辈子靠打工为生的管理者就是职业经理人的看法有失偏颇。重新认识经理人，认识新业态环境下经理人的内涵，才能有效地提升经理人的各项能力与素质。从中国五千年的发展进程来说，职业经理人并不是一个新生的职业，从理论上看，在中国早期的历史中，就已经出现了很多不同的职业经理人。近几年比较卓越的职业经理人代表是被誉为"打工皇帝"的职业经理人唐骏、联想集团的接班人杨元庆等。

一、何为职业经理人

职业经理人是具有管理艺术、领导水平和组织才能，并领导企业发展与前进的人。职业经理人既要有丰富的阅历和经验，也要有敏锐的感觉。对处理各种疑难问题有独到的策略或见解，具有良好的前瞻性和卓越的风险管理意识，善于汲取前沿知识与技术，有较好的创新意识，能在关键的时刻力挽狂澜，或在暴风雨来临时运筹帷幄，是企业的栋梁。

因此，经理人在职业生涯中要有清晰的定位，角色定位要准确，才可以有的放矢地提升自己更深层次的素质与能力，在工作与生活中学会自我赋能，才能成为一个合格的职业经理人，并走向卓越。

职业经理人既是一个职业，也是一个职位。这种双重角色使职业经理人需要有非常好的职业化心态，只有完成自我实现，才能实现个人价值与组织价值的共同进步。经理人用业绩成就自我价值，也以此成就企业。若忽略了自我实现，就不算是完整的卓越经理人，即便达成业绩，也可能是昙花一现，不能持续，不能基业长青，不能有更好的未来发展。

二、职业经理人职业化

职业经理人与一般经理人最大的区别在于"职业",他们视其为自己的事业,并将其经营管理的成功视为自身的成功。职业经理人需要有多方面的才能,要有能力来解决企业或组织面临的问题,帮助企业或组织创造更大的价值,完成组织给予的不同使命,通过个人领导力与影响力,促使组织成员进步,通过解决企业问题完成使命,让企业获得稳定与持续健康的发展,从而圆满完成各种绩效指标,让自己获得高额的回报。

职业经理人的"经理",实际上就是经与理的含义,指的是经营与管理。如果不具备对一家企业或一个组织经营和管理的能力,就称不上"经理"。真正的经理人是既懂经营又懂管理的人,是善用影响力与领导力,用智慧做事的人。

职业经理人中的"人",不是一般说法中人的含义,这里的"人"是有良好的品格和素养,能自我提升,以及善于与人沟通协作,有一定能力的人。如果不是,就不是合格的职业经理"人",也可以说是修行不足,仍在路上的修行人。

总的来说,职业经理人就是有着良好的职业素养,具有多维度的职业能力与素质,带领团队共同进步,实现企业价值最大化,并能有效发展人与培养人的人。

专栏 1-1

美锐电子科技正扬帆远航

2020年是PCB行业的冷冬,全球各大PCB企业因受新冠肺炎疫情影响,订单减少了30%~40%,部分厂家受汽车电子需求减少的影响,一度面临亏损。而作为全球最大的PCB硬板集团下的惠州美锐电子科技,订单却是另外一番天地,订单暴涨,并且接近饱和,而且一些高难度、小批量、高价格的订单板也是异常火爆,与集团其他企业相比简直就是"冰火两重天"。为什么会有如此大的差别呢？

1. 公司简介

美锐电子科技有限公司（以下简称美锐电子科技）是北美洲较大的印刷线路板制造商，及全球最大的硬板制造上市集团——美国迅达科技集团（TTMI）全球25家分公司之一的一家中国公司，公司共有员工近1600人，主要生产精密航天航空、医疗电子双面、多层印制电路板，产品畅销北美、欧洲等地区，2003—2005年连续被评为"惠州出口百强企业"。2018年被广东省认证为高新科技企业。

2. 订单暴增，OI 创历史新高

2018—2020年，美锐电子科技（TTM HY）的销售额（Operate Income）及效率每年保持近10%的上升趋势，利润率已经与美国本土分厂保持在一个相近的水平线上，不但成为整个集团表现卓越的分公司，更是亚洲区TOP1。大多数客户基于该厂较好的品质与技术创新，把该公司作为首选合作商或指定商。

美锐电子科技2014—2020年销售额与利润率情况如图1-1所示。

图1-1　美锐电子科技2014—2020年销售额与利润率

2020年，迅达科技集团的大多公司订单受到严重影响，而美锐电子科技却是一枝独秀，不但订单保持逆势增长，更是达到饱和，OI已接近美国本土PCB高科技企业同等水平，成为集团特别是亚洲区各公司学习的榜样与基地，2020年全年销售额达1.47亿美元，利润率达到21.5%，这是美锐电子科技新的里程碑。

3. 美锐科技战略决策

这个位于广东省惠州市的企业，为什么会有如此好的业绩与健康的发展势头呢？答案是美锐电子科技始终保持了较好的风险意识和创新意识。

第一，危机中看到机会。

相对于其他几家亚洲分厂，美锐电子科技只能算是一个"小弟"，首先厂房空间有限，相应的产能潜力也有限。大的订单消化不了，小的订单却是技术难度高，生产工艺复杂，成本相对也高。但企业管理者并不认为这些是困难，反而认为企业小，转型与操作相对简单，是企业的核心优势所在。

第二，敢于第一个吃"螃蟹"。

三年前PCB订单火热，无论是国外企业还是国内企业，订单都相对稳定。而美锐电子科技总经理却嗅到了危机的到来，把一些批量订单尽量转给了兄弟厂，而把集团其他兄弟厂不愿意承接的高技术难度的订单，授权市场部大胆接下来。用总经理的话来说：我们要走别人不敢走的路，在风险与困难中提升我们的能力与技术，打造我们独有的技术能力，走"他有我新，他新我独"的创新战略之路。过程中只要大家一条心，相信方法总比困难多。

第三，敢于担当与试错。

但企业接回来的订单，很多流程与工艺对于企业来说都是新的尝试，企业的管理团队都如在刀尖上工作，一不小心，就有可能被割伤。而总经理授权给大家："只要大家有所得，有新的发现与突破，失败不必太在意，出了问题由我承担。"

就是因为总经理的战略眼光以及与团队的不懈努力、同心协作，开创出了美锐电子科技一条独有的发展之路，从而出现了2020年订单爆满的局面。

美锐电子科技正在开发的软硬结合板与高阶板，深受微软客户的欢迎，也是2021年企业订单最大的来源之一。微软订单是高技术含量与高附加值的订单，或许将成为美锐电子科技新的里程碑。

（资料来源：作者根据多方资料整理）

三、职业经理人的十大素质能力

只有具备一定的素质能力，才有可能成就卓越，成为卓越的经理人需要注意以下十大要素。

（一）顺应天时、地利与人和

凡事都讲天时、地利与人和。条件具备的要充分发挥，条件缺少的要努力补足，这是前提条件。纵观古今，不管是国家兴亡、事业兴衰，还是经济的发展状况、农民收成的好坏，都离不开这三个前提条件。

天时意味着大势、大环境及时机。立足新发展阶段，把握时代脉搏，顺应技术发展规律，准确挖掘重大投资决策的机会，利用好环境酝酿的时机，顺势而为，借势借力，实现事半功倍的效果。地利意味着充分使用地缘政策、空间优势及区域战略。职业经理人应具有较好的空间经济思维，全面把握全球经济的空间布局，理解不同空间结构下政策、市场、汇率、消费习惯等的差异，用新型投资经营理念，实现空间资源的优化配置，并力争做到空间优化下不同状况的套利组合；立足国家区域战略，正确掌握"粤港澳大湾区""长江经济带""海南自贸区"等国家战略，立足东西南北中区域差异，进行企业空间布局优化，明晰政策、市场、地理及人文等地缘差异，打破空间桎梏，采用虚拟化、网络化等运作方式，实现空间资源的最优组合。人和意味着亲情、友情等社会网络的协同整合。通过个人的战略思维影响与策略行动，与组织的人力资源协调一致，打造出卓越的管理团队与创新团队，让所有人都能走在个人事业或组织事业成就的大路上。只有天时、地利与人和三者具备，才能打造出战无不胜的团队。

（二）敏锐的市场嗅觉

经理人需要对市场有敏锐的嗅觉与意识，正确掌握传统产业与新兴产业更迭的规律，充分理解单一产业前、后向一体化的市场延伸，尤其是跨产业的多点组合的市场模式，明确产业更迭下的结构性市场及新兴产业新产品的方向；掌握流量经济背景下从CMO向CGO转变的新型业务增长模式，以及私域、公域流量下的新型业务驱动模式；充分利用大数据、人工智能、移动互联网、云时代的万物互联的海量信息，把握信息整合的工具，培育职业经理人的市场敏感度；从行业的技术需求与未来市场的潜力角度进行了详细的调研，做到深入调查、反复论证、细心筛选、择优决策。

（三）丰富人脉的社会网络

职业经理人需要清楚地意识到如何让自己的人脉变成丰富的人力资本，进一步让人力资本变成丰富的社会网络。打破"女怕嫁错郎，男怕入错行"的封闭式人脉圈思维，让自己的每一段经历、每一个曾经接触的社会关系都成为未来社会网络中关键节点的一部分，而不是把过往的人情投入作为沉没成本，人生的职业生涯有限，某些人在一些时点可能会发挥重要的作用，但社会网络的资本化才是职业经理人经营人脉的王道。熟练使用互联网时代的社交工具，经营好自己的私域社会网络，保持在社会网络中的影响力，让人脉拓展人脉，让网络拓展网络，实现对外交换资源，对内交换授权。

（四）永不放弃的敬业精神

敬业精神是职业经理人必须具备的职业道德和操守。坚持守正经营，做到合规合法，遵守职业道德，坚信自己的判断，做到竞业禁止是每个职业经理人应做到的操守。职业经理人把从事经营管理作为自己的职业，维护好职业声誉、信誉，打破短期的投机思维，严格遵守公司治理的委托代理精神，为老板负责是职业经理人的天职。天赋、天才、智商是先天条件，如果不加上后天的努力、勤奋、敬业，到头来还是一场空。成功=30%的先天条件+70%的后天努力，70%的努力源于职业经理人的敬业精神，这也是努力的源泉与动力。

专栏 1-2

华为：用"芭蕾的脚"淬炼成功的路

不经历风雨如何见彩虹，卓越领导者始终坚持宏伟的战略目标，不惧任何艰难险阻，不惧外部的压力，用"台上一分钟，台下十年功"的信念深耕于所认知的领域。华为在任正非卓越的战略目标信念下，时刻保持"狼来了"的企业文化，多年来把技术研究与创新作为企业的核心竞争力，与"狼"共舞，与时代同进。

1. 公司概况

华为创立于1987年，是全球领先的ICT（信息与通信）基础设施和智能终端提供商。华为致力于把数字世界带给每个人、每个家庭、每个组织，构建万物互联的智能世界：让无处不在的连接，成为人人平等的权利；为世界提供最强算力，让云无处不在，让智能无所不及；所有的行业和组织，因强大的数字平台而变得敏捷、高效、生机勃勃；通过AI重新定义体验，让消费者在居家、办公、出行等全场景获得极致的个性化体验。

2. 芭蕾的脚

"我们的人生，痛并快乐着"。这是华为"芭蕾脚"广告图片中的一句话，代表着华为的精神和写照，也是任正非本人经历的一个侧影。华为董事陈黎芳说："那只伤痕累累的脚代表的就是任正非本人。"任正非亲自对芭蕾脚有过这样的阐述："我们除了比别人少喝咖啡，多干活，其实不比别人有什么长处。就是因为我们起步太晚，成长的年限太短，积累的东西太少，我们得比别人多吃点苦。所以我们有一只芭蕾脚，痛并快乐着。"

2019年华为销售额达到8588亿元，比2018年增长19.1%，净利润达到了625亿元，比2018年增长了5.6%。2020年上半年，公司实现销售收入4540亿元，同比增长13.1%，净利率为9.2%，如图1-2所示。

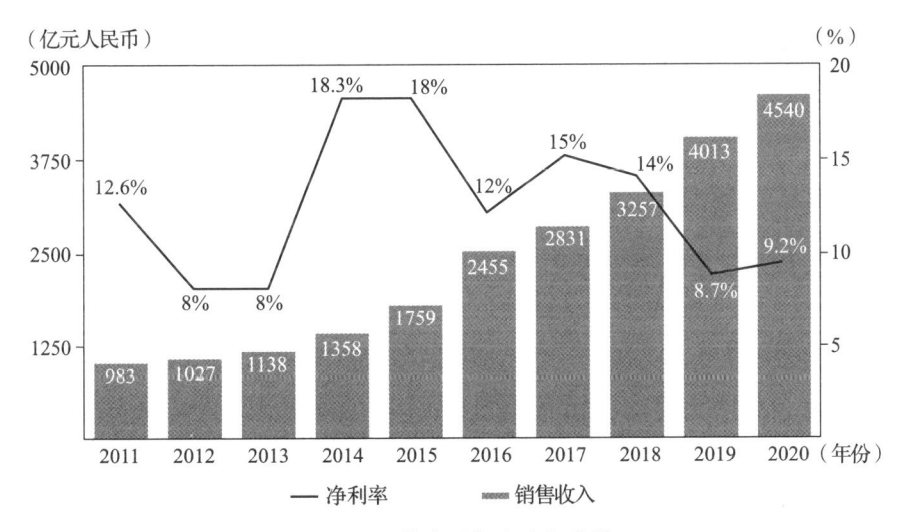

图1-2 华为历年上半年业绩

3. 备胎转正，科技自立

2019年5月17日凌晨，华为的海思总裁何庭波宣布海思芯片"备胎""转正"。

在任正非看来，企业既要有全球竞争与开放心态，也要有科技自立的危机意识。在当今的经济状况下，企业要有培育自立生态链的危机意识。眼光独到的任正非早在2004年就成立了海思，"麒麟"直到2014年才正式出现在公众视野。

经过20多年的研发，海思已成功开发了200多种拥有自主知识产权的模型，并申请了8000多项专利。华为主要的芯片类型如图1-3所示。

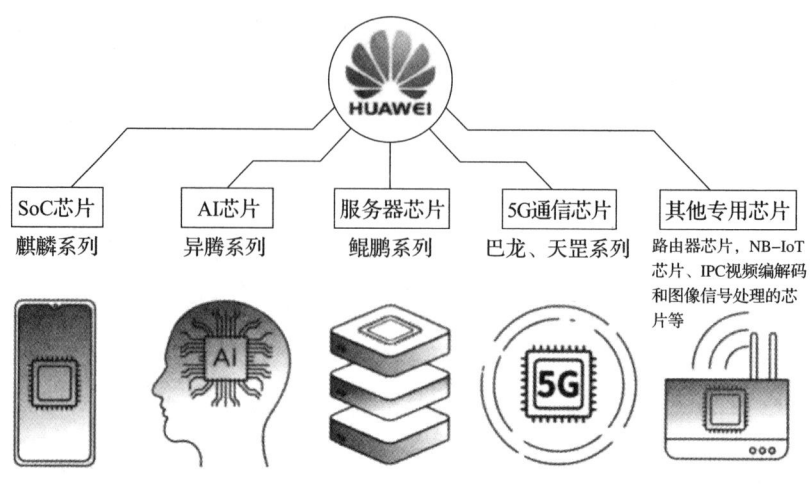

图 1-3　华为主要的芯片类型

4. 断臂求生还是浴火重生

2020年11月10日,"华为计划1000亿元将荣耀手机业务整体打包出售"的新闻再次让沉寂一段时间的华为回到舆论的中心。华为弃车保帅,从表面来看是因为美国的制裁产生的影响,而从深层次来看,企业回归主要战场,也是一个在利益诱惑前独到的战略眼光,与其厮杀,不如退而求得更好的主业发展。尽管提及华为最先想到的是华为的消费者业务,但华为消费者业务营业收入超过运营商业务不过只有两年多的时间。华为以交换机、路由器等业务起家,网络设备、无线、服务解决方案等在内的运营商业务才是华为的根基与战略高地。

华为虽然因此会遭受重挫,但根基业务依旧稳固。而随着5G、IoT、AI的融合,华为消费者业务也迎来了更多的机遇,不仅是手机硬件,IoT配件、汽车都有可能成为华为消费者业务的新增长点。

一双"芭蕾脚"寓意深刻,告诉我们,没有艰苦的奋斗磨炼是不会轻易成功的;没有长期的坚持奋斗,就不会有你想要的伟大事业,每一家成功企业的背后都离不开企业管理者的打拼与奋斗。

（资料来源：作者根据多方资料整理）

(五) 良好的大数据思维

古人言："智者先知先觉，明者后知后觉，痴者不知不觉。"在互联网时代，信息的传播快在瞬间，而且信息的数据化传输如雪花一样漫天飞舞，需要认真甄别每一个可能的机会与商机所在。职业经理人需要树立良好的大数据思维，打破"拍脑袋、拍胸脯、拍屁股"的武断决策方式，意识到传统企业经营中各部门、各条线数据是割裂的，往往基于数据孤岛进行决策，难免有失偏颇，建立企业数据大厦，合理组织数据管控，形成开放的企业大数据，形成"小前台，大中台"数据格局，依据业务线条，建立纵横数据链，让设备层、现场层、经营层数据进行系统连接，做到数据完整追溯。换言之，目前企业的 HRM、OA、BPM、MES、CRM、ERP 及各类财务系统大部分是独立运行的，只能部门独立决策，涉及跨部门就需要会议决策，各部门为了维护自身利益和减少风险，往往是议而不决，究其原因就是各部分数据割裂，没有形成综合的智能商务决策体系。

(六) 持续不断地赋能员工

人才是企业发展创新的根本与动力源泉，在跳跃性、非连续性、集成性和虚拟化的动态经济发展规律下，岗位的复合化给员工带来了巨大的挑战，以往任何时代都是对技术和设备的淘汰，而在数字经济时代不仅是对技术与设备的淘汰，更重要的是淘汰人。互联网、人工智能改变了公司运作的架构和流程，导致大量传统人才难以适应复合岗位的需求，不断给员工赋能，引导员工快速学习，以适应岗位的需求是职业经理人最重要的工作之一。建立企业成长的岗位胜任力模型，对标对表，结合需求，摒弃"它山之石，可以攻玉"人才思维，让员工在干中学，在学中干，并且协调内部人事的工作，分析团队每一个成员的强弱项，根据人之所长，把合适的人放到合适的位置上。搭建未来人才内外部储备与培训，有针对性、有目的性地进行利于组织的一系列系统性的培训。创建内培训的机制，充分调动组织内部资源，实现现有资源的再创价值。

（七）动态变革的业务管理

在动态及不确定性环境下，职业经理人应该清晰地意识到，业务是根本，盈利是目标，实现自身能力与业务的同频共振才是职业经理人必须具备的素质。对于组织业务要长远性地把握其命脉与方向，根据组织的战略规划进行调整，从行业发展的角度与利于成就事业的方向来掌舵。从市场的角度来看，未来市场在哪里，是全面性发展战略还是细分市场战略；从产品的角度来看，技术的方向与核心在何方。

（八）财务管理

职业经理是一个复合型的人才。熟知筹资、投资、资金营运等财务相关知识，能看懂三大财务报表，是职业经理人的必备素养。能够围绕重大项目建设，明晰不同融资渠道的成本、风险、便利性等差异，做好公司的融资计划和方案；能够以业务为主线，制订相应的预算计划，并能够结合目标任务，进行预算分解及控制，实现业财融合运行；明确掌握不同的投资类型、阶段、收益及风险的差异，准确识别投资机会并稳定执行。不懂这方面的知识，你就无法掌控全局，不能科学地给股东或市场以交代。况且组织中每一个环节的成本必须量化，不做赔本赚吆喝的事。最好基于互联网建立标准的成本系统，让成本数据公开透明。所以，职业经理人要学会看财务报表，通过财务报表可以了解企业的战略、经营的情况，以及后面的故事等，并据此清楚成本结构、保本价格等。

（九）组织管理

组织管理是指通过组织架构的建立，并依此设置职位与职务，明确权利与责任的关系，从而有效实现组织成果的过程。组织管理的内容有三个方面：组织设计、组织运作、组织调整。职业经理对组织架构的设置不是盲目的，而是科学的，为避免臃肿的组织架构而出现各环节的错节与内耗，应从发挥全员最大价值的角度来设置，并且过程中也需要根据变化做出适当的调整。需要明白的是，在组织设置的同时，必须要考虑激励的机制与措施。

（十）创新管理

管理的载体是组织，管理作为一项任务就是建立与维系一个体系，管理的基本技能就是决策、计划、组织、领导、控制与创新。而管理的核心就是处理各种人际关系，管人又理事。创新管理主要是围绕组织最终的战略目标，对组织进行全方位的创新，不但有管理制度与机制的创新，也有技术与内外环境的创新，也包含细小环节人力资源的创新，通俗一点说，就是一个"全方位整形手术"。创新管理就是要走出原有的舒适的窝，打破既有的规则，重新组织与管理创新，再上一个新台阶，创造一个新增长点，发现一个新发展之路。

专栏 1-3

复星医药：筑就医药王国

复星医药是国内少有的全产业链企业，十多年来一直保持着稳定的增长，是业界少有的健康企业。而且复星医药从长远布局，着重于未来的市场挖掘，战略目标清晰。

1. 企业概况

复星医药成立于 1994 年，是中国领先的医疗健康产业集团。复星医药的业务发展立足中国，布局全球，以药品制造与研发为核心，覆盖医疗器械与医学诊断、医疗服务、医药分销与零售。目前业务范围比较广，包括了制药、新药研发、医疗器械、医疗服务和医药流通，几乎是覆盖了整个医疗健康领域。2015—2019 年复星医药主营业务收入构成如图 1-4 所示。

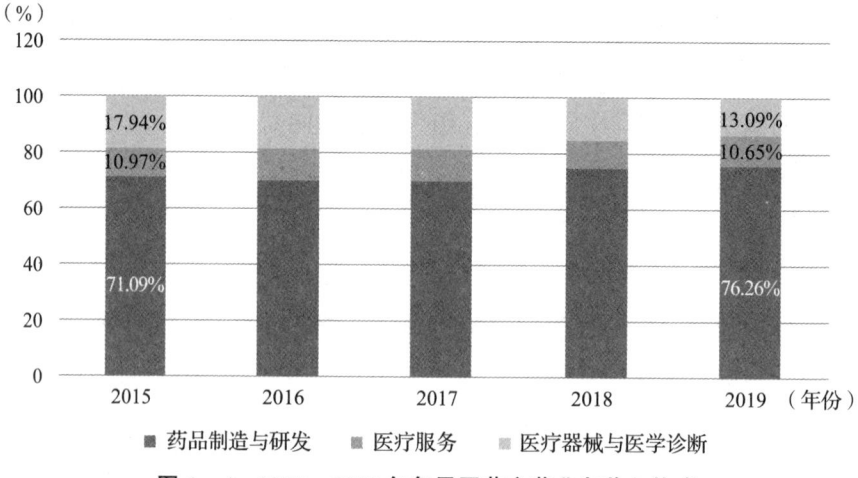

图 1-4　2015—2019 年复星医药主营业务收入构成

2. 全产业链布局，筑基医药王国

复星医药全产业链布局，从仿生药到生物制药，再到复星的高端医院，特别是高端医院目前可算作国内民营之首。因为布局太广，什么利空都和它有关，但也因为它布局太广，什么风口它都在，从而也让各类风险可控。

复星医药也在不断扩大海外布局，80 亿元收购了印度药企 Gland Pharma，这家子公司 2020 年在印度上市，成为印度史上最大的医药 IPO，成为奠定海外市场的重要起点。2010—2019 年复星医药的盈利情况如图 1-5 所示。

3. 打造核心竞争力，做医药健康领域的"华为"

（1）研发投入持续增加

医药公司的研发投入往往和该公司未来的成长性正相关。复星医药主要围绕老龄化、新生儿、亚健康、肿瘤和自身免疫性疾病，因为有着巨大的需求点。围绕核心治疗领域在不同业务层面战略协同，如在肿瘤领域，有肿瘤药品、早期诊断和对应的器械，在医疗服务专业推出核心专科，围绕一个战略核心打造整个创新闭环。2015—2019 年复星医药研发支出情况如图 1-6 所示。

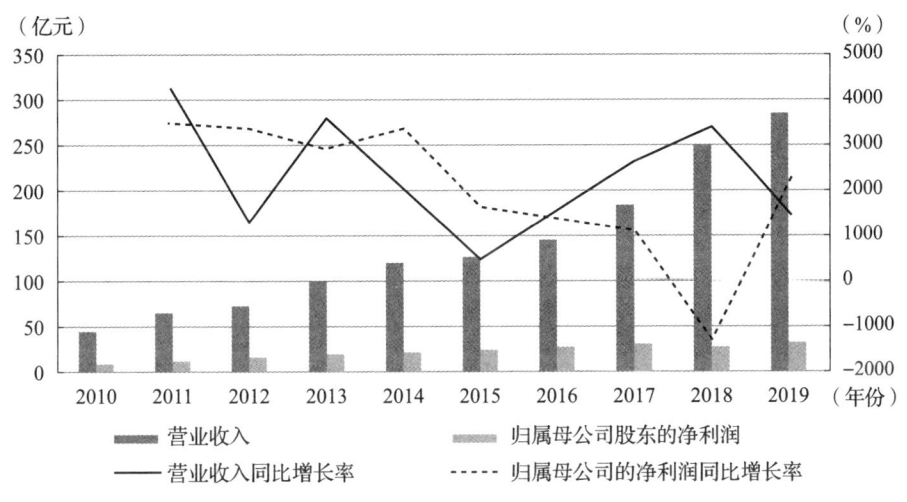

图 1-5 2010—2019年复星医药的盈利情况

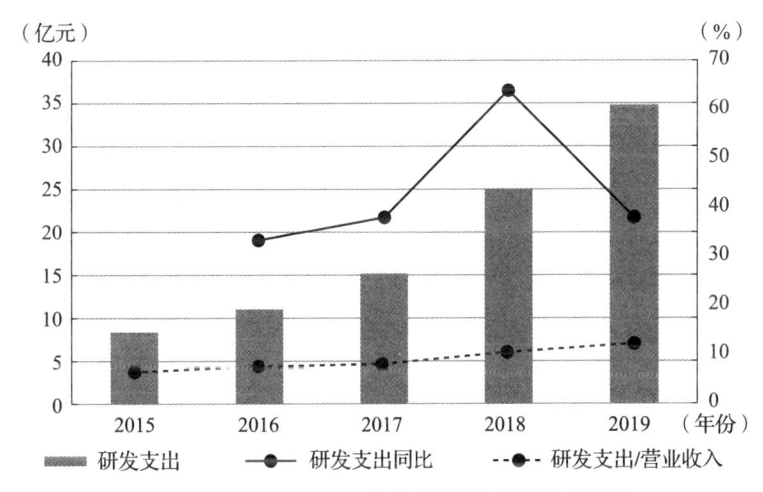

图 1-6 2015—2019年复星医药研发支出情况

（2）营销体系数字化转型

复星医药持续强化营销体系数字化方向转型，以实现营销的可持续发展。在国际营销方面，在拥有成熟销售网络和上下游客户资源的基础上，通过市场的推广业务范围，巩固在国外市场的竞争力；同时推进与欧美药企的深度合作，提高本集团的药品在国际市场的销售规模。

（3）内生式经营+外延式并购，医疗器械业务在业内排名靠前

复星医药近年的医疗器械和医学诊断业务实现良好增长，其中，医疗

激光美容设备在全球（尤其是国内）激光美容设备市场占有高市场份额；高端医疗急救车及医学用特种车辆市场占有率稳居国内前列，成为公司介入院前急救领域的新延展；通过合资公司代理销售的"达·芬奇手术机器人"，目前是国内唯一同时获得美国 FDA 和国家药监局许可上市的微创腔镜外科手术机器人产品，处于行业领先地位。

（资料来源：作者根据多方资料整理）

第二节　职业经理人的重要性

一、职业经理人对企业的价值

钢铁大王卡耐基说：如果把我的厂房、设备、材料全部烧毁，但只要保住我的全班人马，几年以后我仍然是一个钢铁大王。一个企业的良性发展不仅需要技术、设备、人力等资源，良好的组织、运营和管理等能力，更需要职业经理人具备卓越的管理素质与能力。随着互联网经济的蓬勃发展，万物互联已经走进世界的每个角落，职业经理人也需要随着社会的发展与改变，做出有效的改变与提升。如果经理人踌躇不前，不愿意做出改变，不能有效跟随时代的脚步，那么个人事业与组织事业就会出现各种各样的问题，即便有发展，速度也将会迟缓，被快速发展的数字经济所淘汰也是必然的，在这个以赋能为主旋律的数字经济时代，认识自我并自我赋能是管理者成就优秀的必由之路。

改革开放 40 多年的中国，虽然经理人是企业经营中的关键要素，但是国内经理人的素质与能力仍然较低，职业经理人的数量少且层次不一，难以适应互联网时代经济的高速发展与成长的需求。相对于中国企业的市场化和国际化发展，中国的职业经理人队伍还未有效形成；尤其在互联网与新经济快速变革的背景下，我国的经理人面临着前所未有的挑战，在国际形势的突变，以及互联网信息发达的今天，"蝴蝶效应"与"黑天鹅"事件随时都可能发生。然而众多国内经理人缺少变革的思维，认知相对落后，只善于学习与模仿他人的成功模式与途径，能力提升严重滞后于互联网的发展势头，导致在信息万变的互联网时代企业时刻处在风险的浪尖上，企业快速衰亡时有发生。而站在组织赋能的角度，清楚赋能是人类社会前进的动力，个体、社会乃至国家的进步都离不开赋能。企业也是一样，现今竞争激烈的社会，如同大浪淘沙，众多的企业成立时意气风发，但经过时间的洗礼，有的倒下了，有的还在苦苦挣扎，有的却能健足前行。探讨在互联网时代企业经理人如何决策与执行、如何成为一名卓越的职业经理人，具有重要的现实意义和实用价值。

专栏 1-4

金龙鱼：此鱼绝非池中物，他日乘风必化龙

企业的战略决定着企业领导者的决策与创新方向，任何企业都需要在创新中谋得更好的发展，没有创新，企业的路就会越走越窄。金龙鱼从第一瓶"金龙鱼"小包装油创新起步，成为今天国内家喻户晓的品牌，而且也从粮油多个方面进行深耕，与时代环保概念同步，必将创造更好的未来。

1. 公司概况

2020年10月15日金龙鱼成功在A股市场上市，最高市值一度接近4118亿元。上市当天就以3000亿元的市值占据了创业板市值"探花"的位置。

自1991年第一瓶金龙鱼下线，今天益海嘉里的产品涵盖了小包装食用油、大米、面粉、挂面、调味品、牛奶、豆奶、餐饮用油、专用油脂、油脂科技等领域，旗下众多品牌在金龙鱼的带领下，都已成为各专业领域的知名品牌。2012年，丰益国际荣登美国《财富》杂志全球食品生产行业最受赞赏公司排行榜榜首，与《财富》世界500强企业，同时进入全球前

三大粮油集团。

2. 企业未来战略方向

益海嘉里将持续拓展产业布局的深度和广度，以更有竞争力的成本，提供更优质的产品。益海嘉里致力于成为中国最大的农产品食品公司之一，始终秉承由"吃得饱"到"吃得好"到"吃得健康"的健康理念。

成本方面，益海嘉里结合产业链，加大对成本上下游的管控，推出新产品，持续进行产品结构升级，并且在多元化方面多方举措，从上下端产业链上寻找机会与空间。益海嘉里也拓宽产业，进军调味与中央厨房等领域。

3. 创新迭代产品线，拓宽宽度与深度，细化市场领域

在企业目前的小包装油产品结构中，高端产品占比小于中端产品。过去几年，国内大部分需求集中在中端产品、大众产品。随着中国经济的发展，也随着越来越多的消费者意识到健康食品的重要性，人们对更优质、更健康产品的需求正在快速增长。

除经营好三大主线（食用油、面粉、大米）外，也要积极拓宽相关联的调味品市场，益海嘉里与中国台湾知名品牌丸庄公司合作生产酱油，并采用山西陈醋独特的固态酿造工艺进军醋行业，把产业做得更细，并从健康的角度来引领市场。

4. 扩大国际化视野

布局国家的"一带一路"倡议，进军国外市场，拓宽"一带一路"沿线国家的合作与业务。

在"一带一路"倡议中，益海嘉里依托丰益国际这样的布局和产业，不仅促进了国内外优质原料和产品的交流，也将先进的农业生产技术和农产品加工技术带到了国外。相信金龙鱼会"东风欲来满眼春，潮起正是扬帆时"。

（资料来源：作者根据多方资料整理）

二、互相成就

当今企业的发展需要卓越的经理人，只有卓越经理人才会让企业在发展中看到风险与机会，才可以重塑企业未来的发展方向，独创企业的核心竞争力，抢占"蓝海"，让企业在残酷的世界商业竞争中谋得先机。特别是在当下万物互联的网络时代，技术创新与发展不可同日而语，开放的世界让企业的未来与来自五洲四海的无形压力倍增，不能认识世界科技的发展，没有创新意识与发展的战略思维，必定使企业举步维艰，甚至走下神坛。因此，对职业经理人素质与能力的研究与提升就成为必须，研究职业经理人未来的创新发展之路，探索提升职业经理人技能与素质赋能之路，让企业再发展，让社会受益就成为必要的和有意义的事情。

对于新常态的经理人需要有更深层面的认识，用过往的思维与眼光就显得故步自封，需要打开思路、拓宽视野，从多方面、多维度、多层面深入探究。目前，加快卓越职业经理人提升的战略价值已上升到上层建筑方面，这也就说明国家层面也认识到了卓越职业经理人对企业、对民族意味着什么，国内科技的创新以及打破"卡脖子"的瓶颈技术，需要更多卓越职业经理人。

故而，新时代的经理人需要认识自我，认清优秀职业经理人的重要性，职业经理人也需要先从自我认知的角度来提升自我的能力，借助于互联网与平台，通过学习与交互赋能于个体，提升各个维度的能力与价值，成就自我，从而助力企业的发展。

第三节　互联网时代职业经理新认知

在互联网时代，商业模式已经发生了天翻地覆的变化，传统的模式已经去无影踪，出现在众人面前的是一个又一个全新的新业态。互联网经济与传统工业经济价值创造在载体、方式与逻辑方面有不同的差异，当今的企业经济与互联网经济已经融合在一起，互联网经济已在企业经济中占据了主导地位与份额，可以说半壁江山已被互联网经济占据，且将持续扩大。在不久的将来，传统企业可能将不复存在，都将被数字经济重塑与颠覆。

一、互联网时代经理人的新视角

（一）互联网时代价值创造视角

在互联网时代，供与求是利益相关体，是你中有我、我中有你的局面，以往卖方市场占主导的市场或买方市场占先机的市场将不复存在。在互联网时代，信息的共享与经济数据的透明化可以通过互联网一目了然，少了中间的贸易商，减少了不必要的成本，成本数据清晰，唯利是图的情况也不容易出现。买卖双方需要达成一致，本着双赢的经济意识，即买方可以依产品需要，有针对性地对卖方市场存在的不足进行价值建议，卖方市场可为买方市场从卖方角度与体验提出合理的建议与融合，成为互联网下一个虚拟的实体。

截至 2020 年上半年，中国网民已经达到 7.52 亿人，他们在互联网上沟通、游戏、购物等，互联网隐藏着的巨大的商机与价值"蓝海"需要从海量的大数据中来寻找与探寻。

（二）互联网时代社交平台具有极强的生命力与影响力，不可小觑

社交平台替代技术研发和渠道成为企业创新的重要机制，社群群众成为异质性资源，并对产品设计、技术开发及创新产生了决定性的影响与作用。

由于社交平台的影响，企业从以前强调产品使用价值，变成了市场对产品使用价值的感知。强调客户体验，从而让企业在有利可图的市场中风生水起，获得较好的收益；反之，不理会互联网平台的体验信息，本着"酒香不怕巷子深"的原则来做企业，脱离互联网的开放平台，进行封闭

式运作的老路子，将举步维艰，难以持续。平台经济是互联网经济的大趋势，是实现共享、共融、共生的路径。

（三）互联网时代供应链逆向整合视角，流通组织重构

在互联网时代，厂商面对的环境发生了翻天覆地的变化。价值创造模式与商业模式的创新也发生了变化。不再是传统经济的单向盈利模式，而是双向拟合与融通，需要运用互联网技术，减少流通组织上的额外成本，找到可以节省或双赢的模式。因为在互联网时代，流通高效是互惠的，对企业来说，客户的体验提升，产品的品牌美誉度就会提升，流通组织有利可图，服务与快捷及过程品质的保证就有了双保险。

（四）互联网时代的跨界经营，从创造性破坏的视角看

互联网是企业可利用的再生资源，是企业能力提升的重要绿地与持续增长的沃土。互联网为企业带来新的信息与感知能力，企业的信息、财务及管理相关数据都以去中心化方式展现在大家面前，人人都可以共享，通过对移动互联网、自媒体、微信、头条等平台产生的海量级的数据进行实时处理、分析及运用，产生了超前预测能力。互联网时代以去中心化、成本透明化、渠道公开化为主，打破了传统的经济认识。

（五）互联网时代网络嵌入性与知识获取及企业能力，从企业创新能力的视角看

互联网为企业提供了有形的、无形的资源，进而影响企业的创新能力。对于企业来说，如何在互联网时代中获得更多的、更新的、更专业的知识、能力，从而提升企业的创新能力，才是最有意义、最有价值、最重要的事。

信息、市场、企业资源不仅存在于企业内部与企业之间，亦存在于整个网络经济体中，而供应商、客户、生产商、中间商、政府或者机构因网络而融入一整张关系网中，任何企业或者某一个嵌入个体都不是孤立的，

对企业创新能力提升有很大的影响，企业需积极嵌入组织网络中，汲取更广泛的建议与意见。

组织间通过良好的网络，可以分享资源、知识，学习创新的经验与建议，进而获得最大的利益。结构性的嵌入对隐性知识获得更有利，对创新能力提高更有效。

（六）信息优势对企业业务拓宽的影响，从社会网络的视角看

互联网信息传输的便利与信息的透明化，让企业间互相了解优缺点变得很容易。企业在业务拓宽与并购、收购时，了解相关的财务信息与发展情况，减少以往虚假数据的影响，有效降低风险，实现资源有效组合及企业的发展，实现经理人的事业与再上一个台阶也变得相对容易。

在制定并购决策时，可以发挥旁观者清的功能，通过信息优势与第一手资料的查证，将其转化为并购过程中有用的实用信息资源。限制了上市公司在并购时出现的过度自信，通过信息优势，从源头上来减少过度自信、认知偏差情况的出现，有效实现经理人的价值。

二、"互联网+"时代职业经理人的新标准

标准从来就不是唯一的、永远不变的，随着时间的推移与时代的进步，标准也会跟随着经济发展的脉搏做出相应的改革。只有在变动中持续优化与更新，才称得上真正意义上的"标准"。在当今快速发展与变革的时代，职业经理人的新标准主要有以下五个方面：

第一，善于学习。只有善于学习，才可以吸收新的知识，汲取来自互联网上的海量的有益的知识、技术与信息；才可以有慧眼、有敏锐的商业意识。

第二，熟悉财务知识。互联网时代企业的发展需要的是有全面能力的人，不但要熟知管理方面的知识与方法，更要熟悉财务方面的专业知识。这样看待问题就会比较长远，也具有较好的风险管理意识与策略。熟悉财

务知识，就能在互联网时代精准地找到隐藏的价值，盘活存量资产，科学优化供应链管理。

第三，较强的压力控制能力。做一个经理人难，做一个卓越的经理人更难，经理人每天面对来自企业内外部的压力与困难，任何一个错误的决策，都有可能马失前蹄。因此，只有抗住任何压力，勇于面对，逐个击破，才能迎来黎明，亦可以让团队清楚，职业经理人就是他们的大树或靠山。

第四，风险意识常有，创新无处不在。互联网时代企业会因来自不同方面的风险与危机而出现消亡。因为在卖方市场向买方市场发展、由客户体验与感知为市场的前提下，不创新、不善于创新，企业会止步，经理人会陷入泥潭。

第五，较好的预见能力。"凡事预则立，不预则废"，在错综复杂的国际形势与分秒必争的互联网时代，要根据政治、经济、环境、科技与文化做出全面的布署，制定有针对性的、恰如其分的策略。

章末案例 | 远景能源：为绿色赋能

未来，一定是融合创新的，先锋公司必然出现在跨界领域。远景是一家能源公司，一家智能物联科技公司，并将成为一家未来生活方式打造公司。我们希望通过创造性的技术与设计，把科技变成可以让人类生活更美好的产品。

远景创始人——张雷

1. 企业概况

远景能源成立于2008年，远景能源以"为人类的可持续未来解决挑战"为使命，致力于引领全球能源行业的智慧变革。远景能源成立至今，业务连续多年高速增长，已经成为全球领先的智慧能源技术服务提供商，业务包括智能风机的研发与销售、智慧风场软件和技术服务，研发能力和技术水平处于全球领先地位，是一家全球领先的绿色科技企业。

2. 智能技术创造美好能源新时代

远景能源聚合全球可再生与智慧能源技术创新实力，以智能风电为切入点，通过创造性的技术与设计，把能源科技打造为让人类生活更美好的产品，让充足、低价、安全的清洁能源走进人们的生活。

远景能源的业务遍布全球，收获的订单覆盖中国、法国、墨西哥、印度、越南、阿根廷、黑山、哈萨克斯坦等国家和地区。

3. 物联网开创能源新世界

远景能源秉承"先进科技是商业数字化转型的催化剂"的企业发展理念，积极拥抱万物互联时代。在智能互联世界终将成为主流趋势的时刻，完成数字化转型的企业将有45%的收入来自"未来商业模式"的物联网时代。通过智能软件解决方案与服务智慧赋能发电、楼宇、园区、交通、城市等多个场景，推动从电力生产侧到消费侧的协同成本降低。

远景能源创新的阿波罗光伏云能源管理平台，真正实现精细化的运营和管理，让智能化物联网高效运用，让能源的监控、分析及控制科学有效。

阿波罗云平台，让风力发电的远距离管控成为可能，突破了空间的限制，协同更加高效，也成为了首个国内分布式光伏风险管理工具，可让投资人随时随地采集现场影像，保护投资人的最后防线。

阿波罗云平台也在储能方面发挥了较好的功能，让家庭储能：打造用户端的能源共享社区平台，让用户成为能源的消费者，同时也更是能源的提供者；为楼宇未来的"源—储—网—荷"智慧协同打好数字化基础。

4. 总结与启示

第一，远景管理者高瞻远瞩，在全球"互联网＋转型"的同时，准确定位企业在行业中的地位与优劣所在，并及时做出决策，始终把创新引领当作企业的重要目标，多方位创新，构造企业新平台的模式。

第二，精准洞察企业在资源方面的优势，并深耕于此，为绿色星球谋利而创新。以数字化平台为基础，通过平台多方交互，实现企业赋能，助力企业数字产业化转型。

第三，把握数字经济脉搏，引领创新。管理者应始终走在创新队伍的前列，提早布局数字产业化转型，与数字经济、人工智能、5G、物联网同节奏并行，创新出一条数字化经济新业态的发展模式。

（资料来源：作者根据多方资料整理）

本章小结：职业经理人是当下企业最稀缺的资源，也是关系着企业生存与发展的最主要的力量，任何人不能轻视经理人在企业中的重要意义。目前，国内的职业经理人素质不足，数量也不能满足企业的快速发展，故提升管理者素质与能力就成为企业领导者最关心的事情之一。

当下的社会大环境是共享数字经济发展的利润及人人是企业老板的运作新模式，企业经营管理重在赋能，赋能于组织、赋能于团队，打造战无不胜的团队，最大限度地发掘个人潜能，故而应了解经理人的素质与特征，并有针对性地进行提升。

这是一个大数据学习的万物互联时代，组织需要赋能于团队、赋能于管理者、赋能于所有的企业员工，无论是企业领导还是职业经理人，都需要不断汲取新的知识、新的养分，为自身及企业的未来灌溉希望，以适应这个赋能的新时代。

第二章

自我管理

> VUCA时代职业经理人只有不断提升自我管理能力，持续自我赋能，精准思考"我是谁""我能贡献什么""为了谁""去往何方"等职业认知，在"干中学、学中干"，在与企业共成长的过程中不断锤炼自己的能力，让自己拥有足够的经验与丰富的学识，才能培育企业动态的核心竞争能力，带领团队实现企业基业长青。良好的自我管理，才能实现自我赋能、自我增值。

管理不是独裁，一家公司的最高管理阶层必须有能力领导和管理员工。

——日本索尼公司创始人　盛田昭夫

开章案例 | 从木匠到快递大佬

中通快递是在创始人赖海松高瞻远瞩的战略引导下，多年来不断创新与锐意改革成长起来的，卓越的战略眼光、风险管理能力及敏锐的市场洞察力，让中通快递总是抢到最大的一份羹。赖海松是一位卓越商人与战略管理者，是正在创业或创业中的人学习的榜样。

1. 公司概况

中通快递创建于2002年5月8日，是一家以快递为核心业务，集跨境、快运、商业、云仓、航空、金融、智能、传媒等生态板块于一体的综合物流服务品牌企业。

2. 锐意改革创新

创始人赖海松，在没有创立中通快递之前，他只是位木匠。他意识到和其他快递相比，中通快递成立较晚，并不具备发展优势，只能照抄别人走的路子——加盟制。

中通快递股份制改革，目的就是严控快递的质量和成本。把公司的一些干股让给加盟商，以快速搭建和扩张其网络结构，这些完成后，中通快递又将这些产权收回来。此外，他还采取因地制宜的策略，如增加贫困地区的派单，减少快递费用，发达地区的派单费和快递费保持正常价格。

数据显示，2016年，中通快递的市场份额已高达15%，在快递行业处于领先地位。

3. 心中有梦想，逐梦成真

从包裹量来看，目前中通快递依然稳居国内快递行业榜首。2020年上半年市占率为20.6%，位居行业第一。

然而赖梅松显然还有更大的抱负，他的胃口不止这20.6%的市场份额。他在一次活动中公开表示，"中通的目标是5年以后成为全球一流的综合物流服务商"。近年来，国内电商的发展，"最后一公里"不仅成为物流公司之间竞争的战场，也成为机构争相布局的赛道。

4. 中通快递危机中有希望

据悉，2018年5月，中通与阿里巴巴及菜鸟网络达成战略交易。根据交易条款，以阿里巴巴及菜鸟网络为首的若干投资者向中通快递投资13.8亿美元，以换取当时中通快递10%的股权，并获得公司若干股东权益。阿里巴巴持有中通快递8.7%的股份，占总投票权的比例为2.6%，为第二大股东。

本次的联合，开启了新征程的中通快递能创造怎样的市场，能否真的成为快递行业的"大哥"，还有待时间的检验。

5. 案例启示

第一，未雨绸缪提前布局。中通快递的快速成长与壮大，除了赶上互联网时代及网络平台销售带来的红利外，更主要的因素是赖海松准确、敏锐的预见能力与个人魄力。

第二，良好的市场洞察力，差异化市场蓝海寻觅。无论是在企业还是在市场中，任何时候都要不断反思自己在过程中的每一个决策与想法，在不断否定自我的同时，产生新的点子与机会；而对预知的风险能快速用变动思维来决策，有较好的风险承受能力，能从风险的缝隙中看到朝阳与希望，只要有希望，梦想就会成真。

第三，相信自己，希望就有。自信心是管理者获得胜利的根基，争强好胜的心理与不服输的精神，可以让管理者走向新的征程。随着中国互联网经济的高速发展以及赖海松能力的再次展现，相信中通快递的未来会更好。

（资料来源：作者根据多方资料整理）

第一节　自我管理能力

想当好经理人，首要的任务是知道自我管理是一重大责任，在流动与变化万千的世界中发现自己是谁，了解自己将成为什么模样，是建立尊严的基础。自我管理是一种静态管理，是培养理性力量的基本功，是人把知识和经验转化为能力的催化剂。

——李嘉诚

一、自我管理的内涵

"以人为镜可以明得失"原来的意思是指以人为借鉴，知其成败得失，引以为鉴，以免重蹈覆辙。在职业经理人管理当中，可以理解为你希望下属是什么样的人，你就要先成为什么样的人，并成为他们的榜样，用自己的行动与态度来影响下属。从这个层面来说，就需要职业经理人做好自我管理。

所谓自我管理，就是要经理人持续给自己赋能，驱动自我革新，做一个自律的人，最终完成自我成长与进步，并且成功地影响他人的一个过程。它不是"三天打鱼，两天晒网"，而是一个习惯、一个成功的因素、一个职业生涯中的好品质。学会自我否定，建立创新思维，形成底层逻辑。

自我管理就如身体里的免疫系统，从健康角度出发，对于个体的不良习惯传达出病症或病痛的信号，让个体停止影响健康的方方面面，如果任其发展，个体就会出大问题，甚至危及生命。当我们劳累时，适当的休息就能快速恢复到正常状态，这与大家常说的人生病时，要三分治、七分养是同样的道理，都是个体功能的自我修复。

可以说，自我管理是职业经理人最重要的个人能力之一。职业经理人只有不断自我管理，才能实现个体的赋能。

二、成功的自我管理

有能力管好自己的人，才可能成为好的管理者。经理人自我管理是个人自律与成就的基础，良好的自我管理是实现自我赋能的重要途径。通过自我管理发现个体的潜力，发挥出个体卓越的素质能力与管理能力，成为一位真正的经理人，一位卓越的职业经理人。

综观古今中外，凡有为者，无一不是通过良好的自我管理而成就自我、成就团队与企业的，可以说良好的自我管理是经理人成功的基石。

（一）经理人首先要正确认识自我能力，明确"我是谁"

如果每个人都把自己的才能看作一座冰山，那么每个人都有显性能力与隐性能力两部分。显性能力主要是知识、行为、技能等表面的素质能力，而隐性能力是指对我们成功更有利的隐性因素，主要是指职业道德、职业素质、职业意识，也是每个人特有的素质能力。

显性能力与隐性能力才是每个人的全部，职业素质如同冰山的八分之七一样隐藏在水下，水下部分如果不能经过自我管理得以发挥作用或功能，那么仅用水面上的八分之一，是不容易成为卓越的人，更不会成为卓越的职业经理人。

一般情况下，仅仅关注知识与技能等显性素质能力的学习与提升，不能全方位地提升自己，不容易实现真正意义上的破冰，那么经理人就不能成为全素质型的人才，不能打造出具有核心竞争力的职业经理人，也就很难成就自己。

既然隐性能力如此重要，就需要全方位地打造与提升（或挖掘），把隐性的素质能力发挥出来，从而重塑职业经理人的职业道德、职业素质与职业意识，成为一个卓越的人，一位卓越的职业经理人。

互联网时代，信息传播在很大程度上影响着每一个人，左右着一个人的思维或者前程，作为经理人，只有进行有效的自我管理与赋能，才能带领企业走向成功与卓越，才能实现业绩最大化，才能够缔造出企业与自己的成功。

（二）做好自我管理，才能管理好他人，明确"我做什么"

企业员工的自我管理缺失，最主要的原因是经理人没有做好自我管理的标杆，或者没有很好地培训企业员工做好自我管理。这里的培训，不是一般意义上的培训，培训只是一个形式，未必达成你所要的结果，就如竞技性体育项目的教练一样，让企业里的员工真正学会自我管理。当然如果经理人自我管理都成问题，又如何能够要求员工进行自我管理呢？

"近朱者赤，近墨者黑"，榜样的力量与卓越的自我管理营造的氛围与文化必将潜移默化地影响他人，前提是需要做好自我管理，脱离了这个首要条件，就不能去有效地影响他人、管理他人。

自我管理是管理他人的先决条件，因此做好自我管理就是成就自我与经理职业的重中之重。职业经理人的成功依托于他人与团队，不可能仅用自我的能力与行动就能成功,需要发挥团队中每个人的作用。你想成为什么样的人,在自我管理成就自我的同时,引导团队中的每个员工做好自我管理,最大限度地发挥团体价值,个人的业绩就是锦上添花的事情了。

(三)卓越经理人善于帮助员工实现自我管理,明确"为了谁"

严于律己,宽以待人。企业一直都在谈管理、制度、文化、培训机制、激励等,用制度与规则来制约员工。各方面的规则与要求越来越多,细则越来越详细,但员工却无动于衷,甚至不惧任何规则和手段。出现上述情况时,经理人往往会归咎于员工的素质或互联网时代的人力结构,归责于现场管理人员的执行力不足。那么,既然企业全员实现自我管理是管理者的终极目标,那么经理人就要以身作则,做好引导与示范,并影响全员。

一个人卓越不能视为卓越,一个团队的卓越才是真正意义的卓越。毕竟一个人的能力是有限的,就像茫茫大海里的一滴水,即便有再大的能量,也不能带领整个海水涌动,更不能产生咆哮的浪涛。

自我管理是人人都应该掌握的能力,既不是某人的专一能力,也不是管理者独享的能力,而是每一位员工应该掌握的能力。管理大师德鲁克曾说过:"有伟大成就的人向来善于自我管理。然而,这些人毕竟是凤毛麟角。"

在当今社会,以共享为主的企业都要求员工学会自我管理。卓越的职业经理人要更善于帮助员工做好自我管理,赋能于团队。

专栏 2-1

宋城演艺:中国文化界的航母

随着生活水平的不断提高,人们不但对物质的要求大为提升,而且对精神财富的追求也提高到了一个新维度。走出家门出外旅游是每一个中国人最基本的需求,由于旅游资源的稀缺性,未来每个地方都能让大家心驰神往,注入文化的旅游概念越来越受到人们的欢迎。到一个地方除了观景还可以欣赏实景打造的文化演艺，在领略美景之时，也重温了历史故事。作为一个旅游大国，市场潜力巨大，也是旅游资源深度的拓展。基于此，宋城演艺在有文化底蕴、丰富旅游的基础上，不断开发创新旅游新领域。

1. 公司概况

宋城集团，中国大型文化集团。旗下的宋城演艺是中国演艺第一股、全球主题公园集团十强企业，连续十一届获得"全国文化企业三十强"。集团主业为文化演艺、旅游景区、娱乐综艺、主题酒店等，创立了"宋城""千古情"等品牌，产业链覆盖旅游休闲、现场娱乐、互联网娱乐，总资产超过700亿元。

2. 宋城演艺的"侦察兵"——黄巧灵

宋城演艺的创始人黄巧灵，是一名退伍老兵。部队的生活与历练成就了他良好的自我管理特质——自信与坚持，他从书店总经理、海滨浴场老板，到群艺馆馆长，一直在努力找到自己的发展定位与方向。一次偶然的杭州之行，一个清明上河图的模型使这位侦察兵发现了久违的希望，让苦苦找寻的他找到了奋斗的目标，从而开创了"主题公园＋旅游文化演艺"经营模式，也让他赢得了"演艺节目之父"的美誉。

3. 坚持初心，深耕于文化元素

宋城演艺创始人兼董事长黄巧灵从宋城演艺创立之初，就坚持用文化底蕴去吸收人，打造不同于其他平台的演艺节目，演绎具有中国地方文化特色的节目，从不刻意迎合观众。每一个演艺的节目都给观众带来了身临其境般的震撼，而不只为了短期的门票。故而黄巧灵在搭建每一个平台之前，都深入研究当地的特色文化，让节目的文化元素更加丰富，使人回味，让人流连忘返，而不是看一次就不想看下一次。

多年的坚持，让宋城演艺在不同地方的上座率普遍高于其他演艺平台，成为国内演艺界的翘楚，也打破了以重资产为主的创业难以成功与延续的怪圈。

4. 优秀的自我管理，让文化产业链得以延伸

"给我一天，还你千年"，宋城演艺致力于用中国文化讲述全球故事，弘扬民族自信。一个民族的自信源自经济自信、制度自信、道路自信，但是最终还是文化自信。宋城演艺演绎历史故事，创造新的文化艺术价值，产生好的商业价值。

同样，管理者自我管理的坚持，也让宋城演艺找到了一条以延伸文化产业链来增加企业的利润空间之路，让企业多年的坚持有了回报。

一是以投资为手段，探索旅游、演艺、影视娱乐的融合，进一步延伸文化产业链。二是打造一体化休闲旅游概念，使购物、休闲、娱乐有机融合，提升接待服务水平，发展休闲街区、购物街区、文化娱乐中心，繁荣景区经济，有效拉长游客停留时间，延长景区消费链。

5. 自我管理需要学习，企业发展更需要学习与借鉴

宋城演艺的管理者在创业过程中不断学习的同时，也没有停止创新的脚步，在互联网时代，它不断推陈出新，用沉浸式演出形式的创新融合AR/VR等技术，打造虚拟与现实相结合的场景，让观众沉浸其中，观众不再是被动的旁观者，可以随着自己的步调穿梭在剧情中，选择自己的所到之处和所见之景，获得独一无二的观剧体验。

（资料来源：作者根据多方资料整理）

三、如何自我管理

自我管理有以下五个方面的内容：

第一，时间管理。时间对于每一个人都是公平的，但是每一天对于不同的人来说，由于自我管理的不同，却有天壤之别。因此，有了自我

管理的意识，就需要每天在心中有一个具体的时间规划，做到心中有梦，规则清晰，按部就班地按照时间计划来执行自己心中每一步的成长，哪怕只是一点点的进步。利用好工作之余的碎片化时间，当别人刷微信、看抖音、玩游戏的时候，你读一篇利于自我管理的书籍，或者学习一点儿外语，或者参加提升能力的课程。让自我管理在时间的点点积累中成长起来，这也是自我赋能碎片化时间增值的方法之一。

即便是睡觉前的几分钟，也要回顾一下自己在一天中做得不足与做得好的地方，不足的改之，好的继续保持。也可以做一下明天的个人小计划，把统筹工具做到极致，让自己在不断赋能中得到成长。

被众多成功人士验证的高效的时间管理方法有以下几种：

（1）人生规划——从终点开始，倒计时心态；

（2）使用ABCD规则安排优先级；

（3）日常管理——不要相信你的记忆，每日记录比千言万语好；

（4）任务列表——你的生活清单；

（5）任务跟踪——你是你自己；

（6）明天的花，今晚浇水；

（7）结束拖延——2分钟规则；

（8）分拣、明确——每天花时间找东西是浪费生命的潜在敌人；

（9）立即行动——所有的时间管理是终极立足点，始终在行动，始终在追逐梦想的路上，你越来越接近自己的目的地。

第二，人际管理。有人说成功=70%人脉+30%知识，也有人说人际关系与人际能力才是个人真正的生产力。人际关系是在自我管理中给工作增色的润化剂。因为每个人都有各自的性格与棱角，不可能都能理解你、支持你，而是自己要多站在对方的角度看问题，搞好关系，不以个人私利来处理与他人的关系，要胸怀阳光，用宁静致远的处世原则来对待身边的每一个人。

第三，压力管理。人在成功的道路上往往会因为压力管理的缺失瞬间让成功掉落悬崖，这是因为情绪低落会让我们失去理智，压力如果得不到有效管理，得不到合理的释放，就像一个定时炸弹，随时会在身边炸响。

在通往成功的道路上，我们往往不缺少机会，在沟通中、在方案洽谈成功时、在庆祝胜利时都有可能因为压力管理出现种种状况而不欢而散，后续的机会渺茫。而在现实生活中，很多能力不足的人，却因为较好的压力管理，机会多过能力强、压力管理差的人。故在压力到来之时，要学会放松，学着站在对方的角度看问题，不争强好胜，不争一时之气，就能把压力管理做得很好。

第四，行为管理。坚持做正确的事，不违背社会伦理、社会规范以及做人的准则，有良好的职业操守与道德。因此，自我管理中做好个人职业操守的管理，是一个人存在于企业与社会的根本因素之一，要不断修正不足之处，做一个崇高的人，做一个有人格魅力的经理人。

第五，学习与成长的管理。不断学习是成功道路上的催化剂，是不断成就自我、修炼各种技能与素质的必要条件。学习是人类生存与发展的动力，任何知识都不是天生就有的，是需要从外界来汲取的。不断学习也是一个人成就卓越的标准，也是一个人最卓越的品质，也是最容易影响他人、发挥经理人影响力的关键。

在学习过程中，也要学会反省，在自我否定中、在循环学习中认清自我，并在学习中付出行动，理论与实践才是最好的学习途径。

四、自我管理实现自我赋能

自我管理过程中，要不断激励自我，并坚持将自我管理贯穿于个人生活与工作的全过程中，需时刻明白：自我管理不足会制约经理人的成功。

在对成功人士的调查中发现，在通往成功的道路上，内因促使成功的比率高达 80%，而外因促使成功的比率仅有 20%（见图 2-1）。这也从数据或例证方面说明了自我管理对于成功的重要性，通常来说，

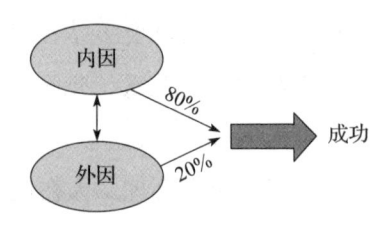

图 2-1 成功的决定因素

人最大的主动行动的力量来源于内部的各种因素，而外界因素对此的影响是处于劣势的，或者说影响甚微。

自我思索成功并付诸行动比外因促使下的成功更容易，内因对于个体来说是有一个小宇宙在其中的，爆发的能量是无限的。

专栏 2-2

王石的自我管理

自我管理是卓越职业经理人的成功要素之一，只有做好自我管理，才能成就自己并能成就团队与企业。卓越的自我管理引领卓越的企业文化与能力，从而创造出不凡的业绩。

1. 公司概况

万科企业股份有限公司（以下简称万科）成立于1984年，经过三十余年的发展，已成为国内领先的城乡建设与生活服务商，万科业务聚焦全国经济最具活力的三大经济圈及中西部重点城市。2016年，万科首次跻身《财富》"世界500强"，位列榜单第356名，2017年、2018年、2019年和2020年接连上榜，分别位列榜单第307名、第332名、第254名和第208名。

2. 王石与万科

王石，中国企业家群体中阳光式的领袖人物，中国地产"教父"，地产预言家，万科地产的创始人，被誉为"中国第一职业经理人"。

3. 自我管理成就了王石，也成就了万科

王石作为中国经济改革的标志性人物，始终把管理自己当作自我领导别人的资格与能力。管理好自己，才能成为组织中最好的成员。其他成员多少有些放纵，而你是最好的成员，所以大家信任你，才敢把希望寄托于你。决定伟大的一个因素是时间,要持之以恒。另一个因素是跟谁一起做,永远要找比自己卓越的人一起做事,你身边都是这种人,你也就跟着伟大了,所以决定伟大的第二个力量就在于你的共事者、合作者。当一个人走向伟大的时候,千万要先把自己管理好,管理好自己的金钱、周边的人脉和社会关系,管理好自己的行为。管理好自己,就是自律、守法,很多其他的美德就都有了。

王石曾说过:每个人都是一座山。世上最难攀越的山,其实就是自己。往上走,即便一小步,也有新高度。也就是说,管理自己比管理一家企业可能更难,如果连自我管理都不能做到、不能做好,又如何能管理好一家企业,如何成为真正意义上的职业经理人?

4. 启示

自我管理是淬炼自我、成就自我的必由之路。管理自我就需要有目的、有方向、有策略地进行,不骄不躁,养成一个自我管理的好习惯,并且影响其他人,让下属也学会自我管理,企业团队成员自我管理的成功,也就成就了自我的成功。

(资料来源:作者根据多方资料整理)

第二节　经理人的角色转换

职业经理人是一个多面孔与多角色的融合体,根据不同的环境与要求,就像一只"变色龙",充当着形形色色的角色,他是老板、领导、教练、导师、战略者、专家、心理师、朋友、亲人等(见图2-2)。因此,全面认识职业经理人的不同角色,并为之而努力,才能成为一个被企业团队认可又被上层赞许的职业经理人。

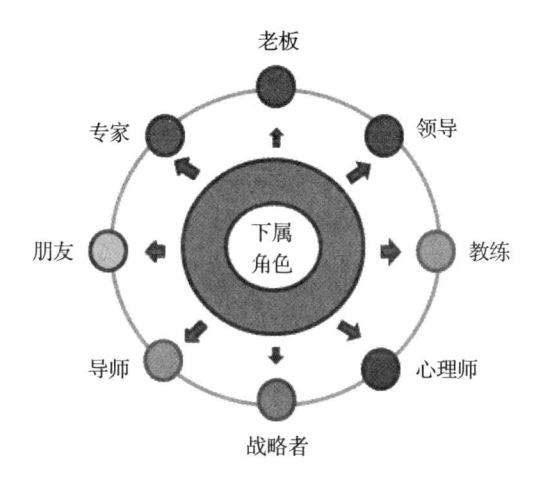

图 2-2 职业经理人的角色

在不同的环境下，面对形形色色的人，职业经理人的角色巧妙地变换着，本着为大家着想、为他人谋利、使团队利益更人化的原则，他能很容易地化解困难与尴尬，也可以利用好周围的资源为自己助力，从而有效地解决问题，实现增效，通过他人能力的发挥，又让自己得到了赋能。

专栏 2-3

聂云宸喜茶创业之路

当今的茶饮市场主力是年轻人，也是较大的蓝海，喜茶正是抓住这个机会，从差异化角度进入市场，不断创新，推陈出新，引领市场，从而满足当今年轻人"自由敢为创新"的性格。喜茶不用广告吸引人，而是利用当下互联网"网红"打卡模式来赢得大家的喜欢。做自己喜欢的、擅长的，从细分市场来深耕。

1. 企业概况

喜茶创始人聂云宸于 2012 年在广东省江门市创立了皇茶（皇茶是喜茶的前身），后来因为商标注册不下来而被迫改名。随后的两年时间里，创始人在整个广东开设了 50 家门店，到了 2019 年底，喜茶在 43 个城市开设的门店多达 390 家。截至 2020 年 8 月，喜茶已经在全球 49 个城市拥有超过 500 家门店，且国内平均单店单月流水达 100 多万元，目前估值达 160 亿元。

2. 重在核心品质

喜茶想要分享给顾客的就是茶的真味。为了给顾客带来纯正的好茶，团队注重产品研发，坚持独立自主的产品研发模式，并在深圳总部设立专业实验室，致力于茶饮产品构思、配方研究及样品制造。

喜茶重研发，饮品皆为原创，不停改配方，从消费者需求角度反向设计，比如通过粉丝内测团来做社群和改进口味、推出新品。聂云宸曾说过："喜茶不断地有各种各样的创意想法，我们鼓励大胆尝试，就算想法很荒谬。一旦出现新点子，我们不会考虑标准化和成本的问题。"这也是喜茶坚持从 0 做到 1 的成果。

3. 供应链的掌控与深耕

抢占先机是取得胜利的主因。喜茶有自己的茶园，且很早就溯及上游茶叶供应商。茶叶、水果受气候和种植环境的影响，需要从源头进行品控，喜茶和上游茶园签订独家协议，出资改良土壤、改进种植和制茶工艺。据喜茶供应链负责人张敏透露，一块土壤的改良周期长达 5 年。经过改良种值的茶，品质有保障，相应的产品核心的东西就是他人无法复制的了。

4. 致力于茶饮文化的传播

每一家门店的设计都融入了禅意、极简及美学等元素，创造不同于一般意义的空间环境，从环境来改变人们过往对茶文化认识的不足，茶是有文化内涵的产品，其意义与市场价值不可同日而语。

（资料来源：作者根据多方资料整理）

一、职业经理人管理赋能

作为领导的角色，卓越的职业经理人视企业为自己的事业，对企业员工、固定资产、无形资产、财务信息、客户、时间等进行全面的掌控。卓越职业经理人需要从这些信息中发现其中的不足及潜在的价值，用数据量化这些基本因素，而不是仅了解报告的表面文字。通过这些资源整合，又可以找到企业未来可投资的区域，做好卓越职业经理人前瞻性战略管理，凸显经理人的领导能力，发挥领导作用。

（一）管理者的角色转换

作为上司的角色，需要界定好与下级之间的尺度，不搞一团和气，不搞兄弟情感，不搞任何裙带关系。上司的权力来源于上级领导的信任与认可，是有效开展工作的保障，如果与下属过于亲密，久而久之将会丧失应有的权威，工作的开展就会有阻力，个人影响力也将降低，失去团队对你的信服。

职业经理人的内部管理有以下五种角色。

1. 管理者

作为职业经理人，首先是管理者，需要通过他人达成目标，而不是凡事亲力亲为，事无巨细。如果发生角色错位或变换，就是失职，也可以说是个称职的经理人。作为一名称职的职业经理人、要通过个人权力与领导魅力让团队主动、积极地朝着共同的目标前进；是懂得把合适的人放到合适的位置上，物尽其用，人尽其才。职业经理人不是警察，而是教练与伯乐，善于发现人才，挖掘现有人力无限的再创价值，让企业的人力资源产生的效能与利益倍增。

2. 领导者

俗话说：兵熊熊一个，将熊熊一窝。领导者的影响力决定了整个团队的气质与文化。职业经理人要把下属与团队凝聚在一起，打造一支敢闯敢拼，敢于创新，有新时代战斗力的团队，激励和指导下属朝着有利于企业发展的方向前进。

3. 教练

职业经理人是不同于传统意义上的管理者，他不是做警察的工作，而是从事教练的工作。应该如体育竞技项目里面的教练角色，重点就是从运动员综合方面去着手，改善弱势，发挥优势，并根据每个人的特点打造不同的训练方式，从而让其在运动场上取得优势并获得胜利。因此，职业经理人就需要做教练，一是说给他听；二是做给他看；三是边说边做给他看；四是持续监督纠偏，让他养成好的习惯。

4. 战略盟友与伙伴

在职业经理人的工作生涯中，企业员工与职业经理人是命运共同体，是有着重大相关性的一个团体，谁也不可能脱离整体而成就自我。职业经理人是龙头，是战略执行的带头人。

从这一方面来说，职业经理人不是身居高堂的人，而是同心同德、群策群力，与下属融为一体，成为下属的伙伴，而不是耀武扬威的管理者。

5. 战略专家与变革者

职业经理人对商业必须有敏锐的头脑与感知，从多方面获得的信息与技术知识，需要科学甄别。依据行业的发展趋势与技术发展情况，适时做出相应的调整。从长远利益角度出发，从企业更好的核心竞争力去筹划。时刻有较好的风险意识，不为短期不稳定的局面所困，从行业发展前沿与前端技术去布局，做真正意义上的战略专家。

在谋划未来战略时，虽然有一些来自多方面的压力与阻挠，要稳扎稳打，有计划地推进，不做表面文章，但也要敢于做行业不想做或者不愿做的创新、冒风险的技术创新以及新领域的拓宽。

职业经理人不能把个人偏好暴露得一览无余，特别是在团队有争议的时候，需要保持中立，不能偏袒任何一方。就事论事，不依结果论输赢，否则无形中会使团队根据职业经理人的喜好而做出变动。长此以往，蔚然成风，失去了竞争讨论中出现的新点子或创新，全是逢迎的报告与说辞，这样企业的创新就会受阻；特别是不愿意去逢迎的人，不满情绪顿生，企业失去的可能是人才。

(二) 领导、领导者和领导力

领导，即指引、指导。领导是指引和影响个体、群体或组织来实现领导者所期望达成目标的各种活动过程，领导实际上就是赋能于下属、让下属成长、引领下属成功的一个管理闭环。即在领导工作的过程中，首先引领未知者有兴趣加入你所希望的愿景与规划之中，然后通过"导"，指导进入者如何做、如何按要求做、如何做得更好。在这里，领导不是一句尊称，而是一个动词，是"领"与"导"周而复始的闭环工作。

领导者是企业在茫茫大海里的航灯，是领路人与指引人。领导者的一般意义是指管理者，他既可以是基层员工的班组长，也可以是部门管理者，也可以是 CFO 与 COO，当然职业经理人也可以称为领导者。不同的领导者由于年龄、教育、成长环境及性格的不同，很难做到一模一样，可以说在管理队伍中，不同的领导者都是本着同样的结果而各显其能的。成功的领导者都是通过影响更多的追随者而成就事业的，因为他们都得到了这些追随者的信任。

领导力是无形的正能量，是个人魅力等多方面可以吸收并能激励他人，让他人心甘情愿完成目标的能力。这种能力不是操纵力、控制力，而是个人的领导魅力与卓越的个人品德光环所让人信服、愿意跟随的影响力，也是个人品牌的无形号召力。领导力并不是领导独有的，而是人人都有。

二、赋能的核心执行力

当下数字化、5G、人工智能、物联网、区块链技术盛行之际，互联网和移动互联网毫无疑问是最大的趋势与蓝海。我们看到，互联网和移动互联网已经重塑了几乎每个行业的商业生态，而且会继续重塑那些今天还没有被改造的传统行业。

因此，企业能否在新的商业生态中做出有效的改革与创新就成了企业能否生存下去的基本要素，而作为企业里面的"船长"与"掌舵手"的职业经理人，在看似平静却波涛汹涌的互联网大潮中能否引领团队做出有序良性的创新，能否全方位地做出战略性的调整，也成为职业经理人事业生涯的最大考验。而在升级转换创新过程中，良好的执行力和有效的赋能就成了重中之重。

（一）职业经理人核心执行力

在经济新业态下，职业经理人最核心的十大执行力主要有对技术创新的适应能力、适应市场的能力、准确辨识经济信息的能力、全面提高下属的综合能力、完成业务的专业与分析能力、人际关系沟通能力、综合判断能力、解决问题的执行能力、创新突破自我能力、正确的成本观念（见图2-3）。这十大核心执行能力将从深层次影响企业与团队，进而影响个人的发展与未来。知道了这些"知"，才能有方向地"行"。

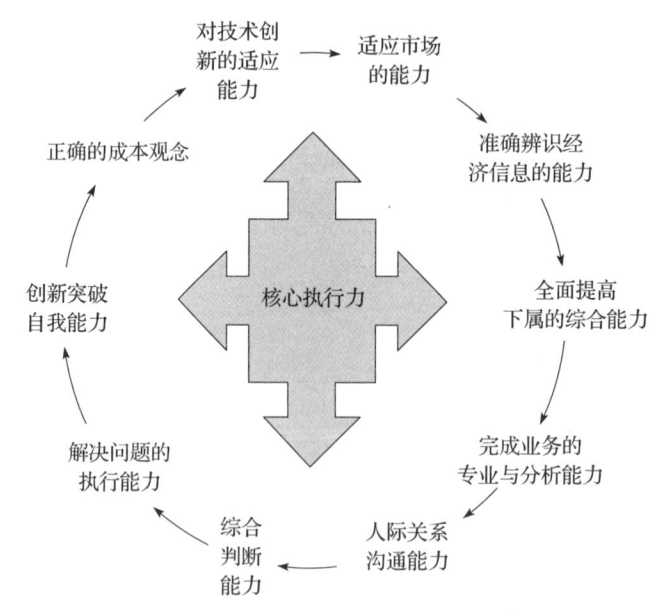

图2-3 卓越职业经理人核心执行力

（二）职业经理人内部关系融合赋能

郭广昌在马云的湖畔大学授课时曾说道：作为一个组织，如果内部摩擦成本高于外部摩擦成本，组织本身的存在还有价值吗？管理要尽量减少内部摩擦成本。

企业高层为了掌握公司控制权的派系之争、部门之间为了争夺资源的矛盾、员工之间为了推卸责任的互相推诿等局部问题、小问题最终都会演变成系统性的"癌症"。只要出现此类现象，企业发展必然减速，并且还会引发严重危害。轻则业绩萎靡、利润减少，重则分崩离析、就地解散。

因此，认清职业经理人的职位、职责与内部各相关部门与同事的关系是十分必要的。企业内各部门是一个统一的协作联合体，而不是单方面的要求与指责。看不清部门之间的关系，认识不到关系的意义与价值，不能有效融通关系中的"毒瘤"，就会埋下隐患，让小问题堆积成大问题。

1. 职业经理人之间是内部客户关系

职业经理人在与自己平级的或平行的经理人面前是什么角色呢？最常见的说法是同事。

同事，顾名思义，一同做事。只要在一同做事，就可以说是同事。也就是经理人间都应是水平协作的关系，而不能是对立的。

应当说，在公司里，职业经理人之间的矛盾、冲突是最多、最让人头疼的，主要是：一点小事情扯来扯去、一件很重要的事情踢来踢去、本位主义、别人为自己做什么都是应当的。

上述做法和表现很明显对企业的团队建设和总体效率没有任何益处。那么，如何处理和正确对待职业经理人之间的这些问题或者矛盾呢？时代光华管理学院的专家对职业经理人之间的关系是这样定位的：职业经理人之间是内部客户关系。如果公司的全体都能够以对方为客户，都将对方的满意度视为自己职责履行好坏的标准，根据对方实现工作目标所需相应地安排自己的工作，那么，这将是一个不可战胜的、高绩效的团队。

专栏 2-4

互联网风口上腾飞的小米

1. 公司概况

小米公司成立于 2010 年 4 月，是一家以手机、智能硬件和 IoT 平台为核心的互联网公司。创业仅 7 年时间，小米的年收入就突破了千亿元。截至 2018 年，小米的业务遍及全球 80 多个国家和地区。

小米的使命是：始终坚持做"感动人心、价格厚道"的好产品，让全球每个人都能享受科技带来的美好生活。

2. 市场洞察能力强，集中优势于目标群

2010 年小米成立之初，正值国内智能手机高增长期间。针对国内市场，小米看到的是国内广阔的中低端市场前景，采用差异化竞争市场战略布局，依靠低售价、高配置、极致性价比策略，迅速在 2014—2015 年成为国内知名的手机制造商。小米本着"和用户交朋友，做用户心中最酷的公司"的愿景努力创新，不断追求极致的产品和效率，成就了一个不断缔造成长奇迹的小米。

3. 组织变革，赋能人才

这是变革的时代，需要技术的不断延伸和更新。作为互联网世界中成长起来的企业，小米无一例外经历了多次变革的锤炼。

（1）组织架构改革，赋能 80 后团队

小米在成长历程中先后经历了三次比较大的组织变革，就像雷军所说："经过 8 年奋斗，小米已经成为营业收入过千亿元，员工近两万人的公众公司。为保障公司的可持续发展，我们必须把组织管理、战略规划放到头等位置，建立更具前瞻性的战略领航与更坚实有力的组织保障能力。"

雷军同时表示："没有老兵，没有传承。没有新军，没有未来。"

（2）组织管理重构，层级化管理

据《财经》报道，小米内部头衔大体分为专员、经理、总监、副总裁及以上，层级共设 10 级。这种人才管理的方式在其他公司被称为层级化管理，在小米公司叫作超扁平化管理。目的是让公司组织管理更明确，效率更快捷。层级化管理，让各自做正确的事，人尽其才，物尽其用。

4. 在变动中创新未来

2020 年 8 月，雷军提出了小米未来的三大铁律和三大策略。三大铁律是指"技术为本，性价比为纲，做最酷的产品"。

三大策略：一是重新创业。雷军认为，今天的局面，小米还是需要拿出重新创业的热情，豁出去干，大胆启用创业型人才，大胆使用创业型的激励，大胆把握新的战略机遇。

二是"互联网+制造"。雷军认为，小米信仰互联网，坚持用互联网赋能制造业。在继续和代工厂真诚合作的基础上，深度参与制造业，真正实现数字化智能制造。

三是行稳致远。雷军称，所有事情，小米都会用十年的长度来看，做长期有价值的事情，和时间做朋友。同时，战略上稳扎稳打，不要冒进。

5. 核心仍是技术创新

作为在互联网风口上成长起来的小米，无论是雷军还是企业的团队都未停止过创新，也认识到新时代下企业必须赋能于组织，发挥组织人的核心力量与创新能力。小米的未来是可期的，"我们八个合伙人全部是研发出身，前一百位员工，几乎 99% 的人都是做技术的，技术立业是小米骨子里的基因。"雷军说。小米也不断通过组织管理，赋能技术发展，创新也是无止境的。未来十年，借用雷军的话来说"智能制造将进一步助力中国品牌的崛起，小米将成为中国制造业不可忽视的新兴力量"。

（资料来源：作者根据多方资料整理）

2. 职业经理人的内外部关系

（1）外部客户是企业的"衣食父母"，得罪不起，至于同事之间无所谓。许多职业经理人把外部客户看成自己的衣食父母，而看待内部同事之间的关系则不同，私心过重，利己心态蒙蔽了双眼，从而矛盾重重。与时代共享价值与利益的企业合伙制背离，关系差、合作差，只能损失各半而不知东西。

（2）同事要我做事，是在管我，同理我也要管他们。许多职业经理人很容易把同事之间的关系比作"管"与"被管"的关系。公司作为一种组织，权力结构是自上而下的，作为下级应该服从上级，这是强制性的。至于职业经理人之间，是友好的协作关系，不是竞争对立的关系。

（3）过于看重本部门价值。企业是一个由多部门组成的关系错综复杂的利益共同体，没有哪个部门比哪个部门重要的说法，只是分工不同。过于看重本部门的价值，就会在工作中带着色彩去做事与交流，问题多多也是必然的。

可见，工作中的许多麻烦、冲突，源于对部门价值的错误理解，最终成为企业内部沟通、团队协作、角色认知的障碍。

3. 职业经理人与企业成员的三平衡

（1）人与人之间的平衡。用人之所长这是管理者策略，在充分了解下属的同时，需要根据不同的岗位制定重点不一的绩效目标，让管理有针对性、适用性与灵活性。变动式的管理能让下属发挥潜能，也让他们感受到这个集体的温暖。当然，不主张过分照顾能力弱者，否则强者会离职，也不能一味歧视弱者，那样团队也会分崩离析。最佳的团队组合应该由不同级别的人才组成，大家各司其职，竞相融合，相互学习带动，相互竞争前进，这样才是一个良性的循环。

（2）人与事之间的平衡。管理在分配任务时，也要适时考量一些能力偏弱的个体，如果仅分给优秀的某些人，就不能有效锻炼与提升弱势群体，做不到人尽其才。团队所遇到的任务总是有轻重缓急之分的，在分配各种类型的任务时要平衡有度，在保障完成大目标的前提下，让更多的人能够得到锻炼机会，让卓越者也能得到适当的休息，要根据近期每个人的任务饱满度、工作能力、培养潜质分配工作，不能一概而论，否则团队就不能得到共同成长。

（3）管理者与下属之间的平衡。要充分授权，管理者要懂得抓大放小。任何一件工作，都应做到事前、事中、事后的管理，授权有度，管理相融。一般情况下，被授权者都是某些方面的专家或技术人才，是企业的领头人。管理者给予被授权者管理与做事的权力，更要给他们更好的平台、空间及机会，让他们发挥所长的同时，又能学会调动组织周围的资源，做到最优的目标，这就是上下级间最重要的平衡——授权充分。

通过平衡，让下属在工作中得到锻炼与成长，让组织更加优化高效，同时也让团队目标达到最优。因此，作为一个合格的职业经理人，必须掌握平衡的方法，才能最大限度地发挥整个团队的作用。

三、互联网环境下人力资源赋能策略

在互联网时代，职业经理人也需要把管理触角延伸到基层，即便不需要凡事亲力亲为，但是方向性与策略性的把握与引导还是比较关键的；也不能像以往的管理者，仅关注中层管理人员，认为只要把中层管理管理到位，就可以业绩长红。

（一）互联网环境下人力资源管理

随着00后逐步进入社会，国内各企业人力资源结构发生了重大的改变。原来由70后占大比率的情况，已经由80后与90后占去近60%，而且近一年多来，00后也递增至20%或者更高。人力资源结构的巨大转变，也需要企业经理人在管理方面做出新的变革，用原有的管理方法、策略以及激励机制已经得不到理想的效果。众多企业对目前的人力资源的管理也是一筹莫展，付出了很多努力，但是局面却是要么企业面对较高的流失率，要么就是企业的基层管理者怨声载道，并让企业付出了较大的成本。针对这种情况，经理人该如何去做？如何去应对这种变化是目前企业职业经理人需要尽快做出的选择。

职业经理人需要弄明白 00 后人力资源与 80 后、90 后人力资源的相同与不同之处。只有对症下药，才可以药到病除，起到较好的管理效果。因为从来没有万能的管理之策，只有随着环境与人力资源结构的变化来做出合理有效的变通与创新，才能发挥管理最有效的作用。从管理发展的历程来看，从泰勒的科学管理，到德鲁克的现代管理，再到经济学家约瑟夫·熊彼特于 1912 年首次提出的管理创新，说明了管理是需要创新，是需要不断改革的。

（二）人力资源状况分析

目前新生代人力资源已经发生了较大的变化，管理者需要重新认识当下人力结构的情况，做出创新与改变。

而 00 后生长于智能化产品与数字化生活填满生活各个角落的日新月异的时代，用现代人的话来说，他们是"含着金匙出生与成长起来的人"。他们具有较好的学习能力，接受能力也比较强，对新生事物好奇，愿意冒险；喜欢绝对的自由，纪律意识淡薄。由于暂时无家庭与生活的压力，职业发展定位不清，职业规划也相对盲目，心理年龄与实际年龄差异过大。具体表现为：一是相对比较宅，也是社会追星狂热的代表；二是时刻不离手机，是最明显的"低头族"，也是网络流行语的代表；三是以我为本，有压力也会面对，但始终把本位放在第一位；四是消费能力强，喜欢网购，愿意尝试新生的产品，是最新产品的"代言人"，有绝对的话语权，不善于理财。

检讨反思企业的管理模式，需要与时俱进地做出变革与创新。原来一成不变的管理策略与方法可能需要做出大的改变。企业需要厘清目前企业管理措施的不足与缺陷，有针对性地做出改变与变通。70 后是用纪律规则管理人；80 后与 90 后是用纪律与激励机制去制约人；00 后应该用什么方法呢？这也是目前企业需要去研究去改变的重点，是否也有一条差异化的管理之策，抑或有一个折中的管理之策呢？用传统的管理方法已经行不通了，缺少了有效的沟通，就容易出现对立局面及硬碰硬的情况，相对的，

00后的流失率自然就比较高。企业的中基层管理者中70后与80后占了大比率，受制于这些人的经历、管理学习与实践，这些人的管理模式与思维没有更新或创新。管理的通病有以下几个方面：一是管理仍以处罚为主，多扮演"警察"的角色；二是管理沟通没有把触角深入到一线员工，一线员工与基层管理之间似乎多了一层纱，一线员工特别是00后员工，言论自由与意见的表达少了空间与舞台，不能成为领导关注的焦点，不能实现个人本位主义的体现，矛盾自然就会多，管理效率也会差；三是企业的激励机制过于看重成本，大多数企业领导认为一线员工做得好是必须的，没有必要付出更多的成本，把激励看作成本是管理者眼浊之所在，也是阻碍管理效率的根源所在；四是高层管理者缺少新知识的学习与提高，少了经济发展的眼光与前瞻的发展意识。

（三）当今人力资源的改革与创新

一是转换角色。管理者需要深入到一线，实现员工—主管与员工—高层面对面交流与沟通，既然00后善于学习，必定有可取之处。给他们较好的空间与舞台，实现有利于企业的本位建议与意见，让00后感觉到对他们的重视，最大限度地杜绝层层传达的旧模式。

二是管理者重在培养，减少警察角色的出现，必须多方学习与提升自己，使自己成为00后崇拜及热捧的对象。因此，需要管理者日常管理中多指导与亲身演示，少在口头上训诫与重复"警察抓小偷"的日常工作。

三是多表扬与赞美。工作中不要吝啬赞美的话，对于00后的每一点进步都要赞美与鼓励，特别是在集体场合或领导面前。循循善诱引导其能力与潜力的发挥。

四是经济知识的培训与宣导，丰富00后对钱或未来的感悟。由于00后是在没有任何生活压力下成长起来的，对于金钱是没有过多的概念的，也没有经济风险的意识，即便有也是相对比较淡薄的。因此，需要用经济知识来改变00后的消费与金钱意识。例如，用现值与终值来提醒他们货币贬值可能对未来生活的影响，经济的发展必将伴随着货币的贬值，势必会影响他们现在的或未来的生活。如果一味地沉迷于原有的财富，未来的生活压力必将会很大，如健康、医疗、养老等。

五是将激励视为企业的投资，即对于基层人员的激励要有较好的刺激作用。需把激励的重心下移，不能仅关注中层管理者，也需要关注基层员工。因为有刺激作用的激励措施，才能让员工全力以赴。视激励为企业的成本，担心会增加企业成本的想法是错误的。有效的激励，必将伴随着员工更大价值的增值，并为企业增值或发展带来利好，企业得到的必定会大于激励的成本。

六是擅长财务信息，培养下属的风险意识。对于目前喜欢自由及无太多生活压力的员工来说，用传统意义上的管理模式与激励似乎成效甚微，因为如果这些员工本身无压力，用外部压力来督促与管制，结果就是企业较高的流失率与企业每天不断招聘新人。不但影响企业的招聘成本，而且还对企业的管理造成较大的影响。

针对自由散漫的现代年轻劳动力，企业需要用财务方面的知识来引导员工，让他们知道自己现在或未来的生活重担，将清晰的数字植入员工的内心，让每个人的心中有一个清晰的账本。那么，企业员工就会从自我内部产生压力，认真工作。企业在此引导过程中给予合理的调整与指引，从而让员工愿意付出与参与，发挥他们的主动性、积极性与创造性，使一线员工管理相对简单明了。

如今，企业的管理处在风口浪尖，经理人需要做出有效的管理变革与创新，只有不断创新并大胆尝试，才能走出一条独有的创新赋能管理之路。

章末案例 | **大疆科技：无人机行业的黑马**

大疆科技致力于持续推动人类进步，自2006年成立以来，在无人机、手持影像、机器人教育及更多前沿创新领域不断革新技术产品与解决方案，重塑人们的生产和生活方式。大疆科技与全球合作伙伴携手开拓空间智能时代，让科技之美超越想象。大疆科技无人机是享誉全球的高性价比无人机,也是可以让国人骄傲的中国品牌。

1. 企业概况

总部位于中国深圳市南山区的大疆创新科技有限公司(以下简称大疆),是由汪滔于2006年创立的。如今的大疆,已经是全球最大的民用无人机制造商,估值超过了1600亿元,大疆不仅是全球民用无人机市场上的"领头羊",更是技术创新的引领者。

2. 大疆经营策略

第一,一个完美主义者的"基本要求"。大疆成立初期,汪滔就对细节精益求精,甚至一颗螺丝拧得松紧程度汪滔都有严格的要求与规范。严谨的细节化管理成就了大疆的成功。

第二,做对选择才是关键。从最初的零部件供应,到后面的无人机制造,汪滔不断为大疆做着正确的选择,并不断扭转方向。他将个人消费市场作为主战场,真正做到了"众人皆知",用科技打造奇迹,不断通过技术进步拉升行业门槛,遇到问题解决问题,为大疆做正确的选择,并在正确的道路上勇往直前。

第三,优秀的创新研发能力。大疆的专利申请数一直位居行业首位。在2018年世界知识产权组织发布的数据中,大疆有国际专利申请938项,全球排名第29位,优秀的创新研发能力筑就了大疆的技术护城河。

第四,大疆的未来之路。成功的大疆并未停滞不前,而是朝两个方向开启新的探索:一是产品应用多元化;二是技术应用多元化。第一个方向,大疆正从消费级走向行业级。民用无人机市场划分为消费级和行业级两个大类。消费级无人机又可以细分为航拍、竞技和互联社交三种市场类型。第二个方向,大疆把无人机技术向自动驾驶延伸。这些一直用在无人机上的视觉识别技术,可以帮助大疆在自动驾驶领域建立优势。

第五,构建自主核心技术是科技企业的长久发展之计。从创立至今,公司一直坚守"激极尽志,求真品诚"的企业精神。始终践行全新的文化和价值观，将卓尔不群的产品之道贯穿到每一个细节，展现科技的无限可能。

3. 总结与启示

第一，坚持成本优势。企业的成本是企业管理者良好经营与管理的重要指标，任何时候产品的性价比都是行业考虑的最重要的因素，因此需要从细节做起，把控产品的质量，质量是企业永远的生命力与生存基础。

第二，坚持创新。科技是第一生产力，这是永恒不变的企业发展之道。大疆领导者重视研发与创新，发明创造屡创新高，自主知识产权囊括了无人机的各个领域，产品质量好，核心技术高，性价比高。

第三，拓深产品线。在竞争激烈的无人机市场，汪滔看到农业这个蓝海市场，适用于农业的无人机在广阔的农业市场潜力无限，故而汪滔敏锐地抓住这个先机，对农业智能化进行了精准化与精细化的打造，并经过当下火热的互联网大数据进行有效的分析与监控，从而让农业智能化生产与管理成为现实。

第四，重视人才培养，埋下希望的种子。人才是企业最具活力的生产因素，也是企业创新与发展的生力军。领导者要重视人才梯队的培养与建设，为企业后续的发展提供了源源不断的动力。

（资料来源：作者根据多方资料整理）

本章小结：自我管理赋能包含自我和与己共舞的人，而不是单一维度只看重自我。本章以职业经理人的自我管理赋能为主线，从职业经理人的不同角度来看待经理人的角色，从而引申出经理人自我管理提升的十大核心执行能力、互联网经济经理人的能力提升策略。卓越职业经理人需要全方位与多维度的发展提升，任重而道远，但是如果能认识到这些问题，并且有针对性地进行有效的改善与学习，通过深耕于管理细节与有效的执行，赋能自我管理，成就自我，从而也成就了企业，就可能成为一位真正的卓越职业经理人。

第三章

时间管理

> 对于管理者来说，时间是成功的促进因子，有效的管理时间，会事半功倍，达到高效的成果。管理好了时间，就把握了成功的方向，就能日事日毕高效率运作，就能抓住更多的机会，创造更优异的业绩；而且在当今知识与信息裂变的时刻，利用好碎片化的时间，让赋能无处不在。

不能管理时间，便什么也不能管理。

——管理大师　德鲁克

开章案例　华熙生物缔造"玻尿酸帝国"

随着人们的生活越来越好，无论是老年人还是年轻人，对美的追求与投资是巨大的蓝海。留住青春，留住美丽，让人们无论是在工作中还是在生活中都更加有信心。华熙生物正是因为20多年前的提早布局，从而成就了今天超800亿元的"玻尿酸帝国"。

1. 企业概况

华熙生物是一家生物科技公司和生物活性材料公司，主要聚焦于有助于人类健康的功能糖类和氨基酸类物质，致力于为人类带来健康、美丽、快乐的生命新体验。

华熙生物的前身是华熙地产，是由云南姑娘赵燕一路艰苦创业，从海南到山东威海，再到北京，用长远的眼光与胆识一路创造了较多的商业神话。起初注资山东福瑞达，她大刀阔斧地改革，把一个濒临破产的企业，通过成立研发中心并再次建厂，于 2007 年打造成为全球最大的透明质酸原料端研发生产企业，并顺利在中国香港上市。

华熙生物于 2019 年 11 月 6 日在"新三板"上市，到 2020 年 11 月 20 日，市值达到 832.7 亿元。

2. 科技与创新是华熙生物健康发展的保障，也是公司快速发展的新动能

一直以来，华熙生物坚信企业的生命力来源于持续不断的创新能力和持续不断的盈利能力，在产业链、供应链、价值链上确立企业核心地位，保证中长期战略目标的实现。通过微生物发酵和交联两大核心技术平台，依靠公司的科技力和产品力，致力于成为行业标准的制定者和引领者；依靠公司的市场力和品牌力，成为在供应链上构建控制中间环节的关键纽带；依靠公司的科技力、产品力、品牌力打造企业竞争力，成为价值链上资源优化配置的核心中枢。

3. 专注主业，战略之外的"一概不做"

自 2000 年成立以来，华熙生物坚持从主业做文章，加大研发与投资力度，对于与本企业不相关的投资与收购，创立人赵燕坚持不去做。坚持企业定位是生物科技和生物材料公司，而不是一家美容企业。华熙生物的战略是坚持从产业链上做文章，先把 To B 市场做好，然后再做 To C 市场，眼下最关键的是 C 端产品的研发、立项、临床试验、审批，同时布局眼科、骨科和皮肤科。

4. 三轮驱动未来

华熙生物目前的业务是把原料产品、医疗终端产品、功能性护肤品

"三驾马车"齐行布局。

未来医美空间与市场是无限的,随着经济的快速健康发展与生活水平再上一个台阶,国内玻尿酸医美产品潜力巨大,这个占据全球玻尿酸原材料36%的企业,必将有更好的未来与市场。

(资料来源:作者根据多方资料整理)

第一节 时间管理的重要性

一、时间管理中时间的双面性

时间的重要性对于每一个人来说都是毋庸置疑的,有效管理时间就需要深层次地认识时间管理的意义。

第一,时间是上帝。把时间看成上帝对于任何人来说不为过,它对谁都是公平的。时间就是生命,时间就是一切,努力者总感到时间的短暂,而再次扬帆起航,彼岸就在前方;慵懒者总感到时间的漫长,而在日复一日的消磨中,生命的长度越来越短。

第二,时间是敌人。无聊没有斗志的人,每日无所事事,得过且过,因为"漫长"的时间而感到无趣,把时间视为敌人,时间就在这种矛盾中飞逝而去。

第三,时间是神秘物。日升日落,潮起潮落,在不经意间,时间的痕迹已经爬到人们的脸上或身体上。叹望夕阳,时间你在哪里?为何如此匆匆?

第四,时间是奴隶。视时间为奴隶的人,总是认为时间被他人所支配,自己的一切全为此而进行。要求向东就向东,要求向西就向西,就成了一个时间的陀螺，任其他人的鞭策，当他人鞭子收回时，一切又回归到原点，没有了动力。

二、时间管理中时间的价值变身

时间的价值是无从用数据来计量的，既可以说是无价之宝，又可以说是一文不值。倘若你认为时间是有价值的，那么你的人生必定会增值；如果你认为时间没有太大的价值，那你的人生就可能没有太大价值。你如何看待时间，你就会如何对待时间，从而产生的效果就会完全不同。

第一，无形价值。当你学会利用时间以后，你习惯的自律生活、学习、会友、亲情等，就会产生无法用金钱衡量的无形价值，这种无形价值会在困难时，爆发出无限的力量助你成功。

第二，有形价值。时间的有形价值是指你在开拓与奋斗的过程中，建立的家庭关系与社会关系会在适当的时候给你带来有形的价值。例如，工作时常常需要与客户建立良好的人际关系，客户才会在未来给你带来有形的需要，产生可以用数字衡量的价值。

也可以指，你把零碎的时间利用起来，无论是学习还是研究，就有可能在某个工作与技术瓶颈关键点碰撞出创新的火花，有了新的创意或发明创造，你就会在市场中看到有额度的有形价值。

专栏 3-1

吉利：敢为天下先

吉利从开始创立一直到今天，都是缔造者李书福的传奇故事，改革创新的激情激励着他把吉利从一个名不见经传的小企业，成为了今天无论是在国内还是在国外都熟知的汽车品牌。吉利的成长史处处都是不怕输，敢为天下先的远大谋略。吉利当下的布局，也是未来新的机遇所在。企业家雄伟的梦想与影响力让吉利走向世界成为可能，也是李书福"汽车狂人"永远不停造车的"圆梦记"。

1. 吉利的概况

浙江吉利控股集团（以下简称吉利）成立于1986年，最初是一家冰箱零部件制造商，后来转型为生产冰箱、冰柜、建筑和装饰材料以及摩托车。1997年，吉利进入汽车行业，将核心业务集中在汽车开发和生产上。吉利不断以技术创新、人才开发、增强竞争力为核心，不断致力于可持续发展。

在过去三十多年的发展中，吉利已经转型为一家全球创新技术集团，从事汽车、动力总成和关键部件的设计、研发、生产、销售、服务，以及移动服务、数字技术、金融服务和教育。

2. 前瞻布局，提升技术及协同效应

（1）吉利产销研立体布局打下坚实基础，成长为中国自主品牌销量冠军，经过三十多年的努力，吉利旗下拥有吉利汽车、几何汽车、领克汽车、沃尔沃汽车等众多品牌。吉利控股是沃尔沃第一大持股股东，是戴姆勒股份公司第一大股东。

（2）吉利由五大核心子集团组成，通过文化融合及技术合作等，逐步发挥协同效应。吉利控股通过人才和技术融合，逐步建立起全球化采购供应链体系，以最大限度地发挥五个子集团的协同效应，着力提高资源利用率。

（3）科学有效的激励措施。股权激励的措施，可以绑定核心人员利益与公司利益，助提员工积极性，股权激励计划有助于稳定高管人员，建立公司的利益共同体，达到激励员工、提升公司业绩的目的。吉利过往部分股权激励计划如表3-1所示。

表 3-1　吉利过往部分股权激励计划

2007	向 139 人发放 2.8002 亿股吉利汽车的认股权，主要受益者为洪少伦、桂悦生、徐刚、杨建、刘金良、赵杰、尹大庆、赵福全、宋林、李卓然、杨守雄等高管。这一方案在当年 7 月 31 日获股东大会通过
2010	吉利汽车实施期权激励方案，因集团雇员根据购股权计划行使购股权，公司将发行 40 万股普通股，占发行前总股本的 0.01%，每股发行价为 0.92 港元，较 1 月 13 日吉利汽车的收盘价 4.06 港元折让 77.349%，行权者只是公司雇员，并非高管
2017	吉利汽车完成非美国 Terrafugia 飞行汽车公司的全资收购，吉利因购股权获行使折价 84.50% 发行 6.8 万股
2019	2019 年 9 月 24 日向集团员工发行 20 万折让股，每股发行价 4.07 港元；2019 年 10 月 28 日，因集团雇员计划行使购股权而发行普通股 25.9 万股，每股发行价 4.07 港元；同时因集团其他合资参与者根据购股权计划行使购股权而发行普通股 15 万股，每股发行价 4.08 港元

资料来源：广证恒生。

3. 重视科技研发与人才队伍的培养

吉利在浙江杭州建有吉利汽车研究院，形成较强的整车、发动机、变速器和汽车电子电器的开发能力；在西班牙的巴塞罗那、瑞典的哥德堡、美国的加州和中国的上海成立了设计造型中心，构建了全球造型设计体系；在瑞典哥德堡设立了中欧汽车技术中心（CEVT），打造了具有全球竞争力的中级车平台。

吉利重视人才培养，花巨资进行产学研联合，成立企业内部的博士站，为员工赋能，为企业赋力。

4. 打造未来智慧立体出行新生态

2020 年 10 月 9 日，我国通过了《新能源汽车产业发展规划》，培育壮大绿色发展新增长点。与吉利之前提出的"吉利绿世界"不谋而合。新领域的前瞻谋略，相信吉利的未来会更好。

5. 新业态下营销模式的创新

新业态下，互联网效应的影响巨大，其中人们的信息共享与分享成为当下消费者最具影响力的因素，以至于众多大咖也加入了网红营销大军，成为当下新业态互联网经济的新的起点。吉利也顺应潮流开创性地推出了"几何创想官"的策划与吉利内部的"合伙人计划"。

（资料来源：作者根据多方资料整理）

三、管理时间就是管理自己

时间管理就是高效利用时间，使每一分每一秒都有所增值、都有意义，发挥时间的最大价值。

管理时间就是管理自己。管理时间并不是把计划做得很好，而自己却成了旁观者，这样就失去了管理时间的真正意义。管理时间实际上就是如何利用好每一点时间来学习与工作，让自己成为时间的主人，只有按部就班地去发挥时间的价值，让自己的各种能力与知识得以提升，抑或是个人健康身体得以保持。管理好自己，亦是有效的管理时间。

人的大脑也是需要管理的，随着工作的开展，大脑的效率也是有变化的，遵循 15—45—90 法则，最大限度地发挥大脑的机能。

什么是 15—45—90 法则呢？也就是说人不可能在长时间内保持高度专注，经研究发现，人的注意力集中时间段可以分为 15 分钟、45 分钟、90 分钟。

也就是说，在这些时间段内，我们是可以保持高度专注力的，但一旦超过这个时间，专注力就会下降。

所以，在平常的工作中，我们可以按照这样的时间节点，高效合理地安排自己的工作，可以先把自己的工作内容进行分类筛选，再把所有的工作量都依长度或需要分成不同的时间段，做到科学有效。

把所有工作进行打包分类以后，工作量也就显而易见了，然后再根据我们注意力集中的程度去完成分类好的工作，只需要 15 分钟就可以完成的工作，就规定自己这 15 分钟要立即完成，不能拖沓，完成后休息一下，再接着投入 45 分钟的工作，这样有计划、有规定性地去完成工作，并在工作中根据大脑的最佳状态做出合理的调整，从而让大脑发发挥最好的效率。

专栏 3-2

亿华通：氢见未来

当下全球能源行业正经历着以低碳化、无碳化、低污染为方向的第三次能源变革，随着全球能源需求的不断增加及全球绿色环保的要求，更加环保与清洁的替代能源将成为必需品，而氢作为一种新型能源，是清洁、高效、安全、可持续的二次能源，可通过一次能源、二次能源及其他途径获取，将成为第三次全球能源变革的重要媒介。

1. 企业概况

作为中国氢能产业的先行者，北京亿华通科技股份有限公司（以下简称亿华通）始终专注于氢燃料电池发动机系统技术研发与产业化，致力于打造更好的氢能解决方案。

目前，亿华通已形成以自主氢燃料电池发动机为核心，包括双极板、电堆、整车控制器、智能 DC/DC、氢系统、测试设备、燃料电池实验室全套解决方案等在内的纵向一体化产品与服务体系。

2. 亿华通的天时、地利与人和

第一，天时——与时间赛跑，做氢能源第一股。对于创新型企业来说，占领蓝海主阵地并能提前布局，是取得绝对优势与价值的首要因素。

收购神力科技，看重的是神力科技燃料电池发动机的核心自主技术，

2015年亿华通收购了神力科技后,便具备了做氢燃料电池发动机系统核心部件的能力,结合未来氢能源广阔的前景与市场,前瞻的眼光与提前的布局使企业谋得了第一杯羹及最大利益。

第二,地利——具有清华大学背景。亿华通是2004年在清华大学的孵化下成立的,第二大股东是清华大学创投基金投资的北京水木扬帆创业投资中心;亿华通持有水木通达26.67%的股权,该企业是北京市客运行业唯一的氢燃料电池客车,也是北京冬奥会合作商。

第三,人和——竞争能力强,科技团队卓越。研发团队是亿华通的核心竞争力之一,亿华通于国内率先建立起了一支专业、成熟且经验丰富的技术研发团队。采用产学研相结合的科研模式,引进国内外卓越的专家组建团队,公司拥有自主知识产权专利技术,涵盖了燃料电池发动机系统各个层面技术领域,并取得了众多科技创新成果。截至2015年年底,公司拥有自主知识产权专利技术近400项,其中发明专利近200项,包括美国专利4项。

3. 全产业经营,打造产业护城墙

亿华通是氢能源全产业链企业,打造了较高的商业护城河壁垒,前五大汽车制造商收入占比高达95%。随着新能源利用的普及,亿华通必成为第二个"宁德时代"。

(资料来源:作者根据多方资料整理)

第二节 时间管理原则及策略

所谓的时间管理,就是高效利用时间。人和人的差距不只是财富的差距,更多的是思维认知和对时间管理方面的差距。通常情况下,有的人觉得白天干不完的事儿,大不了晚上加班,但卓越的管理者一分钟都不想浪费，把每个生活与工作的时间都控制得很好。充分利用每一分钟，与时间赛跑，这既是卓越经理人追赶他人、实现个人增值的良策，也是实现自我赋能的根基。

当你虚度光阴的时候，别人在严格控制时间；当你赖床的时候，别人自律地早起；当你上班混日子胡思乱想的时候，时间就这样一去不复返了。

一、时间管理的策略

认识到时间的重要性，就需要采取有效的适合自己的策略。要有针对性地了解自己，从而制定时间管理的科学策略。

要先分析自己每天的日常生活与工作，找出其中的不足，制订适合自己的计划。可以把每天划分成三个时间区间，并且连续至少一周记录自己的相关情况，然后再查看哪个时间段有拖延，哪个时间段有浪费，从而也就清楚哪个时间段的效率最好、工作内容是否需要调整等。每日三区间记录如表3-2所示。

表3-2　每日三区间记录

时间	事项	计划内容	实际时间	浪费原因
8:00—16:00				
16:00—24:00				
0:00—8:00				

当你分析完数据并做出调整后，再连续记录1～2周，从而分析确定是从哪些方面来提高效率的，如学习效果、碎片化时间、不同时间的工作安排等。如果不妥则再次做出调整，直至达到个人认为的最佳状态。

时间管理是学会如何支配自己的时间，如何更加弹性地利用时间去处理各种事情，管理时间就是要对每一项事情做到高效的管理。

怎样去管理时间、怎样在有限的时间达到更好的结果，需要对自己进行诊疗并采取措施，因地制宜地做出成功的个人时间管理方案。

专栏 3-3

壹健康：身边的健康专家

人民健康是民族昌盛和国家富强的重要标志。"健康中国 2030"规划实施中明确指出，中国正在进入下一个健康产业黄金十年发展期，精准医疗、生物治疗将作为重点发展方向，众多的健康产业企业现已跃跃欲试，在"互联网＋"的影响下，大健康产业的发展将融合大数据、人工智能、物联网等新技术，实现科技革命的升级转型。

1. 企业概况

壹健康成立于 2014 年，总部位于广州，是一家集健康产品研发、生产、销售、服务于一体的综合性大健康平台企业。壹健康不断挖掘健康需求，积极开发、优化健康产品和服务，依托壹健康平台的大数据及技术优势，为超过 86 万位顾客提供了健康管理服务，赢得了广泛、良好的市场口碑，企业获得快速、稳定发展。

壹健康倡导科学规范的健康服务理念，健康管理顾问专业监控服务流程，实现了对每位顾客的个性化健康指导，在向社会提供优质健康产品和服务的同时，持续助力大健康行业的规范化与专业化。

壹健康在发展的同时，始终走在行业的前端，引领行业，与时代共舞，在"互联网＋"到来之际，积极探索智能化与数字化赋能于企业，为企业在数字化发展的道路上获得更好的助力赋能。

2. 全方位智能健康家庭终端

触手可及的"医院"，以实体医院为依托，涵盖在线问诊、云病例、处方、支付、配药、健康管理和健康教育。

多终端集成一体化服务平台，设计"云＋端＋服务"理念（见图 3-1），数据互通，随时随地查看健康数据，实现居民家庭管理、医疗服务、康老产品及在线咨询的 O2O 式服务闭环，连接健康，更连接爱！

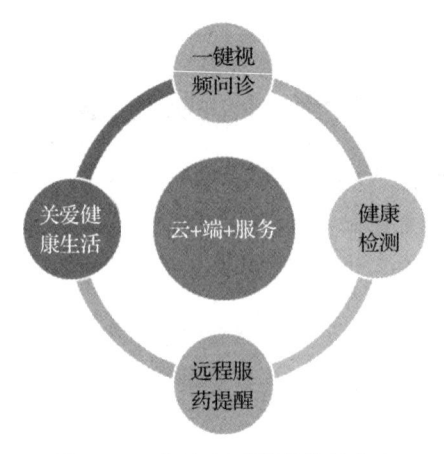

图 3-1 壹健康互联网业务生态

3. 利用互联网大数据，推出小熊智慧药箱

小熊智慧药箱是壹健康集团基于智能医疗大数据时代，以一体化多体征检测智能服务终端为入口，面向居家老人、社会以及养老机构推出的全方面居家健康医养服务体系，不仅具有用药提醒、智能药品管理、一键呼叫、在线问诊等服务功能，还搭配科大讯飞 AI 语音识别系统，智能语音操控完美实现人机交互技术，以及包括血压、血糖、血氧、尿酸、心率、胆固醇等体征数据的实时测量和实时数据分析。

4. 数据化让壹健康的健康管理服务更加精准、更加专业

壹健康也意识到了大数据的重要性，所以在企业发展中开始逐步重视大数据。壹健康本身通过线上平台为用户提供专业健康咨询服务，现在结合大数据之后，可以及时搜集用户相关信息，通过分析这些大数据，壹健康能够更加精准、专业地为用户提供有针对性的健康指导。当大数据的数量不断叠加时，这些海量的数据能够提供的有效信息也将不断增多，数以万计的人的数据汇总在一起，我们能够了解绝大多数人的健康状况，进行更有针对性的咨询服务，甚至还能够为大健康行业的发展提供数据支持。

5. 创新统筹、前瞻谋划

壹健康打造的"康养产业集群"战略,是一个共享经济在大健康产业的实践。基于"稳定配对"算法与共享经济的设计要求,服务于"大健康产业战略升级",逐步建立起集康养产品、医疗机构、养老机构、金融服务产品于一体的"稳配方案",推动了企业与消费者群体之间的主动衔接和稳定匹配。

(资料来源:作者根据多方资料整理)

二、高效的时间管理

高效的时间管理就是每天按照既定的目标,合理安排自己的工作与学习,有条不紊地向前推进,执行到位并实现个人价值的过程。善待时间,就是善待自己的生命,是实现自我赋能的基础。

(一)有效的管理时间

卓越的经理人,第一,要设定目标,有了目标,你才会有动力和方向;第二,要有规划,而不是走一步看一步,盲目的工作;第三,要有策略,管理时间的目的就是达成高效,故每一步规划的进行都是有策略的;第四,要有准备,事先计划安排并实施;第五,要逐步检查,发现有影响时间效率的因素时,及时做出调整。你每天做的事离你的目标远近程度如何、是否有偏差,如果偏差很大,就说明计划方向有误。

你需要把目标设置得清晰、完美,目标设置合理,你的时间管理就比较容易。再根据目标制定每一步应该如何达成,即把每一分钟都计划得当,最大限度地减少浪费。根据计划进行高效的组织安排,过程中不断检查与修正,周而复始地进行循环再行动,你就会做到高效的时间管理。

(二)有效的个人时间管理措施

第一,确定个人角色。需要确定时间管理的角色,分清楚主次,你在工作生活中的角色主要有家人、同事、领导、朋友、父亲、儿子、下属等,每个角色你都需要投入一定的时间。作为经理人,你需要让团队高效地工作并产生好的绩效。

第二,选择目标。每个角色都有不同的目标。梳理清楚个人目标与团队目标的关系,让个人目标服务于团队目标,成为系统构成的一部分。需要把这些目标重新明确界定,并逐步分解,细分为月目标、周目标与日目标,每一个下级目标都是总体目标的一部分或者有机的联合体。将不同的目标任务依据紧急程度和重要程度进行分类,不能仅仅忙于紧急事务,而忽视重要且不紧急的事项。

第三,安排进度。可以根据所列的目标来安排进度,详细界定进度的具体时间,一般情况下可以按周来安排进度,采用时间列表或甘特图展现出来,重大项目亦可以采用网络图法制订;计划制订容易、有效落实很难的最主要的原因往往是工作有计划,而其他角色目标没有计划,导致主计划不断被中断,甚至放弃原先制订的计划;为此,进度的安排需要与不同角色进行有效沟通,确保计划安排的有效性,同时,多人协同制订计划,能够互为督促,促进计划的准确实施。

第四,逐日滚动,适度调整。俗话说得好:"计划没有变化快。"计划应该做到"近细远粗、逐期滚动",计划一直没有调整,说明计划比较精准,同时也可能是计划的时间太宽裕;反之,计划不断调整,说明计划过于细致僵化。好的计划既能保证有序执行,同时也要有适度的弹性。

专栏 3-4

先导智能:新能源装备龙头企业

新能源具有广阔的市场,作为新能源装备龙头企业的先导智能是最大的受益者之一。加之国家政策的倾斜与支持，未来市场价值洼地将迎来丰厚的回报。2008年，先导智能开始进军锂电池卷绕机设备领域，2009年进入国内光伏产业发展领域。每一次都是华丽的转身与蜕变成蝶。

1. 公司概况

成立于2002年的无锡先导智能装备股份有限公司（以下简称先导智能），是全球领先的新能源装备提供商。2015年，先导智能在深圳创业板上市，市值超400亿元，成为锂电装备市值第一股。锂电池产业快速增长，且集约化程度越来越高，未来的生产运营更趋智能高效，先导洞悉客户需求的不断升级，矢志构建"以客户为中心的、国际一流的智能制造整体解决方案服务商"，致力于为客户提供从咨询、设计、制造、安装、调试、培训及后续升级的一站式整体解决方案，持续提升客户体验。

2. 激励机制清晰有效

公司还设立了完善的股权激励机制，覆盖技术团队中的所有高层人员。激励机制完全符合SMART原则，有效激励了团队的创新精神。

2019年9月，公司董事会通过了股票激励计划议案，行权价格为22.80元/股。以2018年为基数，需满足以下三个条件：①2019年营业收入增长率≥20%或加权平均ROE≥20%；②2020年营业收入增长率≥40%或加权平均ROE≥20%；③2021年营业收入增长率≥60%或加权平均ROE≥20%。

3. 重在技术研发的投入与队伍建设

研发投入领先行业5倍，研发人员领先行业134%。据相关数据统计，先导智能无论是在研发人员还是在研发投入上都显著领先国内外同行公司，先导智能当前已经确认了锂电池设备龙头地位，在光伏以及3C产业链细分板块也处于领先地位，在研发人员及投入大幅领先行业平均值的情况下，龙头地位有望进一步巩固，且进一步提高市场占有率。

4. 未来战略目标明确，创新发展有方向

先导智能一直以现有技术为基础，积极向技术同源性的产品及上下游延伸，锂电池、光伏板块等组件设备在全球范围内具备竞争优势，积极向工业4.0的目标进发。公司产品应用锂电池、光伏板块和3C板块处于高速发展阶段，设备技术更迭快，行业的降本增效明显，智能化和自动化是发展趋势，公司已经在一些细分领域处于行业领先地位，且伴随着国内的工程师红利以及国外的高人工成本，国内公司在成本优势以及交付时间上具有显著优势，先导智能作为国内龙头公司，在国际范围内具有竞争优势。

（资料来源：作者根据多方资料整理）

（三）时间管理的策略

1. 卓越管理者时间管理的特征

卓越的经理人，在时间管理方面一般都有以下特征：

（1）目标清晰。成功的经理人的目标是明确的、可量化的、可实现的，他们都是按照既定的目标与个人的进度来执行的。如果没有目标，就如茫茫大海没有了航灯的船，不知驶往何处。

（2）积极的心态。积极的心态会赶走浓雾尘埃迎来阳光，积极的心态也将产生无限的正能量，让不可行都变得可行。

（3）善于自我激励。对工作有激情，工作中相信自己的能力，相信自己一定成功，时常自我鼓励。

（4）高度重视时间管理。重视时间管理就是重视工作的效率，善用时间，就可能把难事变成易事。始终认为时间管理是事业成功路上的重要一环。

2. 时间管理赋能策略21项法则

经理人可以运用以下21项时间赋能管理法则：

（1）目标要明确。目标明确是经理人的第一策略，有目标才会有计划，然后才有规划与行动。主要目标有健康目标、家庭的目标、人际关系目标、理财目标、工作目标、休闲目标、能力与知识提升目标等。

（2）目标要分割与量化。目标必须要量化，不能过于牵强、浮于表面，具体可量化的目标才是有尺度的，否则模糊不清，执行与行动也是缓慢的。对于一些长期的目标，可以分割成一个又一个短期可以达成的目标，人不可能一口吃个胖子也是同样的道理。

（3）方向大于效率。时间管理是一个重要的自然法则，人生需要有一个正确的方向，才能让你拼搏向前并努力去达成。所设定的目标必须与努力的方向一致或匹配，所以在时间管理中方向是很重要的，方向大于效率。

（4）目标要与价值观相吻合。目标与价值观相吻合，是一个管理者的价值方向。如果目标与价值观不吻合，你就是一位失败的管理者。目标与价值观不同向，或者不平行，两者的关系将会差之千里。

（5）明确详细的计划。计划不能只在脑中，必须要形成书面文字，没有计划的执行，不能有效地量化与监督。计划只能是计划，而不能成为现实。有成就的人总会做计划，用PDCA不断执行循环。

（6）每天的目标必须完成。成功的经理人不会把今日的事拖到明天，甚至不会拖延几个小时，这是一个卓越管理者必备的素质。不积跬步，无以至千里；不积小流，无以成江海，这是每个管理者都懂的道理。

（7）辅助方案。计划不是唯一的，必须有备用方案。人不是神，工作方案总会有一些误差，恰当使用备用方案也是卓越经理人做事的法则或策略，也是经理人风险意识与长远计划的能力展现。

（8）固定时间做计划。最好在当天休息前就把第二天的计划做好，养成一个好的习惯，甚至把一些困难与难点也列入其中，并有相应的应急计划与措施准备。

（9）每一件事设定期限。制订计划时，利用好SMART原则工具，计划目标是量化的、清晰的，是可以计量、可以达成的。每一件事、每一个工作都必须设有时间的最后期限，这样才能高效地工作。

（10）马上行动。对每一件事、每一个计划，卓越的管理者都会马上行动，否则堆积的计划与任务让自己因更乱更忙而错误百出。

（11）辨清事情的重要程度。卓越职业经理人高效工作法则之一，要事第一，把这些要事与紧急事按 ABCD 的顺序来排列，做到忙中有序，工作高效。

（12）重要的事情先解决。一天中身体状态最好、智力最活跃时，就是处理重要事情的最佳时间，把最重要的事情计划在此时间内最有成效。

（13）改变自己的意向。坚持在哪里，希望就在哪里；信心在哪里，成功就在哪里。你的决定与信心确定了你的方向。相信自己能成功，即便是困难重重，因为信心在，胜利的天平也势必偏向这一方。

（14）专注做每一件事。专注做每一件事，不能在过程中三心二意，例如，在看书的同时，却在思考着工作上的事，那么，你的效率会受影响，因此需要专注于一件事上，不可一心二用。如果不能改正，工作决策就可能会差之千里，并导致失败的结局。

（15）遵循 40/30/30 法则。一般来说，我们每个人都会面对三种类型的事：一种是被动的，另一种是主动的，还有一种是突破的。我们需要遵循把 30% 的时间用在最创造价值的事情上，30% 的时间用在突发的事情上，而普通的事占去了 40% 的时间。

（16）每一次把事情做对。每一次都把事情做好，也是卓越经理人高效管理的核心准则之一。需要秉持每一次都把事情做好的原则，从简单的事情做起，专注于每一件事，把每件事都做好。养成了好的做法、好的意识，必将有高效的时间管理。

（17）检讨是成功之母。要勇于开展批评与自我批评。有意识地自我检讨，也是成功的必要之策。在不断的自我检讨中，发现自己的不足与好的方面。通过检讨，就会无形中实现赋能，提升个人的能力与意识。这里的检讨是日常要做的，无须用太长时间来执行，因为一旦养成了习惯，通过个人的检讨未必能改正。

（18）做有价值的事情。工作就是你的目标，成功等于你的目标。需要为达成目标而做有价值并能促进成功、加速成功的事情。离成功相对较远的事情，我们需要暂时搁置一边，或者弃之不理，让有价值的事情每天陪伴着你，你就会愉悦，时间的高效也就成为了必然。

（19）每天30分钟的独处时间。无论多忙、有多少事情需要去处理或解决，每天抽出30分钟找一个安静的地方独处也是很有必要的。通过独处，让自己的身心放空，从而产生新的创新点或发现点，更可以思考自己在刚刚过去的时间，事情处理得是否妥当。每天的30分钟可以让你的效率倍增，判断最好。

（20）注意行动的姿势。一个人是否有朝气、是否有活力、是否有信心，从他行动的姿势就能很明显地看出来。走路有气无力，会让人感到你的慵懒、你的负能量太多，让与你沟通的人有所芥蒂。相反，走路铿锵有力，昂首阔步，会让人感到你正能量满满，信心倍增，也让人特别愿意与你沟通，从而也产生好的效率。

（21）将痛苦视若生活的调料。没有什么事能一帆风顺，过程中的酸甜苦辣都是难免的，痛苦也是常有的事，倘若你视其为生活的调料或短期的调剂，就不会影响你，反而会让你更加努力向前。

三、善用时间的良好习惯

高效的时间管理需要良好的习惯来促进，善用时间的良好习惯是卓越经理人的必由之路。

第一，善用时间的良好习惯，每件工作事务的处理都为一定的目标服务。明确目标，就会最大限度地减少时间的浪费。

第二，做事有计划，明白自己将要做什么。不打没有准备的战斗，要做到运筹帷幄。

第三，真正把时间看得很宝贵，时间是财富。时间是生命，时间是获得成功最宝贵的资源。

第四，懂得处理事情的轻重缓急。坚持要事第一的原则。

第五，日事日毕，周事周完，事事不拖延。营造事事不拖延的氛围，影响下属也融入其中。

第六，重要的事重点对待，懂得关门做事。既要专心专注，又要减少外围的干扰。

第七，努力营造有良好习惯的企业文化氛围，让下属清楚地知道什么该做、什么时间做和不执行的后果等，而不是凡事都需要你的监督与督促。

第八，合理分工授权。要把下属能处理的事授权出去，而不是亲力亲为，这样不但不能有效指导下属，也影响管理要事第一的卓越原则。

第九，不求完美主义。对下属的工作不能过于追求完美，而是要看是否有好的结果，让下属明白管理不在于知而在于行，其验证不在于过程，而在于结果。

第十，克服完美主义倾向，不在意事情办得多漂亮而在意事情与目标的一致性。凡事以终为始，以目标为最终目的。任何事情不可能做得完美无缺，过于追求不但增加了过多的成本，也会让时间的效率大打折扣。

第十一，不做重复的工作。重复的工作或问题需要授权下属去做，让下属成长起来，持续重复的事情若多次出现，就需要深查，用5W2H去让当事人分析检讨。

第十二，善用零星时间。零星时间占用我们工作与生活的时间比率在30%左右，卓越的经理人会利用这些时间来提升自我能力与知识，提高零星时间的价值，也是一个比较好的习惯。

第十三，做好时间统筹。如边看电视边整理内务。善用统筹的方法把时间长度延伸。

第十四，学会说不。无意义的社交会浪费大量的时间，需要敢于说不，不要把美好的时间浪费在没有意义与价值的事上。

第十五，利用新科技工具。用电脑和电子移动产品或App来高效获取你所需要的信息，并减少重复的文字工作，利用手机的记事本或闹钟来时时提醒你，起到有效的提示与警惕作用。

四、目标设定与时间规划

无论做什么事情，都要一个目标。有目标，才知道自己想要到哪里去，有目标才能获得别人的帮助。如果一个人连自己想要去哪里都搞不清楚，再高明的人也无法给你指路。

（一）目标的定义

目标是一种远景规划，为了实现它，人们愿意为此付出更多，如果不去努力达成，最多算是一个企图。

成功是什么？成功就是目标，没有目标就没有成功可言。世上没有懒惰的人，没有目标就没有成功。

概括起来说，设定目标的意义主要有以下几个方面：

（1）让生活有方向感；

（2）克服懒惰的心态；

（3）全力以赴；

（4）产生热忱；

（5）区分事情的轻重缓急；

（6）节省很多时间，把时间放在最有价值的地方；

（7）确定价值的重要性；

（8）有了目标，就会提高效率；

（9）有助成长或进步。

有了设定目标的理由，设定了正确的目标，就需要看看时间管理如何能让目标有效达成。

（二）目标设定的指导原则

时间管理与目标是一体性的两个方面：一边是目标，另一边是时间，目标是需要时间管理来有序进行的，时间管理促进目标的达成。

设定的目标可以用 SMART 原则来量化分析。所谓 SMART 原则，即目标必须是具体的（Specific）、必须是可以衡量的（Measurable）、必须是可以达到的（Attainable）、必须和其他目标具有相关性（Relevant）、必须具有明确的截止期限（Time-bound）。

无论是制定团队的工作目标还是制定个人的目标都必须符合上述原则，五个原则缺一不可。制定的过程也是自身能力不断增长的过程，需要制定者或个人在不断制定高绩效目标的过程中，再次创造新的、更高的目标。当今对于SMART原则也有新的理解，它把目标的分解与量化更加具体化，也更全面。

总之，制定的目标必须是具体的，没有具体的目标，方向就会模糊，也就谈不上目标；必须是可以衡量的，就是目标必须可以用数字来衡量的，不能用数字来度量的目标是浮夸的；必须是可实现的，脱离了可实现的目标就成了空中楼阁，没有了实际意义；相关性，就是目标与其他目标必须有关联；而时限就是对目标达成的每一个节点的控制要求，有了时限才会不停止、不拖延。总的目标必须转化成一个个短期的目标，这样就可以立即行动起来，不转化成近期的小目标，你的行动就不会这么快捷。

（三）时间管理目标性原则

每天所做的每一个选择与每一个决定，都有两种可能：一种是离你的目标越来越近，另一种是离你的目标越来越远。离你的目标越来越近，你就需要保持下去。而离你的目标越来越远，就需要修正纠偏，为了让你的目标更加合理，就要进行时间规划。

（1）时间规划是时间的经济价值；

（2）时间规划的最高标准是把最好的时间投在最有价值的事情上，也就是指时间规划要遵循高效以创造最好的价值；

（3）时间规划的最低的标准是把最少的时间投在目标设定与完成计划上，不要把时间浪费在没有很大价值的琐碎的事情上。

(四)时间管理规划系统

在你的生命过程中,既有一个生命计划,即长期的计划,亦是多年的计划,还有今年的计划——年度计划。你的年度计划需要分到四个季度去完成,也就是季度计划,季度计划再分到每个月,就是月度计划,月度计划再分到每天,就是日计划。日计划再细分到时间段,就是每时每秒的计划,这些计划都是达成远景目标的一部分,只有各项计划都能按部就班地高效完成,你才能完成你的生命计划。

1. 计划规划系统

日计划就是每日的结果,日结果累计一周就是周结果,周结果再累计起来就是月结果,月结果累计起来就是季结果,这样周而复始地累计就成就了年结果,对年结果随时进行调整,并检查过程中的结果是否达到了计划目标。

在时间规划系统里,日计划是每天花一些时间计划你的活动。你的日计划是从周计划而来的,自己每天的方向都是朝着总目标迈进的,每天从你的专案、你的活动、期限和应该注意的事项中检查执行情况。

对于未来一周应该处理的事情,首先应该决定这些事情的优先顺序然后再做计划,这样可以对工作做全盘的检查,将自己的目标系统化以后可以为新的一周做更好的准备,周计划往上延伸就是月计划。

月计划上面就是季度计划,过程中及时检查与修正,例如下一季度你可能升职,你需要接受一些相应职位的知识技能培训;下季度你可能去一个地方旅游,那你要先去收集一些旅游点的信息资料,这些都应该安排在季度计划之内。

这样建立起来的规划系统清晰明了,能最大限度地减少时间的浪费,从而也为出色地完成规划打下了坚实的基础。在这样的规划情境下,凡事都能井井有条,效率也能大为提升。

2. 计划实施策略

日计划就是每天花一些时间计划自己一天的活动,是整体目标中最小的单位，它是时间管理体系中最基本的一个节点，没有持续较好的日计划，就像建楼房没有打好地基。因此，有系统地快速拟定一个日计划，记录你当天的工作，就打开了成功之门。日计划如表3-3所示。

表3-3 日计划

复习你的人生目标： 复习你的年度目标： 本季度目标： 本月度目标： 本周目标：	完成时间： 完成时间： 完成时间：
今天高效活动重点 _____ _____ _____ _____ _____ 健康： 家庭： 工作： 人际： 理财： 心智： 休闲： 心智：	AM 6：00～7：00 7：00～8：00 9：00～10：00 10：00～11：00 11：00～12：00 PM： 1：00～2：00 2：00～3：00 3：00～4：00 4：00～5：00 5：00～6：00 6：00～7：00 7：00～8：00 8：00～9：00 9：00～10：00 10：00～11：00 11：00～12：00
追踪与检讨	明天工作的成效取决于今天任务的详细安排，并且便于付诸行动

做好日计划，也就是每天在心理上有一个比较好的准备，有利于第二天计划的有序展开，不会由于手忙脚乱而打乱你的节奏，影响你的心情。

计划要集中在重点上，不去做太多无价值的工作，且由于聚焦于重点上，日计划、周计划、月计划以及年度计划都会有效地完成。久而久之，就养成了良好的习惯，成功也就成为自然而然的事情了。

在计划实施过程中要通过追踪与检讨，适时调整任务，合理有效达成自己的总目标，因为只有不断追踪与检讨，你才会发现哪里有不足、哪个环节需要做调整，不至于浪费时间；而且也可以通过控制进度，从而控制了自己的人生规划。

章末案例　猎豹移动：做正确的事，与时间赛跑

互联网时代以快为主节奏，谁掌握了时间，谁就把握住了时代的脉搏，就拥有了新世界。因此，无论人还是企业都需从新的视角来认知时间，做好时间管理，这样才能目标清晰，时间计划管理有序，个人与企业就会稳步成长起来。有了目标，就有了成功的方向，而有了目标管理，就有了行进的策略与行动指引，也就有了高效的成果。

1. 企业概况

猎豹移动是由创始人傅盛在 2010 年创立的，企业致力于"在人机共存的世界里，用科技让生活更美好"。目前，猎豹移动正从互联网向以 AI 赋能为驱动，实现以智能语音服务机器人、智能递送服务机器人、智能劳动服务机器人为基础的智能服务机器人解决方案，致力于成为全球领先的 AI 产业互联网公司。

2. 创造卓越的管理者自我管理，营造企业优秀管理文化

作为一家互联网创新型企业，企业内部事务繁杂，在一段时间内曾让创始人深陷其中，每天需要处理的事情满天飞，每天的会议排得满满的，几乎想拥有分身之术来处理工作事务。傅盛在《认知三部曲》中曾写道："记得有段时间，我非常忙，各种会议满天飞，效率很低。我当时就想，难道当年乔布斯比我更忙吗？归根结底还是我的管理方法不对。于是我不停地追问自己，如果我现在让工作时间少一半，能不能做得更好？"

于是，为了避免这种情况在公司蔓延，创造高效的管理效能，他检讨自己工作中时间管理的不足，改变过往事无巨细的亲力亲为，注重培养团队的判断能力，而不是勤勉的工作能力。本着要事第一的原则来"做减法"，要求团队将时间和精力聚焦在对每位管理者而言真正重要的事情上，重点帮助团队在关键点上做决定和梳理目标。就这样，傅盛找到了正确的时间管理目标，产生了高效的成就，也营造了企业优秀的自我管理的文化氛围。

3. 项目管理需要选择题，而不是问答题

猎豹移动的管理者每天都要面对大大小小的项目，为了确保高效的管理效率，减少时间管理的不足，提高每一级管理者的决策速度，要求每一级人员在提供决策报告时，尽量减少冗余的文字，必须本着以最终的目标为中心，给上一级管理者提供决策，是提供选择题，而不是问答题，从而让企业每一位决策者的快速决策成为可能，减少了因反复讨论与修改再决策造成的时间浪费。企业里面不需要过多的"消防员"，需要的是可以从根源性与系统性两个层次解决问题的睿智的管理者。故而企业在酒店、教育等核心场景发力，在酒店场景，在机器人支持单次多目标递送、电梯联动、话务系统接入、安全身份认证、智能问询等方面也有了新的布局与发展，从而让企业在全产链市场方面抢占了第一杯羹。

2020年11月，猎豹移动公布的企业财报显示，总收入为3.65亿元，现金储备及长期投资为38.49亿元，受新冠肺炎疫情与外部环境的影响，目前猎豹移动把市场的焦点与重心转移到了国内。

4. 互联网以快为主

互联网产业要求以快为主，一旦时间上领先，也就站在了行业前沿，成为他人追赶的对象，而超越也是很难的。因此，猎豹一直把此作为企业管理取得胜利的法宝，也成为互联网行业中发展相对较好的企业。

而且，企业坚持差异化竞争策略与管理之路，差异化的竞争会给市场带来对企业深刻的认知。猎豹移动的创新发展以只要用户对你有了足够的认知，你就产生了"携用户以改变产业"的能力为理念。基于差异化竞争策

略，企业有了"砸锅卖铁做毒霸"的认知，通过创新的纯云端杀毒软件，让"毒霸"真正成为了"独霸"，让公司收入连续三年保持120%以上的增长，猎豹清理大师发布仅三个月就进入了Google Play全球排行榜前十。

5. 总结与启示

第一，企业要在有序中得以发展。企业发展既要有序，又要高效率，二者是企业健康持续稳定发展的重要因素。良好的时间管理不但能够提升工作效率，还能够让企业在运营的过程中更有秩序，这就是一个企业时间管理的重要性。管理者需要对时间管理有一个更高层次的认知与践行，而不是停留在口头上。

第二，企业成功需要目标，而目标达成需要好的时间管理。时间管理就是把无序与杂乱变得有序且高效，个人需要做好时间管理的主人，才能管理好目标，才能让企业获得持续稳定的发展，向更好的方向发展。

第三，时间是有价值的。对于企业管理者来说，没有时间的概念，也就没有成本的概念。在数字经济社会，武功唯快不破，谁能管理好时间，谁就抢占了市场，也就获得了超额利润。

第四，时间管理以目标为关注重心。企业的发展需要有方向，也就是要有目标，并且基于此目标科学有序地进行时间管理，而不是盲目地发展。

第五，时间管理需要策略与技巧。时间管理在企业内部要有合适的指引与训练，而不能没有机制与明确的目标和要求。

（资料来源：作者根据多方资料整理）

本章小结： 时间就是生命，时间就是金钱。认识时间的重要性是作为卓越经理人的根本，有效的管理时间才能高效地工作与开心地生活，才能更好地利用好时间为自我赋能创造条件，并在良好的自我管理时间的过程中赋能于下属，正向影响与引导下属使之拥有较好的时间管理观念。

第四章

有效沟通

> 良好的沟通是管理者在管理过程中运用的有效工具之一，是化解困境的有效策略。

沟通能力从来没有像现在这样成为个人成功的必要条件！一个人成功的因素，75%靠沟通，25%靠天才和能力。

对于个人而言，建立良好的管理沟通意识，逐渐养成在任何沟通场合下都能够有意识地运用管理沟通的理论和技巧进行有效沟通的习惯，达到事半功倍的效果，显然也是十分重要的。

——菲力普·科特勒

开章案例 芒果超媒：媒体第一股的"秘密武器"

作为国内媒体第一股，芒果超媒股份有限公司（以下简称芒果超媒）一直是大家津津乐道、茶余饭后谈论最多的话题，也是当下年轻人最满意的媒体之一。数字经济的发展给企业带来了更大的利润空间，芒果超媒借助互联网平台有效沟通的融合，实现了"互联网+沟通"新模式，并基于内部管理团队高效的沟通，打造出了一个综艺新媒体。

1. 企业概况

芒果超媒成立于2005年，集电视、网络、型录等多媒体通路向消费者展示商品信息，让消费者足不出户就能尽览商品资讯，享受全天候的家庭购物体验。芒果超媒主要有新媒体平台运营、互动娱乐内容制作和媒体零售三大业务。

2. 平台交互嫁接的互联网沟通效应

在新节目创立之初，芒果超媒进行了内部的沟通，让团队里面的每一个人都贡献自己的建议与看法，最后集众人之长在公司内部推演，直至节目达到较高的满意度再将其推向市场。如2020年10月推出的小芒，经过两个多月的内部推演，才于同年12月推向社会。

芒果超媒借助于互联网平台交互的巨大效应和明星节目《乘风破浪的姐姐》开场曲的小芒主题曲《今天有点芒》，让平台潜在的沟通效应指数级倍增，实现了下载与购物的双丰收。

当然，在小芒创立之初，针对该App的发展重点与核心，芒果超媒也是经过多轮的内部沟通讨论，并收集平台背后的建议和点评，最终决定以打造内容为核心，把社区的活跃度、留存率作为平台前期发展的核心指标，走差异化的品类或服务竞争优势之路。

3. 打造特色发展之路

芒果超媒从来不埋没有创意的团队，一般情况下，一个好的创意经过大家的讨论后总会被支持，截至目前，芒果超媒已经搭建了20支以上的综艺节目制作团队及12支影视剧制作团队，从而打造出了以内容为根基，用内容引发共鸣，以共鸣创造需求、拉动消费，以"视频＋内容＋电商"的全新视频内容电商模式。

芒果超媒一直坚持独立创新，在国内电视媒体中勇开先河，开创新的、适合受众口味与喜好的综艺节目，让企业异军突起、飞速发展。

4. 创新管理沟通机制

对于一个公司来讲，管理沟通机制的重要性不言而喻。正因如此，芒果超媒独创了一套管理沟通机制与内容评估系统，目的就是让创新与创意更加明晰与可行。芒果超媒对社会发展趋势与社会价值进行综合考量，反复推演，打造出了爆款节目与产品。芒果超媒还通过用户与受众的深度参与、讨论，不断完善自身，让节目更受大众的喜爱。芒果超媒深知，任何节目都要引起大众的共鸣。换言之，芒果超媒的内部沟通管理机制与外部的交互双轨前行，以找到有利空间与机会，不盲目发展。图4-1为芒果超媒2017年至2020年第三季度营业收入及同比情况。

图4-1 芒果超媒2017年至2020年第三季度营业收入及同比情况

5. 总结与启发

综观芒果超媒的发展，可以得到以下启示：

第一，不断创新，打造独特的发展之路。任何行业在当今的新经济业态下都不可能置身事外，企业需要在成长中不断创新，从稳定中看到风险，在风险中创造机会，特别是管理沟通的创新，需要汇集团队的力量，借助互联网平台交互的效应，让管理沟通更加科学化与系统化，走一条独特的发展之路。只有这样，才能让大众认可，夺得蓝海阵地。

第二，沟通系统化，打造核心竞争力。在巩固自有品牌的同时，依靠品牌的影响力，从与企业相关联的方面开拓创新，打造一个全产业链"航母"企业，创造新的利润增长点。多方运营不是盲目地去做，而是通过内部团队的管理沟通与外部数据的收集，实现交互的指数效应。

第三，数字化平台交互创新，创造更大的价值。在新经济业态下，发挥平台连接沟通集约化效应，通过数据的集成找到可创新点与机会空间，以长远的利益为出发点，找到共赢点，通过多方交互，互为助力。

第四，人才队伍的培育是企业发展的动力源泉。卓越企业的人才培育机制与激励机制必将培养出一批又一批的卓越人才，这是企业源源不断创新与发展的新动能。人才培养是基于数据分析后的需求与可创新点，有针对性地培养人才，为企业在行业内保持持续的核心优势与竞争力保驾护航。

（资料来源：作者根据多方资料整理）

第一节　全面解析沟通

有效沟通是指通过沟通者的能力与技巧，达到令双方满意的效果。有效沟通是双方的，而不是单方面的。有效沟通是一名经理人最基本的管理工具，是有效开展工作、提升效率、再创佳绩与新局面的一个最好的工具。没有有效的沟通，无论对上层还是对下属都会形成一道屏障，信息的传达、指令的执行、关系的融洽就难以达到理想的结果，沟通出现了问题，团队问题就会增多，成功便无从谈起。

——中国国电集团公司华北分公司　李思仪

一、沟通的基本要素

良好的沟通是打开人们心扉的一把密钥，是搞好人际关系的基础。沟通没有对错，只有立场。沟通必须从共赢、共享、正确的价值观出发，才能实现有效的合作。高效、良好的沟通是以终为始，注重情绪管控与微表情管理。

（1）善解人意。在与相关人员的互动过程中，要清晰、准确地理解相关人员的心理，这样我们表达出来的话语才能够让对方觉得"你是懂他的"。善解人意往往能让经理人在管理与沟通过程中收获更高的满意度。

（2）宽容对人。下属有很多种类型，有些下属因为工作与生活的原因会有一些负面情绪，甚至很极端。作为经理人，在与他们交流中，需要强大的宽容心。这种宽容的心态，可以让自己避免陷入"纠结"中，也可以在短时间内化解下属的对抗情绪，让下属能很快地放松下来。

（3）人文素养。经理人在与他人的沟通中，无论是与上层的沟通，还是与下属的沟通，或者是同级之间的沟通，需要融入更多的感情，这样才能让沟通更顺畅、更高效。而经理人在与他们交流的过程中，也需要有更全面的知识，要提前熟悉与沟通主题相关的知识与信息，这样才有利于相互吸引，发挥个人魅力，并改善沟通中的关系。

可以发现，在管理工作中，那些具有较高知识素养或知识水平的员工，往往更容易获得上司或同事的信赖。换句话说，这是个人内在的文化修养对沟通的正面影响力。

（4）尊重他人。在管理工作过程中，使用礼貌用语也利于沟通。如果在沟通中说一声"不好意思，请稍等"这样的礼貌用语，可以缓解对方的焦虑情绪，营造良好的沟通氛围，而这始于我们内心是否真的"愿意尊重"他人。

（5）社会阅历。随着年龄的增长、经验的增加，资历越深，对人、事、物的看法就越成熟。当我们的社会阅历足够丰富，在与下属交往的过程中，就能够表现得更成熟，处理问题的时候也会变得更容易一些。

（6）专业素养。作为领导者，经理人在沟通中要有专业的知识与技巧。对于要进行的沟通，应提前推演出沟通中出现的问题并想好应对措施。既然是高效沟通，就要有计划地进行，而不是临场发挥，毕竟临场发挥容易出现谈"崩"的可能，不但失去了管理者的权威，也会让下一步工作无法展开。

（7）表达技巧。沟通中要引领沟通的主题，从对方喜欢的主题或兴趣点娓娓道来。如果没有铺垫，直插主题，沟通的气氛会变成有针对性的话题，不容易打开困境、解决沟通的主题。

专栏4-1

华为：没有沟通，就没有管理

华为技术有限公司（以下简称华为），一个中国新时代的优秀企业，是众多企业学习与效仿的标杆，而在诸多优秀的管理创新之中，华为的内部沟通是人们公认做得最优秀的，良好的内部沟通机制给华为的发展与人才的培养带来了巨大的力量。

1. 企业概况

创立于1987的华为，从一个小作坊开始，历经30多年的发展，目前已经成为世界知名的全球领先的ICT（信息与通信技术）基础设施和智能终端提供商，并且是世界5G信息技术与物联网、智能手机引领企业，致力于构建数字世界与云数据平台，是以智能力量推动各行业数字化转型的佼佼者。

2. 沟通是华为管理的根基

自创立之初，华为就把沟通当作企业发展的根本。华为在早期就提出了"促进沟通、信息交流、资源共享"的口号，逐步建立起了一系列沟通的制度与规则，并把沟通写入《企业员工守则》之中，还设立了《沟通》专刊。华为建立了多种沟通渠道，组织各种有助于沟通的活动，搭建起了企业内部良好的沟通平台。任正非说："团结、沟通是我们工作中永恒的主题。"

3. 沟通方式多样化

华为的沟通方式除了电子沟通与网际沟通外，还有面对面正式沟通与非正式沟通，要求每位管理者必须每周或每月向直接上司提交工作报告或汇报，以及近期的工作计划与工作建议等，以提高员工的参与感与主人翁意识。当然，华为也为沟通提供了便捷的沟通工具，如移动电话、电脑等。

在沟通过程中，华为不限于自上而下的沟通，而是采用上行、下行、平行与交叉四种形式，从而实现沟通效果的最大化。

4. 华为沟通三原则

良好的沟通可以减少内耗，让企业内项目与协作更加顺畅。为避免工作过程中出现各种对接障碍，在适当的时间将信息通过合理的方式发送给利益关系人，这就是华为的沟通三原则，如图4-2所示。

沟通及时是华为沟通的首要原则，信息沟通必须保证上下、平行沟通的顺畅，必须在第一时间传达给相关联的人；信息准确，也就是确保信息表达的观点、问题、看法和结论必须客观、准确；严格控制信息传递的量，就是确保信息传递要恰到好处，让相关者能够领会。能用数据表达的尽量减少语言，毕竟数据更容易让人记忆。

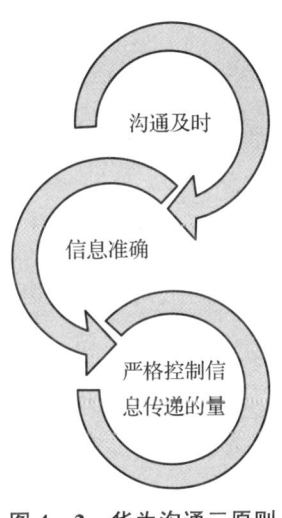

图 4-2 华为沟通三原则

5. 沟通技巧

华为把沟通技巧作为企业培训的重要课题之一，要求所有的管理者懂得沟通中的技巧，沟通前必须制订沟通计划、了解对方的相关信息、确定沟通的时间和方式等，每一次沟通都要明白与谁沟通、为什么沟通、他们需要什么样的信息、沟通的目标是什么等。

良好的企业内部沟通管理能减少企业内部的多环节内耗，从而让华为的管理更加高效，为企业成长与创新奠定了重要的基础。

（资料来源：作者根据多方资料整理）

二、沟通的方向

沟通有向上沟通、向下沟通、水平沟通三个方向，这也是经理人经常面临的情况。

（一）向上沟通

每个职业经理人都应该以积极的心态面对沟通。只有经常与上级沟通，才能够实现自我定位，才能了解自身的工作环境，最终顺利地解决问题。

在现代管理中，职业经理人是非常重要的角色，起着承上启下的作用，向上对企业更高层负责，向下则管理众多不同部门的下属。经理人的绩效是通过上司与下属来达成的，因此，向上沟通的目的就是获得资源与支持，向下沟通的目的就是以赋能为主的关注与支持，从而达到经理人所需要的绩效。此外，向上沟通也是经理人开展工作顺利与否的关键。

职业经理人的管理对象其实只有一个人——直属上司。管理需要资源，每位经理人都深知这一点，因此，良好的向上沟通是给经理人事业助力与增色的关键因素，它能带来优先的资源、强有力的支持、信息最优知情权等。

（二）向下沟通

日本管理专家松下幸之助把向下沟通放在了很重要的位置，他认为经常向下沟通有利于发现问题，有利于听取员工的意见，有利于充分了解下情，能够提高执行力和团队建设的进程。

勇于承担是卓越经理人必备的素质之一，也是高素养的表现，同时也是一种积极负责任的态度。只有经理人勇于承担责任，向下的沟通才是有效的；否则，过失与失败全部由下属来承担，沟通就失去了意义。

（三）水平沟通

水平沟通指的是没有上下级关系的部门之间的沟通。良好的水平沟通能力可以联络部门间的感情，增强部门间的配合意识，是管理者利用身边有效资源的便捷途径之一。良好的水平沟通可以达到高效率，还可能获得意想不到的良策。水平沟通应从为对方着想的视角进行，多站在对方角度考量，就会达到意想不到的效果。

总之，沟通渠道是多种多样的，需对症下药，对不同的环境与人，采取不同的方式与策略。

三、人际沟通的影响因素

人与人之间的沟通总是有障碍的，一旦解决了这个鸿沟与屏障，团队与组织的凝聚力和协同力才会发挥到最大，人与人之间的关系也将最融洽，一切影响工作与关系的因素将大为减少。影响沟通的因素主要有个人因素、信息因素、环境因素，如图4-3所示。

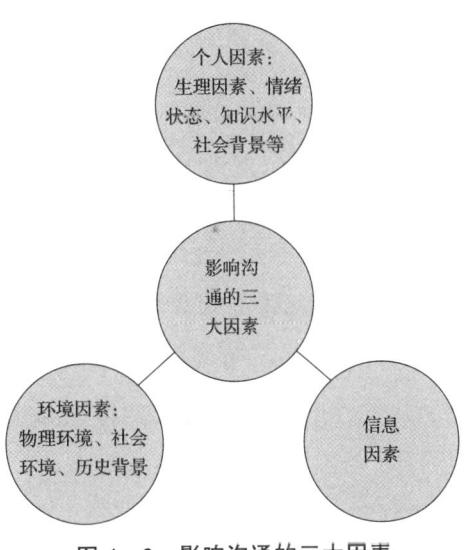

图4-3 影响沟通的三大因素

（一）个人因素

每个人的素质、感情与感知及认知都不同。一个人的个性、特点、习惯与情绪、知识水平，以及社会背景等，都在潜移默化地影响着其心情与思维，从而影响沟通的气氛与效果。

（二）信息因素

信息因素主要是基于信息理解的偏差而导致的影响。如果对某一件事，对方对沟通信息的认知是正向的，沟通就相对比较顺畅，易达到好的效果。如果对方对信息的认知是负面的或有错觉的，那么对于沟通就是背向的，将难以达到好的效果。

(三)环境因素

环境因素包含物理环境、社会环境与历史背景。

(1)物理环境。物理环境是指沟通时的环境。一般情况下,光线较暗、环境杂乱等物理环境都会影响沟通的情绪与效果。所以,沟通是需要一个相对独立且不受干扰的空间,光线充足,环境与周围的物品能让人赏心悦目,这对于沟通的效果是正向的,也有积极的影响。

(2)社会环境。在家庭、工作场所、公共场合、聚会等情境下,人的沟通方式也是不同的,效果也是千差万别的。

(3)历史背景。参与沟通的人在之前是否有过类似的经历,是否受其他因素的影响?在沟通过程中,有时对沟通的信息不需要进行完整的表达,对方就已经明白了沟通的内容,这是因为过去的沟通背景已成为当前沟通的背景。

第二节 沟通中的障碍

沟通效果的好与差有多方面的因素,尤其是要清楚沟通中的障碍,并尽可能杜绝与改善,否则沟通就失去了价值,不但浪费了时间,也将因沟通中的不悦或效果不理想而影响双方的情绪,产生更坏的影响。因此,需要全面认识沟通中的个人障碍与组织障碍,并努力改之。

一、沟通中的个人障碍

沟通中的障碍从个人方面来分析有以下几个方面:

第一,刻板印象。刻板印象就如惯性思维一样,用过去某一件事或某一方面来映照人的看法。比如,所谓的"无奸不商"就属于对商人的刻板印象之一,"做一次贼,就永远是贼"错误的认知也常常给个体冠以某些性格特征或其他的符号称谓。

第二，光环效应。如常用衣着装扮来判定一个人的地位或学识。光环效应就是过于看重表面，没有进入深层，以点概面就会产生错误的意识与做法。

第三，把意图强加于人。"己所不欲，勿施于人"，我们总会把某些不是对方的意图强加在对方身上。经理人要善于站在对方的视角看问题，但是有时也会出现错位的情况，就容易把自己的想法强加于人。

第四，投射现象。这个有点类同于第三点。投射现象重点是指推卸责任的情况，将事实上属于自己的利益、情感和性格因素加之于对方。

第五，指控者与辩白者的偏见。此种情况是在有冲突时，用利己的思维与做法来行动，一是为自己辩白，认为对方已经做了或者可能做了和自己一样的事情；二是指控对方，是他做的，不是我做的。只要指控了对方，就等于为自己辩白，这种指控他人的做法映射出人的内心。双方各执一词，容易造成两败俱伤的结局，毕竟用这种方法很难达成共识。

第六，对抗性贬低效应。在对抗性的情境中，如果怀疑对方所说的话可能成为对自己不利的武器，那么，无论对方说什么，我们都会贬低对方意见的价值。用指责他人的方式来沟通是达不到好的效果的，因为在指责他人的同时，必定会招来许多不愉快，而你也将成为对方讨厌的对象。

第七，先入为主。先入为主是指先听进去的话或先获得的印象往往在头脑中占有主导地位，以后再遇到不同的意见时，就不容易接受。例如，一位管理者如果只听取了问题责任的单方面陈述，那么他很可能就会把责任归咎于问题的另一方，因为在单方沟通中，他已经把责任强加于了对方。先入为主是沟通中的大忌，因为从一点去说全部，本来就是错误的。

第八，记忆的自我增强。如果我们一旦见过什么，或者我们相信自己曾经见过什么，那么之后我们就很有可能再次看到它，或者相信自己看到了它，而且随着时间的推移，我们会越来越确信自己的看法。换句话说，就是试图与自己对某一事件的第一印象保持一致。其实，有时候你看到的未必是真相，因为你看到的只不过是冰山一角而已。

第九，过度自信。自信虽然对沟通有利，但也要有度。过度自信的人相信自己了解的一切，在语言和态度上显得既傲慢又自满，过高地估计了自己的能力。过于自信就等于自恋了。

第十，选择性认知。就是在沟通过程中，只看到那些对自己有利的，或者能够证实自己事前的判断和印象的东西，从利己的角度来看待问题。

专栏 4-2

金士顿：沟通管理，企业的生命线

金士顿的企业创始人始终把每一位员工当作家人，注重沟通管理，对员工的关怀无微不至，就如两位创始人杜纪川和孙大卫所说，金士顿"完全是一家人的理念，没有高低贵贱，大家各尽其职，在一条船上，目标一致，同舟共济，一起向前划"。

1. 企业概况

金士顿成立于1987年，从单一产品的生产发展到拥有2000多种储存产品，如今，成为领先的全球内存和存储解决方案制造商，是顶级数据中心、云提供商和PC制造商。企业管理者始终坚信"如果我们照顾好我们的员工和供应商，他们就会照顾好我们的客户"的管理原则。

2. 员工是企业成功的关键要素

金士顿把尊重员工，努力营造和谐、快乐的工作环境当作管理沟通的原则之一，并把相互尊重、公平公正和灵活适应的价值观作为企业的行为规范，把"尊敬、忠贞、公平、弹性与适应性、对员工投资、工作乐趣"当作企业的文化价值观。企业视员工为家人，本着公平、公开、公正的交流原则，让每一个人都快乐地工作，尽情地表达自己，达到极佳的工作绩效。在金士顿，员工上班不用打卡，也没有业绩考核。金士顿强调以人为本、利他优先。在内部，金士顿优先考虑员工的利益；在外部，则优先考虑客户的利益。

金士顿的两位创始人杜纪川和孙大卫更是身先士卒，多年来两位创始人彼此信任与尊重，不会为钱吵架。他们认为合伙人就如夫妻，要多看对方的优点，少看缺点。

3. 打破制度框架的约束

金士顿从不相信制度和约束，相信制度会制约和限制与管理者的沟通和协作，相信人性本善，他们打破传统规则，用善性循环让人进行自我约束。管理者通过与员工在工作中的沟通，最大限度地解决员工的生活与工作难题，让每个员工在企业中发挥最大的价值。例如，员工有私事要处理，在没有假的情况下，企业也会破例给予假期且不影响薪水。遇到有员工要照料父母的情况，金士顿也会破例给一个月的假或更长时间，亦可照常发放薪水。

金士顿打破制度框架的管理创新，释放了员工的天性，也给了员工更好的施展空间，让员工成为企业忠贞不贰的合伙人。

4. 投资员工

金士顿的管理沟通不是形式上的，更是重在行动上面。他们重视对员工的投资，经过沟通，凡想提升自己的能力与素质的员工，金士顿都会提供资金支持。

在企业发展的长河中，很多企业因为制度不健全或缺失而身陷逆境，而金士顿却没有受到任何影响，关键在于企业的角色与定位是否偏离，是否真心为员工着想，管理沟通是否本着向善而为。

（资料来源：作者根据多方资料整理）

二、沟通中的组织障碍

组织中的沟通障碍一般来自组织架构的设置。组织架构一般是梯形结构，机构臃肿，架构层层设置，这样就会在无形中增加了很多沟通的障碍，且由于分工不清、责任不明，信息沟通与传达就会失真，信息沟通就会出现障碍。

（1）信息泛滥。大多组织实行层层沟通上报的机制，信息与报告如雪花一样满天飞，报告形如天书，影响了相关人员的浏览效率，从而减缓了沟通速度。最终，需要审批的报告或文件往往因长时间未处理，不知道流到何处。

在互联网时代，人们上班打开电脑看到最多的应该就是数不胜数的邮件。不过，相信90%的邮件是不需要处理的。如果个个回复，那么就是一个无价值的沟通，浪费了你大量的时间与精力。

针对此类问题，经理人首先要做好榜样，给上司的报告必须要简短，他人给你40页的报告，你要至少精减到20页，而且给上司的报告少用文字、多用报表和数字，多给选择题，尽量减少过多的文字描述，报表式的报告更容易让上司快速了解你的重点，快速做出决策。

（2）时间压力。在时间压力下，组织中的沟通可能会比较仓促，让沟通结果产生缺陷和不足。对于时间压力，就需要让组织中的每个人都参与进来，要求他们尽量给结果，而不是过程的论述，从而减少过多的讨论与争执，增加原本就有的时间压力。

从多个结果中找答案是优中选优，更有效率，这样也能让组织中的每个人都养成较好的工作习惯。凡事以终为始，大家都参与进去，创新点会比较多。

（3）组织氛围。组织氛围与企业的文化有着一定的联系，组织内部氛围不融洽，在沟通之前就已经剑拔弩张，沟通就成为一件比较难的事了。

较差的组织氛围是最不利于沟通的因素之一，需要领导人从企业文化上进行改善，创造凝聚力较强的企业文化氛围是管理者的重点工作之一。

（4）信息过滤。不同的环境，不同的人，对信息的接受程度是有很大差别的，你传递了90%，对方接收到或记住的可能只有10%。除了传递者的方法外，最主要的是接收者是否愿意把信息输入他的大脑。如果他排斥，或者受其他因素的影响，沟通的信息就很难被接受。

基于此，传递者需要根据沟通的目的进行调整。可以先从沟通的环境着手，沟通的空间最好是一个相对安静的地方。另外，沟通时还需要从大家感兴趣的方面开始。在沟通过程中信息的交互很重要，可以适时让接收者复述一下，增加对方的吸收能力。

（5）信息反馈。信息反馈是指在沟通中不要单方面地说，不停地灌输与宣导，这会让对方失去继续交流的兴趣。任何时候信息反馈都是极为重要的，传递者与接收者在沟通过程中互换信息，可以让信息的内容更清晰。否则，传递者用自己认为的方式来传递信息，但其表达方式未必为接收者所意会，所以，沟通中接收者的反馈是比较关键的。

信息反馈需要在沟通的过程中适时交流，让接收者真正参与其中，传递者乐于与接收者互动，让接收者感受到对他的尊重，这样沟通的反馈效果就会有所不同。

三、日常沟通中的七个"C"

在日常的人际沟通中，无论你用什么方式沟通，都需要本着达成良好的目的而进行，因此，在沟通中做到七个"C"就显得十分重要。

1. 清晰（Clear）

无论是语言的表达，还是身体语言的体现，都要达到清晰沟通的目的。当然，要先明白沟通的内容与信息，还要把沟通中可能出现的问题想清楚，不做无准备的沟通。

经理人给下属安排工作一定要本着快速、高效且清晰明了的原则，即让下属知道具体的任务，以及所要达成的结果与时间等，需要按5W2H来执行。

Why——要做什么？为什么要这样做？原因是什么？

What——做什么？做这件事情要达到什么目的？需要做什么工作？

Where——在哪里做？从哪里入手比较好？

When——什么时候开始？什么时候提交？什么时候是最好的时机？

Who——谁来完成？谁来配合？谁来承担责任？

How——怎么做？具体的实施步骤是什么？怎样才能提高工作效率？

How much——做到什么程度？需要产生多少费用？质量如何？

2. 简洁（Concise）

把复杂的事情简单化、程序化与系统化，是卓越经理人常用的沟通策略，也是快速、有效实现沟通的捷径。所以，在沟通前做好准备，对于重要的沟通议题，适当的演练也是必要的。

对于一些关键方面的沟通，就必须直截了当，少一些中性语，多用"可以或不可以"，不能用"都可以"。

3. 具体（Concretel）

具体是针对细节而言的，有些事需要详尽地描述，因为细节往往是沟通成功的关键。对于细节与关键点的沟通，必须要细致入微，做到滴水不漏。

有些沟通必须要具体、突出重点，面面俱到、事无巨细地说明该如何做，并具体到每一个步骤。细节是最容易创造价值的，是企业之间核心竞争力的关键。

4. 准确（Correct）

准确就是要站在对方的角度来理解，不能用自我认知的理解与语言进行沟通，因为人与人都是不同的，如文化水平不同、素质与能力不同、环境不同。

沟通时用准确的语言表达是一位卓越经理人的必备素质。表达准确无误，对方能快速领会，也减少了沟通中因过多的解释而出现新的问题与漏洞。

5. 连贯（Coherent）

内容表述要有联系性，逻辑性要强，不能东一句西一句，否则，对方不知道你要表达的内容与重点在哪里，甚至不知道你要说什么，从而失去沟通的参与性与互动性。

此外，良好的逻辑性与内在连贯的系统性会让人听得舒服，不会徒增没有意义的额外烦恼。

6. 完备（Complete）

完备性就是要表述完整，不能丢三落四，不断用"还有……还有"来补充，这样的表述容易让人感到语句残缺。上司向下属传达信息，需要站在对方的角度来考虑，所传达的内容与方式应该让下属乐于接受。

沟通的最终目标是将你的关键信息与指令传递给对方，如果没有主次，甚至遗漏了重点，就是一个失败的沟通。

7. 谦恭（Courteous）

礼貌而谦恭的沟通是达成沟通效果的润滑剂，如果过于看重身份而忽视沟通要达成的结果，沟通中缺少谦卑与礼貌，就是失败的沟通。

礼貌性的动作与语言应贯穿于整个沟通的过程，礼貌的动作与语言也拉近了与对方的关系，容易让对方愿意与你沟通。如多用"请""谢谢""我们"，少用"你们""他""你"，这样的称谓会拉开与对方的距离，你们的关系与感情也会发生变化，而多用"我们"能更好地处理沟通中的关系、矛盾及争议点，让原本复杂的事情变得更容易解决。

专栏 4-3

佳都科技：沟通赋能打造优秀的团队

沃尔玛的总裁萨姆·沃尔顿说："沟通是管理的浓缩。"有效的沟通容易产生杠杆效应，能有效挖掘企业的有限资源，是企业持续发展、创新与保持基业长青的关键因素。

1. 企业概况

成立于 1986 年的佳都科技是一个主要经营智能安防、智能化轨道交通、通信增值、网络及云服务的 IT 综合服务商，也是国内智慧城市服务和人工智能技术与产品提供商，为全球提供人脸识别、视频结构化、知识图谱、大数据技术与服务。

2. 头脑风暴式的沟通制度

作为一家以信息技术为核心的科技企业，技术研发需要与产业链实现最大集成才是有利的。所以，佳都科技在天河佳都科技大楼建立了产业园，最大限度地把产业链上的相关技术企业引入产业园区，并且与产业链技术企业达成了有效沟通机制。不管产业链上的相关技术人员有何需求，只要在产业园内的沟通平台上发布一条信息，相关人员就会在5分钟之内到产业园一楼的技术交流会议室集合。

这样面对面的沟通机制最大限度地杜绝了信息传播与电子交流信息的失真和缺失，加快了技术研发与产品落地的速度，也降低了在交流过程中因信息传播而产生的失败风险，还把成本控制得很好。而且，内部技术人员与产业链人员高效的沟通也创造了更加愉悦的工作环境。

沟通的无障碍，产业链技术的升级，无形中提高了团队的能力，实现了"双赢"的局面。

3. 打造赋能体系，让团队能量倍增

如果沟通机制的背后没有好的体系做支撑，随着时间的推移，一切都会慢慢消亡。因此，佳都科技把人才发展的激励机制明文写入了制度里面：如果你的创意或想法得到公司领导的认可，你将获得一笔投资资金，成为创业公司的创始人或合伙人；我们为你准备了一份绝不辜负你才华的薪资，如果你足够优秀，我们也将授予你有着十倍、百倍增值空间的股票期权和员工持股！

良好的体系给企业员工成长创造了较好的发展舞台，计算机视觉、数字孪生、知识图谱、智能大数据四大人工智能核心技术成为佳都科技的四大支柱，一个以佳都科技为核心的 AI 生态圈正在构建，同时也为企业在"AI+N"方面的市场拓展创造了先机。

（资料来源：作者根据多方资料整理）

第三节　沟通的技巧

著名管理大师彼得·德鲁克曾说过："你的效能取决于你通过语言和文字与他人交流的能力。"可见沟通的重要性。

一、有效沟通的四大原则

（1）因人而异：不同的人采用不同的方式与方法。人有千差万别，需要有针对性地组织内容与方法来进行沟通。

（2）心态端正：沟通中要戒骄戒躁，克制自己的情绪。沟通时要保持积极的心态，不因对方的质疑或不断询问而产生情绪。

（3）互相尊重：互相尊重就是要双向友好地沟通，减少过激沟通。沟通中相互尊重有利于缓和气氛和尴尬的局面。

（4）角色转换：换位思考，改变看问题的方式。善于换位思考是达成有效沟通的最好策略，要多站在对方的角度看问题。

二、与上级的沟通技巧

众所周知，与上级的沟通在管理过程中是非常重要的，有效的沟通，会将上级的命令很好地传达给下级，也能使下级的一些建议与想法传递给上级。与上级沟通顺畅，会使工作非常顺利。

（一）尊重领导

与上级沟通也好，相处也罢，心中始终要树立一个观念：要知道谁是你的领导，尊重处于这个位置上的人。从人性的角度分析，每个人都渴望被尊重，领导的权威来自尊重，即使你与领导在工作之外关系较好，在工作场合与公共场合也得称呼其职务；在聚餐的酒桌上，分清自己该坐在何处，主宾的位置必须给领导，给领导开车门也是尊重的一种表现。不要不屑于这些凡俗礼节，你尊重别人，别人也一定会尊重你。

（二）永远懂规矩

懂规矩就是要从三个方面来执行：第一是绝对服从。对于管理者来说，宁可用一个听话的、能力弱的人，也不用一个能力强却难以驯服的人；第二是给足领导面子。你不能给足领导面子，你的面子更是无处寻，尤其是公众场合，给足领导面子、保护领导面子是很重要的；第三是摆正位置，分清主次。任何时候都要尽量避免直呼领导的姓名；第四是必须尊重企业的制度与文化，如果做出与企业制度与文化相悖的事，那么也必将被领导疏远。

（三）成为领导信任的人

察言观色是上下级沟通的关键，真正懂得领导的心思，才能与领导达成默契，成为领导信任的人。懂领导不是肤浅地认为要满足领导的权力与欲望，不是仅仅捕捉领导的话外之音，而是能够深层次地了解领导的成长逻辑，了解领导内心世界的真实需求，了解领导的世界观与价值观。只有真正懂得领导，你才能够明白其工作中的深意和用意。从某种意义来说，执行领导命令的人不如领会领导命令的人，既懂领导又能执行领导命令的人才能在职场中游刃有余。

（四）适时捧场

领导在管理员工时，常会把权威看得很重要，他们非常希望得到下属的尊重与认可，因此，发自内心的捧场与掌声也是必要的。

（五）适当的关心

人与人之间是有感情的，领导也是普通人，他们也是有情感的，有情感就需要关心和温暖。在工作中，制度是没有温度的，对于任何人来说都是无情的，但人是有感情的，如果下属与领导心存芥蒂，甚至有意疏远，与领导的关系也会拉开得更远。在生活中做一个有情有义的人，在工作中用心换心地对待领导，用真情去维系彼此的关系，这样，你与领导、同事及下属的关系才会更加和谐。

（六）做敬业的能人

领导最欣赏的人是能人、有潜力的人。错误的认知必将产生错误的想法，说起来头头是道，做起来一塌糊涂，是知识的奴隶、行动的矮人，夸夸其谈必将被搁置一边。敬业是职业经理人的基本素质，是全力以赴、专心地做好每一件事情。经理人要耐得住寂寞，禁得起诱惑，在专业的道路上成为行业专家和权威。

因为热爱自己的企业与岗位，所以才会敬业，正是因为敬业和对极致境界的探索，才会成功做到行业的顶端。

在工作中，必须要有真正的实力，真正的实力才能打造你的核心竞争力，并为企业带来创新或新的技术，才会被领导欣赏，成为对领导最好的支持。

（七）指示必执行

有能力也不一定绝对成功，做人的水平也决定着你的职场地位。在职场中，成功不仅需要技术层面的支持，还需要艺术层面的内容，沟通的艺术是职场不可或缺的秘密武器。

职场也是战场，军令如山，特别是遇到技术层面的问题时，最好完全按领导的指示去做。

职场不需要个性，需要的是顺从，需要的是团队合作精神，千万不要锋芒毕露地压制他人，这样的人往往成为团队中最难以合群的人。

当然，也不能领导说什么就完全做什么。需要具体问题具体对待，对于制度与规范性的决策，应该尽量不要说太多，除非需要你说。另外，对于技术性的工作错误，可以在适当的时间，在不影响领导的工作时提一下你的建议，不要过多，要点到为止。

（八）做领导的知己

人是有感情的，工作中要成为领导的得力干将，工作之外也要努力成为领导的知己，较好的上下级关系会成为工作中的润滑剂。成为知己，也就建立了信任，工作中就会游刃有余、得心应手。成为领导最好的工作伙伴，也能成为团队成员里面最核心的一员，有了这样的工作关系，沟通就会很顺畅。

（九）换位沟通

沟通中必须要杜绝本位主义，即不能从自身的角度看待问题，要从双方的角度甚至从对方的角度看待问题。一是因为你认识到的问题未必是领导关注的，有错位的可能；二是过于看重自己，观点或建议就会有偏差。人无完人，你不可能凡事都想得周全，所以，需要站在对方的角度，甚至跳出来看问题，相信结果就会不一样。

太过于看重自己，就容易迷失自我，任何问题都以自己为中心，沟通时就会出现强词夺理的情况，有可能被人称为偏执狂。

职场中最好的做人做事方式就是多从利他的角度考虑问题。古人云："夫为不争，故天下莫能与之争。"人在职场需要的是智慧，需要的是合作共赢，需要的是群策群力，做人低调一点，沟通多利于对方，少利于自己，效果就是最好的。因为领导关注的是未来的发展，这些你未必看得到、了解得到。

专栏 4-4

杭州超达食品：蜜"饯"真心，美味超达

好的产品离不开质量管控，更重要的是企业人员在产品制造过程中是否用心去把产品做好，特别是食品加工企业，产品的质量更需要企业员工

用心去维护，只有企业员工在产品的制造过程中真正用心了，产品的质量就是无法比拟的。杭州超达食品有限公司就是致力于让员工用心制造产品，以创造更好的工作与沟通环境为主旨，努力提高产品质量。

1. 企业概况

杭州超达食品有限公司成立于1989年，是一家集生产制作、技术研发、销售为一体，专业生产具有浓郁特色风味蜜饯的现代休闲食品企业，产品覆盖全国300多个城市，并进入了沃尔玛、家乐福、华润等众多终端大市场。

2. 创造良好的沟通环境，打造食品安全的堡垒

产品的品质是制造出来的。作为一家食品加工企业，杭州超达食品有限公司的管理者深知员工是食品安全最主要的因素。既要果品一流，也要口味一流，更要卫生一流。员工在企业里面的情绪与身心的好与差都会潜在地影响食品的安全。所以，杭州超达食品有限公司在注重营造良好的工作环境的同时，也注重通过与员工的定期沟通，及时发现和解决问题，把员工的小事当作大事对待，对于员工的建议与意见也给予高度重视，为员工创造了一个良好的发展舞台、公平快捷的职业发展通道，并努力给予员工行业中的最高薪酬，让员工感到个人价值得到了企业的认可，立志做一个对社会、企业、家庭有用的人。

良好的工作环境与沟通环境能最大限度地杜绝隐患问题的发生，从而为蜜饯产品的质量创造了良好条件。员工在工作中带着感情，产品的品质就有了保证。

3. 创新驱动发展，平台铸就品牌

产品再好，也需要得到市场的接受。不能本着"好酒不怕巷子深"的思维，必须要"走出去"，接受市场的检验。杭州超达食品有限公司在练好内功的同时，也积极参与各大平台的交流活动，组织了题为"寻味之旅、蜜忆塘栖"的活动，让产品质量深入消费者心中，并且积极通过抖音与直播的形式宣传企业产品，还参与了一些社会爱心活动，让蜜饯走入了千家万户。

（资料来源：作者根据多方资料整理）

三、与下属的沟通技巧

下属是经理人职业生涯的生力军，因此，与下属的沟通是有效执行与顺利开展工作的重要一环。

与下属的沟通主要从四个方面来实施，即探讨问题、推销建议、听取汇报、下达命令，这里重点介绍前三个。

（一）探讨问题

（1）倾听。善于倾听是卓越经理人的特质，下属发言时必须认真聆听，这样可以让下属有更多的机会提出更多的问题或建议。

（2）多发问。这里的发问并不是质疑下属提出的问题与建议，而是针对问题引导下属建言，知其然，也知其所以然，从而让下属的建议或意见更清晰、更有效，最大限度地激发下属的积极性与参与性。

（3）不要先入为主。既然是探讨问题，就不能用先入为主的方式来指示下属，这样会误导下属的思维，不能充分发挥头脑风暴的作用，应集思广益，广纳建议。

（4）汇报中暂不做出评价。无论对错，尽量先不要评价，率先评价容易让下属怀疑自己与上司的观点相悖而终止沟通。

（5）让下属总结。探讨问题时可让下属总结，一来可以培养下属的总结能力；二来也可以让个人认识到自己在组织中的重要性与尊严所在，可以激发团队中的每一个人，也让沟通更加高效、有价值。

（6）事先准备。由于与下属探讨问题时会有不可避免的事情发生，基于此,需要早一点做好准备,想到沟通前、沟通中、沟通后的各种问题与应对措施。

(二)推销建议

(1)明确授权。在把自己的建议推荐给下属时,必须明确授权,让下属产生责任感,不但可以使其积极参与推动新的建议,也可以让上司的工作更加高效。

(2)让下属补充完善。建议推行前,阐述是前提。为了快速推行并执行下去,在阐述时要让下属补充站在他们的立场与角度的看法与建议。下属被尊重、被认可,新的建议就会更完善,更有利于推行。

(3)让下属提出问题。新的建议总会让下属产生较多的疑问,因此应引导下属提出问题,鼓励下属在沟通中踊跃地建言献策。

(4)说明建议特性。任何事物总是有两面性,针对新建议的沟通,让团队中每个人都从自身的角度再优化,用没有对错的方式来对待。

(5)清楚下属的利益。清楚此建议对下属的利与弊,让下属明白建议对他们的影响并予以说明。

(6)思考下属的意见。人与人不同,立场与角度也有不同,所以,对下属的意见要慎重对待。沟通中多思考,少抨击、怀疑。即便下属的意见存在不足,也要认真聆听他们的想法与要求。

(三)听取汇报

(1)充分利用倾听的技巧。在听取下属的汇报时,听是最关键的,不要过多地打断对方或急于评论,应认真聆听他们所阐述的内容与所传达的关键信息,通过聆听找到下属的亮点。

(2)约时间。下属向你汇报时,你未必有时间,此时不要有任何的不悦,要快速说明情况,约可以汇报的时间,不让下属对你产生不满。

(3)当场对问题做出评价。汇报是下属精心总结的成果,如果有不足,就需要针对不足提出建设性意见。用这样的口吻来说可能会比较好:

这个问题如果这样做，你认为会不会更好些？评价应该是建设性的，而不是指责性的、命令式的。

（4）及时提出问题。在汇报过程中，要及时提出不足或疑问。在过程中提出问题，化整为零，问题也会随着下属的思绪同时解决，对下属说明或解释就会相对容易一些。

（5）适时关注下属的工作进程。当木已成舟时再去处理，就会得不偿失。为了减少沟通的困境与问题，在工作的过程中要适时关注下属的工作进度与实施的效果，此时的指点或建议对下属的影响很大。

（6）主动听取下属的汇报。即可以提前问下属是否准备好、是否需要支持、何时汇报比较好等，让下属明白你对他的关注与尊重，从而增加沟通的效果。

（7）给予下属恰当的评价。在汇报过程中，对下属做得较好或卓越之处要多表扬，指出其中利好所在，让沟通气氛更加愉悦，下属在这种氛围下就会有更好的表现。

四、水平沟通的技巧

水平沟通也称平行沟通或横向沟通，是指经理人之间或同级别管理部门之间的沟通。水平沟通是经理人最难开展的沟通，由于水平沟通涉及多个部门，且存在竞争与敌对情绪，所以互相推诿的情况就比较多，不但拖累了个人，也影响了企业的业绩与发展，是经理人工作中沟通的关键环节。水平沟通需要采取引导与商议的方式达到互为有利的结果，而不是战胜另一方。

如何进行水平沟通呢？经理人要厘清以下几个理念：

第一，任何人都是潜在的领导者。经理人在水平沟通中会与不同职位的同级部门人员沟通，此刻你要把自己的职位放在脑后，不要用领导的口吻与他们沟通，要以达成好结果为目的，用端正态度与低调协作的方式进行沟通。对于横向部门的人员，如果你不放下架子，本着解决问题的目的去沟通，因大家都有各自的工作，他们可以用各种理由拒绝与你沟通，让你吃闭门羹或延迟沟通时间，反而会浪费你的时间。

更重要的一点是，横向部门藏龙卧虎，任何人都有升迁的可能，今天在横向部门的人员，明天就有可能成为你的上级领导。

另外，在横向沟通中，需要本着商议与协作的原则，让横向部门的人愿意与你协作。

第二，在横向沟通时，真正的领导者会用他们的策略展开有效沟通，他们往往用一些技巧引领你进入他们的思维中，让你愿意与其合作，而你也会被他们的领导魅力所折服。

就像在生活中，让你佩服得五体投地的是有些领导的一个不经意的动作或一句话，而不是他们的职位与权威。

第三，不是合作很难，而是你还没有找到方法。卓越的经理人不会为失败找理由。认为合作难，是因为你的认识偏颇，没开始你就已先落下一截，始终有合作难的信号在大脑里，遇到一点困难就可能会轻易地放弃。横向沟通需要一个商议与引导的过程，你不可能要求他人都能理解你，都能从你部门的角度看问题，你需要把事实、数据、结果或好的未来呈现给横向部门的人，只有了解清楚，找到共识，才能找到更好的解决方法。

第四，横向领导就是"怎样巧妙地影响他人"。人与人之间关系的快速融和需要的是影响力，这种影响力是在你过去的工作中或与其他横向部门的商议沟通中形成的口碑与品牌，会在横向沟通中起到关键性的作用。

对于非熟知的横向部门，可以从大家感兴趣的点开始切入。从点到线，再从线到面，慢慢达到沟通的最终目的。

第五，承认自己的弱点，用感情拉近关系。承认自己的弱点，从另一方面也是在欣赏对方的优点，等于认可了他们的价值。人总有护弱同情之心，这样就可以让他们愿意帮助和支持你。

横向沟通是经理人沟通中最难的一环，其对企业的影响也较大，既需要经理人规划设计，也需要对此进行深入的研究与有效执行。没有了横向沟通的障碍，企业间信息共享与资源利用就会做得最好，这样才能增强整个团队的凝聚力与向心力，企业的业绩才能变得更好。

章末案例 | 腾讯微信：敏捷管理下的高效沟通

提到腾讯，相信大家首先想到的就是微信。当微信成为人们沟通的工具，改变了人们的生活，成为一种生活方式，给人们的生活增添光彩之际，人们应该不会忘记张小龙这个名字，不会忘记 Foxmail 在他手中诞生，造福了 400 万邮箱用户的故事。

1. 企业概况

腾讯成立于 1998 年 11 月，是一家以互联网为基础的平台公司，通过技术丰富互联网用户的生活，助力企业数字化升级。腾讯集团共分为六大事业群，致力于推进互联网平台和内容文化生态的融合发展，整合 QQ、QQ 空间等社交平台和应用宝、浏览器等流量平台，以及新闻资讯、视频、体育、直播、动漫、影业等内容平台，为内容生态创造更好的生长环境。同时，以技术驱动，推动 IP 跨平台多形态发展，为更多用户创造了多样化的优质数字内容体验。图 4-4 为腾讯的产业结构。

Tencent 腾讯

CDG	CSIG	IEG	PCG	TEG	WXG
企业发展事业群	云与智慧产业事业群	互动娱乐事业群	平台与内容事业群	技术工程事业群	微信事业群

图 4-4　腾讯的产业结构

微信是腾讯公司推出的一个为智能终端提供即时通信服务的免费应用程序，是由张小龙创立的，因此，张小龙被誉为"微信之父"。

2. 开放式小团队的沟通创新

张小龙为了达到团队高效的管理沟通，采用小团队的组织结构。张小龙认为，团队超过150人，沟通的障碍与困难就会增加，信息传播就会差之千里。所以，在创立QQ邮箱之初，他就把团队特意安排在南方通讯大厦的一楼，团队沟通时既不会走很长的距离，也不会有围墙之隔，沟通随时可以进行，讨论问题与召开会议时，拉开白板就可以进行，让沟通的效率更加快捷。在张小龙看来，面对面的沟通优于任何邮件与电话的沟通。

特别是团队之间的协作与需求，没有了任何顾忌，有任何事、任何需求，不需预约时间就可以展开讨论与沟通，这种有任何想法与建议及时当面沟通的模式，让任何灵感与突现的想法都不会偷偷溜走。有了高效的沟通，项目的研发与推进也是高效的。

3. 沟通重在结果，不在于过程

张小龙要求团队之间的沟通尽量减少PPT的模式，不希望过多的文字铺垫，如果结果能用一句话说清楚是最好的。团队之间的沟通要快速上线、快速反馈、快速调整。融洽、和谐、高效的沟通模式更能激起团队的工作激情。这种以目标为沟通重点的模式，极大地降低了创新与研发过程中的浪费，快速反馈让下属获得自主感、掌控感和目标感，实现了敏捷的管理沟通，最大限度地激发了所有员工的自由创新意识。

4. 内部轮岗制促进跨部门沟通

腾讯微信打破固定组织架构，用轮岗来促进组织内的沟通与协作。通过轮岗，大家对不同部门就有了全新的认识，能了解其他部门的职能与关注的焦点，从而为后续跨部门的高效沟通打好了基础。团队在沟通的同时，都能从对方的角度看待问题和进行沟通，沟通达成的效果就可想而知了。

5. 鼓励沟通中要争辩

腾讯微信团队鼓励工作沟通中采用争辩的方式，不喜欢一言堂的死水模式，只有经过多方争论与辩解，才能有所共识，并且有新的创新点，找到正确的解决方法，也让团队的各个部门拧成一根绳，而不是散成一堆沙，大家协同作战，目标一致，任何铜墙铁壁亦可攻破。

6. 总结与启示

第一，当下企业的发展唯技术创新为首要，要从多个维度提升企业的核心竞争力，做行业的引领者，践行创新发展，走一条企业独有的发展之路。技术需要创新，管理需要创新，那么，企业内的管理沟通更需要创新。管理沟通没有绝对的好与坏，只有适合与不适合。打破冰冷的墙壁之隔，营造开放式的沟通环境，能给员工更广阔的工作舞台。

第二，沟通以目的为中心，快速行动与反馈，让高效沟通成为可能。沟通重在目标，改变固有的大量文字报告模式，给了团队或成员更自由的空间与氛围，也就激起了团队的创新激情。

第三，建立沟通争辩管理机制，鼓励员工在争辩中找到共识，极大地鼓舞团队成员的创新积极性，这种以最好结果为争辩的沟通，让大家的协作更加高效，从而最大限度地挖掘成员的再创价值。如果人人都是人才，人人都被重视，企业的内生力量就是无穷的，人人都能成为有能力的创新个体。

第四，轮岗机制促进跨部门沟通。经过轮岗，成员都知道各部门关注的重点与困难所在，都会为对方着想，从利他的视角来沟通，高效沟通就是必然的。

（资料来源：作者根据多方资料整理）

本章小结：本章首先从什么是沟通开始，从沟通的目的、经理人在管理中的三种沟通模式，到沟通中的各种影响因素、三种不同类型的沟通策略、经理人的沟通技巧。如果沟通是以达成双赢为目的，从全局出发，相信沟通中所有的难题都可以迎刃而解。

有效沟通是优秀经理人获得支持与帮助的较好策略，友好、顺畅的沟通也让经理人在潜移默化中获得赋能，从而增加成功的概率。

>> 第二篇 员工赋能

从字面上来理解，员工赋能就是赋予员工能力。新技术、新模式及新业态持续迭代，对员工岗位的胜任力带来了巨大挑战。职业经理人最重要的职责就是为员工赋能，驱动员工快速成长，通过激励和有效授权，有效激发员工的参与感、工作积极性及主人翁意识。

在数字化经济模式裂变的新业态下，管理者重在赋能员工，通过赋能员工让其真正成为企业的一分子，为企业的创新与持续发展提供无尽的能量。

为员工赋能主要从有效授权与激励下属两个层面展开。有效授权给了员工施展潜能的舞台与机会，从而使其发挥最好的再创价值，也可以说，是把员工"冰山"下的能力挖掘出来。而激励下属是对员工持续再创价值的助燃剂，也是使员工积极主动工作的较好策略。

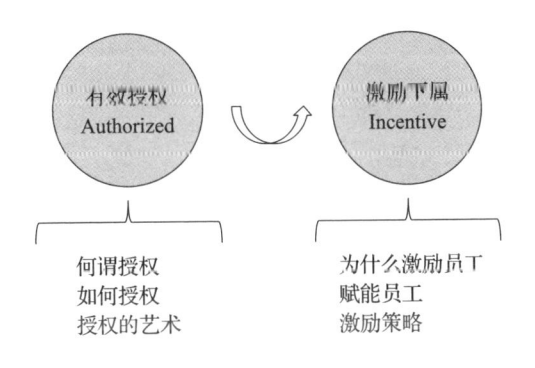

```
   有效授权              激励下属
   Authorized            Incentive
   ────┬────            ────┬────
   何谓授权             为什么激励员工
   如何授权             赋能员工
   授权的艺术           激励策略
```

第五章

有效授权

> 在企业管理中，授权是管理者有效管理的技能与策略之一，只有懂得授权、合理授权，才能真正发挥授权的作用，让组织运营有序，最大限度地发挥个人的潜能。

开章案例 美的，打造"共创共享+共担共赢"的独有发展之路

随着经济的发展，人才日益成为第一资源，其中，核心管理人员是重中之重。以往的经理人制度存在重大的缺陷，职业经理人也不过是传统意义上的高级打工者。他们可能会由于绩效的客观因素，过于重视短期利益而忽视企业的长远发展。在这个新背景下，企业需要创新激励机制，让经理人能从可持续发展的角度管理企业，而当下一些优秀企业推出的合伙人制就是典型的案例。

1. 企业概况

美的集团（以下简称美的）成立于1968年，美的秉承用科技创造美好生活的经营理念，经过多年发展，已成为一家集消费电器、暖通空调、机器人与自动化系统、数字化业务四大板块为一体的全球化科技集团，业务覆盖200多个国家和地区，形成了美的、小天鹅、东芝、华凌、布谷、COLMO、Clivet、Eureka、库卡、GMCC、威灵等的多品牌组合。

2. 科技创新驱动美的发展

（1）美的几十年来的发展离不开对科技创新的坚持与实践

从单一品类到多品类，从单一产业到多元业务，从单一品牌到强大的品牌矩阵……美的始终坚持以创新引领企业发展，做产品领先的科技型企业。

（2）构建"2+4+N"，建立全球化研发网络

美的已经构建了面向全球的"2+4+N"的创新网络，"2"是顺德全球创新中心和上海全球创新园区，"4"是美国路易斯维尔、德国斯图加特、日本大阪和意大利米兰的4个全球性全品类研发中心。美的还有分布在全球的22个研发中心，包括单一品类、单一技术和某一核心技术研发。

（3）孵化创新业务，探索前沿科技

近年来，美的也在探索商业新模式，基于数字经济，打造了美云智数、为无人零售提供软硬件服务及智慧零售方案的美智科技、拥有完全自主知识产权芯片的美仁半导体。

（4）再次转型，紧抓用户

2020年，美的迎来了第二次重要转型：推动全面数字化和全面智能化。未来，美的将重点发展IoT生态平台、美云销售商业平台及面向全天候的工业互联网平台三大创新平台，建立以用户为中心、以数据驱动的全球领先科技集团。

3. 美的用人与激励之道

美的集团创始人何享健说："美的的核心竞争力在于公司内部的经营管理机制，依靠的是一套行之有效的选拔机制，通过完善的各项机制，培养大批职业经理人。"美的最大限度地激励全员参与到企业的发展之中，主要有以下几种形式：选人不拘一格、所有权与经营权的分离、低（相对较低）固定薪酬＋高（相对较高）浮动薪酬。

美的构建的可持续中长期激励机制涵盖了战略决策、人力资源管理、收益分配激励制度、财务管理、企业文化等，已不仅是基于股权的财富分享，更是基于共同的目标、价值观念的利益分享，是对公司治理机制的新发展。

美的通过内部人持股等手段构建股权均衡的公司治理结构，防范委托代理问题；构建可持续中长期激励机制，通过人力资本价值与组织价值的高度契合，让员工分享企业价值增值和事业发展的成果。图5-1为美的集团整体上市后股权激励时间轴。

4. 总结与启示

第一，随着社会的进步与发展，企业的管理策略也需要做出创新与改革，改变过去单一的激励机制模式，懂得集权有道、分权有序、授权有章、用权有度。

第二，良好的用人与育人机制。除了在企业内部挖掘与培育人才，用人也应不拘一格。广纳贤才也是打造企业良好发展的基础。也就是说，企业管理者需要把握好发现人才、培养人才、激励人才的用人三部曲。

第三，以共享利益为主的管理思维以及合伙制度的推行，让企业充满活力与生机，给企业带来了更好的空间。企业未来要努力打造"平台+合伙人"机制，把全员纳入企业的合伙人机制，人人都是企业的老板，人人都是最大利益的集成者，在这个以共享利益、共创价值、共同进退的经济大环境下，就能创新出一条成功之路。

（资料来源：作者根据多方资料整理）

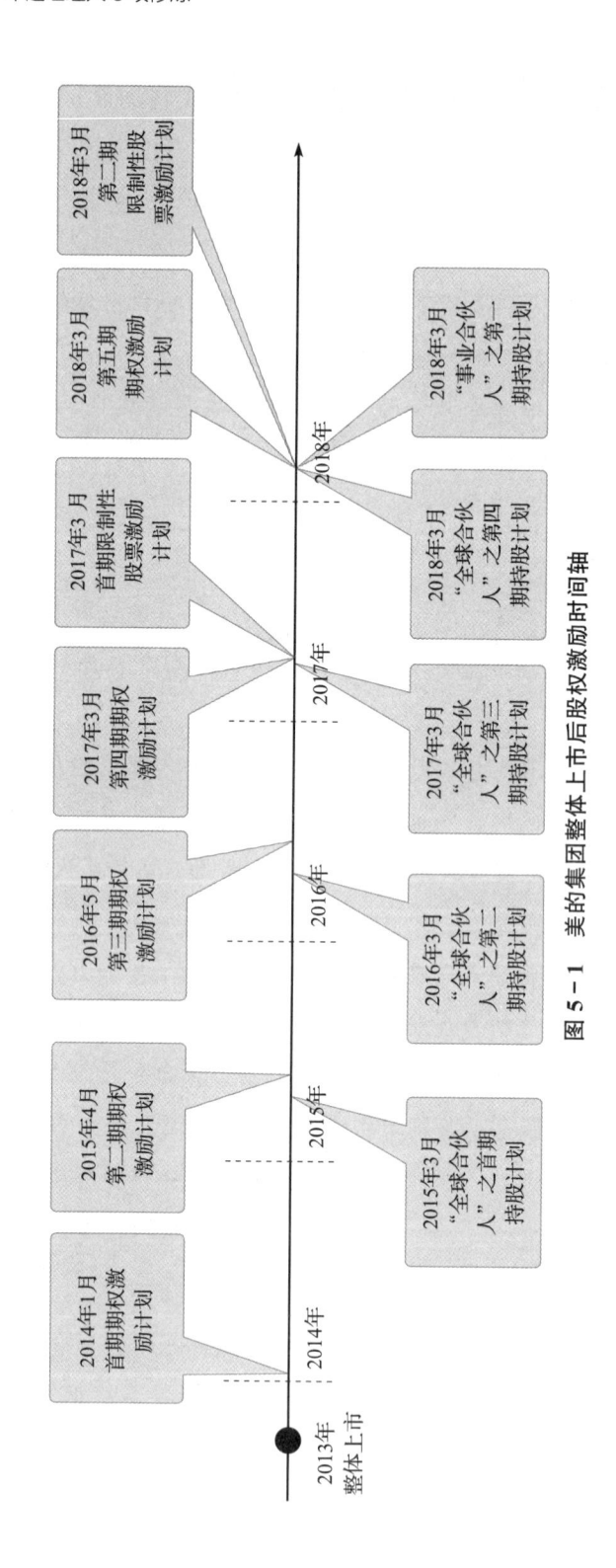

图 5-1 美的集团整体上市后股权激励时间轴

第一节　何谓授权

一、授权是什么

管理的实质就是通过他人完成目标，在这过程中必须要有授权。成功与卓越的管理者都是善于授权的人，良好的授权也是卓越职业经理人的必要技能。懂得有效授权才能知人善任，把合适的人放在合适的位置上，也是发挥有限人力资源无限价值的策略之一。只有通过授权，才能把相关的任务与责任分配给不同的下属，让任务顺利完成，从而实现团队的高效目标。经理人应时刻秉持要事第一的原则，做最有价值的事才是卓越经理人的成就所在。

（一）授权的三维度

第一，授权是通过他人完成目标。也就是说，管理者或经理人通过授权让他人发挥价值，从而达成目标。因为经理人没有三头六臂，也不是各个行业、各个方面的能者，需要适当地授权给他人，高效地达成个人目标与企业目标。现在企业的运行，犹如航行在环境多变、前途未卜的大海上，身为领航员和一船之长，经理人能不能从冗繁的事务性工作中脱身而出，将更多的时间用于企业未来发展的决策与计划，对于企业规模化运营有着重要意义。如果企业尚在初创时期，经理人还能集决策者与执行者于一身，即使一人饰演多个角色，也能勉强应对。可是，当企业衍生为更庞大的结构时，即使一个经理人有三头六臂，当置身于一个部门庞杂、人员众多的组织机构中时，经理人难以做到事事周全。此时，经理人应尽量通过授权从事务性的工作中抽身出来。

第二，授权只是授予权力。授权不是说把事情交代给下属就可以了，也不是告诉下属达成什么目标就可以了，要时刻关注实施的情况与进度，而不是置之不理或束之高阁。此外，授权还是一条培养和赋能员工的有效途径，在这个过程中，员工的进取心和解决问题的能力都会得到很好的提高，他们能够得到授权，认为自己未发掘的潜力得到了组织的赏识，愿意为自己的成长付出更多的心力。因此，授权的过程也是员工自我成长和发掘的过程。

第三，授权要有适当的权限。授权给他人，需要授予他人完成目标所需要的部分资源的权限。如果授权只是告知对方目标与任务，没有授予完成这些任务或目标的资源调配或协调的权限，就不能称为授权，只能算是安排任务。授权既包含授予任务与目标，也要授予一定的权限，这才是真正意义上的授权。

专栏 5-1

福光股份：创造光耀之光

在近半个世纪的发展历程中，福建福光股份有限公司（以下简称福光股份）积累了深厚的军用光学技术沉淀和丰富的人才资源。借助浓厚的军工背景，福光股份在原有的基础上发展壮大，大力培养和引进人才，逐步建立了有特色的创新发展平台。

1. 公司概况

福光股份是专业从事特种光学镜头及光电系统、民用光学镜头、光学元组件等产品的高新技术企业，是福建省国有企业混改成功的典型，是全球光学镜头的重要制造商。

2. 深耕技术研发，打造核心技术壁垒

福光股份将军用光学核心技术应用到民用光学镜头领域，具备较高的技术壁垒和竞争优势。光学镜头行业是典型的技术密集型行业，受益于光学镜头技术护城河的高筑，福光股份将产品持续供货给下游优质客户，包括国内核心军工企业和国内外安防龙头企业，其核心产品的市场占有率处于行业前列。其中，2017年福光股份的安防镜头的全球市场占有率达到了11.8%，全球排名第三；变焦镜头的全球市场占有率为8.9%，全球排名第二。

3. 布局物联网镜头、AI镜头等新兴领域

福光股份凭借在光学领域深厚的技术沉淀，推动光学镜头的技术革新，率先打破了国外在安防镜头领域的垄断地位。

4. 良好的用人激励机制

对于高新技术企业来说，其核心是技术人才。企业为人、企业靠人、企业塑人、企业即人。福光股份以人为本的人才理念，吸引了更多的专业人才，为企业的科研奠定了基础。福光股份建立了有效的股权激励机制，特别是在2013年，创始人何文波从自己的股份中拿出10%，转给公司100多位管理和技术骨干持有，极大地鼓舞了企业的人才与创新。在大量科技人才的努力下，福光股份已拥有176项发明专利、166项实用新型专利和4项外观专利，包括全球首创的大口径透射式天文观测镜头，并用多个产品替代了进口产品。

（资料来源：作者根据多方资料整理）

（二）授权的好处

授权是经理人合理分配工作量的一个有效方法与途径，是通过他人完成目标的快捷方法，所授予的是完成工作与任务的权力，而非将决策权交给他人。授权有以下益处：

（1）让授权者有更多的时间做要事与最有价值的事；

（2）缓解工作压力，有效利用周围的资源；

（3）有时间提升新的技能，利于自我的发展；

（4）提高下属的士气，充分调动下属的工作积极性、创造性及参与性；

（5）有利于提高团队的合作与协作能力，为团队的活力注入能量，从而更加高效地完成部门的绩效，也更好地完成整体业绩；

（6）使下属职责分明，工作清晰；

（7）培养下属，有利于培养后续接班人，发现并挖掘下属的潜力，为企业后备人才的培养创造更好的平台。

授权体现了一个卓越职业经理人有效赋能的能力，只有清楚授权的各种利弊，才可以有的放矢地去授权，让授权的文化氛围在团队与企业里面更加浓厚。

二、授权的类型

（一）必须授权的工作

1. 授权风险低的工作

授权产生的最坏结果不至于影响整个团队或整体，换句话说，所授权的工作必须是可控的，而不是让授权人进退两难。比如，打电话、接电话或复印文件等一些日常性的工作。

2. 重复的工作

在日常工作中，有一些是每天需要重复进行的工作，也可以说是一些例行的工作，如制造生产中的参数检测，这些连续重复的工作必须授权出去。

3. 下属可以做得更好的工作

下属可以做得更好的工作，如打字工作。

4. 下属能够做好的工作

可以将工作授权给在某一方面有特长或技能相对比较好的下属，这样的授权往往会产生事半功倍的成果。

凡具有以上四个方面特征的工作必须授权出去，这样才能让职业经理人做更有价值的事。需要注意的是，对于该授权而没有授权的需要自我查找原因，如果授权后被授权者没能有效完成任务，也要进行分析，不可以一次性否定所有的决定。

（二）应该授权的工作

1. 下属已经具备某种能力

对下属授权后，如果下属未能完成工作，就需要了解具体是哪个环节出了问题，并对其进行适当的建议或辅导。

2. 有挑战性，但是风险不大的工作

如让被授权者写一份市场调查，由于报告还需要经理人审核后再交上层，相对来说风险就比较低。

3. 有风险，但可以控制的工作

例如，职业经理人授权给人事部经理招聘一名部门经理，虽然招人是人事部经理的专长，但是由于未必对相关部门有更深入的了解，人事部招来的人未必能胜任某项工作，但此风险是可控的，因为新人是有试用期的。

（三）可以授权的工作

对于一些工作，经理人会做，下属也会做，那么此时的工作必须授权出去。一方面，对下属来说是一个锻炼的机会，能激励下属的潜能，下属有可能会有新的发现，也让经理人有一个互相学习的机会；另一方面，也可以让经理人有更多的时间做要事，既磨炼了下属，又让自己的效率更高，可以说是一举两得的好事。

（四）不应授权的工作

对于职业经理人来说，总有一些工作不能授权给下属，必须要由自己完成。

1. 显示企业身份的工作

企业在公众场合或媒体上的重要事情宣告，或是大型营销会上的洽谈与签订合同,此时是需要经理人发挥影响力的,这是显示企业身份的时候,是不能授权出去的。

2. 要制订标准的工作

职业经理人在管理中是需要制订很多规章与激励制度及绩效评核机制的,这是需要经理人亲自参与制订的,其中有一定的流程与规则是不能授权出去的。

3. 需要做出重大决策的工作

无论是从企业制度层面,还是从对企业负责的层面,重大的决策是不能授权的。例如,下属犯了重大的过错,调查与了解的工作可以授权出去,但是对于降职或辞退等事宜必须由经理人来决策。

4. 签字权不授权

签字权可以说是一项法定的权力,无论事情的大小,都不能授权给下属。这是不符合法规与制度要求的,是错误的,也可以视为无效的,特别是一些财务与客户重大事项的签名,是绝对不可以授权的。签字权只能是委托下属签他自己的名字,而经理人后续再补签。

专栏 5-2

海尔生物:打造物联网生物的"独角兽"

在这个全新的物联网时代,用户需求更加多样化,在用户需求更替与技术迭代双重驱动下,物联网、大数据、区块链等领先技术的应用极大地提升了用户体验,同时也驱使着行业竞争从单一的产品竞争扩展到应用场景、行业生态融合的全方位竞争。

1. 公司概况

海尔生物医疗暨青岛海尔生物医疗股份有限公司(以下简称海尔生物),是一家以建立物联网时代的生物科技综合解决方案生态品牌为愿景,以诚信生态、共享平台为价值观,以让生命更美好、生物科技物联网生态价值创领者为使命，专注于用户体验，始于低温存储、基于物联网平台转型的生物科技综合解决方案服务商。

2. 前瞻布局物联网生态品牌，打造首个生物安全云生态

物联网时代是生态品牌的时代，未来产品会被场景替代，行业会被生态覆盖。海尔生物率先感知到了这一时代特性，开启了自我颠覆与蜕变，立足物联网科技生态战略，以自主科技创新为基础，以创造用户最佳体验为驱动，加速场景和生态布局，发布全球首个物联网生物安全云生态，孵化出疫苗、血液、样本、药品及试剂、实验室等生态体系，实现了在物联网生物安全赛上的持续引领，如图5-2所示。

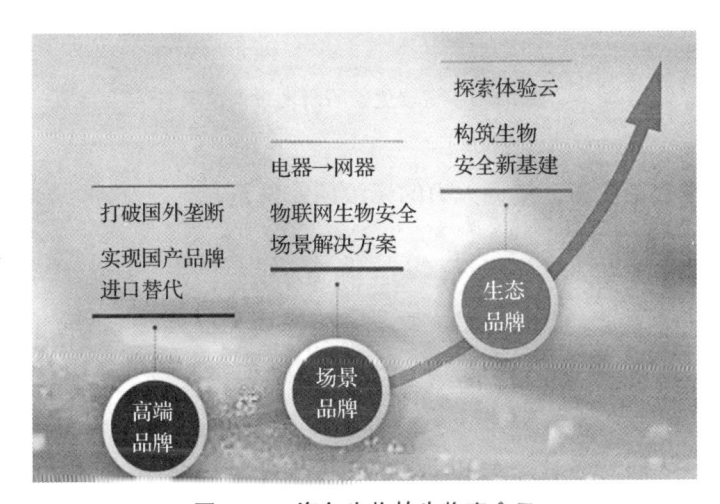

图 5-2 海尔生物的生物安全云

3. 科技投入构筑起极高的行业技术壁垒，科技引领打破国外技术垄断

海尔生物坚持自主科技创新，成功研发出中国第一台超低温冰箱，打破了国外技术垄断，实现了进口替代，成为国内低温存储设备规模化生产的先行者。如今的海尔生物不仅拥有行业领先的低温冷链核心技术，在产品技术设计、生产工艺、质量控制等方面也拥有明显优势。图5-3为海尔生物的研发投入情况。

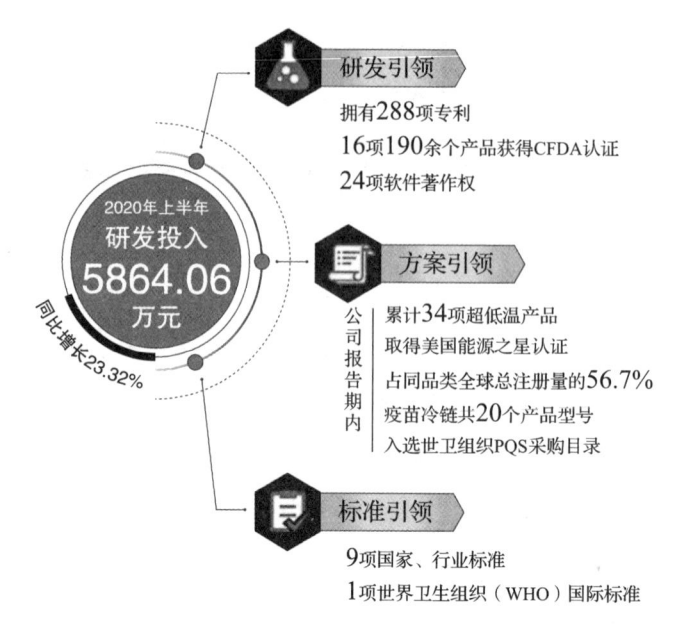

```
                    研发引领
                    拥有288项专利
                    16项190余个产品获得CFDA认证
                    24项软件著作权

2020年上半年
研发投入            方案引领
5864.06            公司累计34项超低温产品
万元               报取得美国能源之星认证
同比增长23.32%     告占同品类全球总注册量的56.7%
                   期疫苗冷链共20个产品型号
                   内入选世卫组织PQS采购目录

                   标准引领
                   9项国家、行业标准
                   1项世界卫生组织（WHO）国际标准
```

图 5-3　海尔生物的研发投入情况

4. 组织创新变革，挖掘人力的无限创新价值

随着物联网体系逐步延展，人才向心力也成为企业持续经营的重要指标。海尔生物在管理中实践"人单合一"模式，员工以用户为中心，创造用户价值，并在此工作中实现与自己的价值合一，以此来激发员工的激情和创造力。

"人单合一"模式最关注的是"人"的价值，它强调以用户为中心，也崇尚员工第一。在"人单合一"模式下，企业不再是只有一个CEO的科层组织，而是"每个人都是自己的CEO"。

（资料来源：作者根据多方资料整理）

三、授权的误区与障碍

对于企业制度无法细化到的授权，经理人就有可能把授权中的过错归咎于企业制度的缺陷，而不是进行自我改进与提高，特别是在制度不健全的情况下，经理人依旧有很多的工作要做，未必都能授权，关键是经理人是积极寻求改进、提升，还是躲避、不管不问。

敢于授权、善于赋能是当今时代的主旋律，也是企业在当下以数字经济重塑这个时代所需要的潜能与能量。一般来讲，职业经理人在企业管理中都会存在一些问题，而这些问题往往就是赋能管理必须避免的误区，所以，经理人应正确认识这些误区，并加以改正，以确保授权赋能的正确实施。

（一）授权中经理人常遇到的误区

1. 不信任下属

信任下属是有效展开工作的前提，没有了基本的信任，员工也就不会用最好的状态去工作。对于下属的授权，也需要经理人慧眼识人。此时，良好的事前沟通就很重要了。经理人需要给他们机会，而不是过多的担心。

2. 担心失控

之所以有这种想法，就是因为对下属或对自己不信任，缺少开放的心态，把权力看得过重。把握住人才是对事情最好的控制，知人善任、善于用人才能体现卓越职业经理人优秀的专业能力。

3. 过于看重自我

有些经理人过于看重自我价值，认为凡事都需要他，好像地球离了他就不转了。凡事参与过多，总是提出过多的见解，这样就不能让下属成长起来。经理人事无巨细，只能说明你对事业的认知度有欠缺。真正卓越的经理人能够让平凡人做非凡的事，只有如此，才能实现更大的成就。

4. 喜欢亲力亲为

有些经理人会觉得授权给他人的工作，不如自己亲力亲为更加高效，这说明经理人目光短浅，不能善用下属，不能激发下属，是经理人的不足。授权也是有效赋能的一种手段，卓越的经理人善于给员工更多锻炼与成长的机会。

5. 过于看重权力

权力大，责任也就大，也就是说，权力不是越多越好，是需要合理地授权，减少管理者的压力，利用好下属的潜能。授权越成功，员工的工作自由度、创新性与激情就越容易被激发，经理人也就更轻松，工作更加高效。

6. 认为会增加员工的负担

经理人在工作中不能过于感情用事，不能过多担心员工的工作量与复杂度，认为授权会增加他们的工作量与压力。实际上，员工也可能需要有更多的压力在身，这样就能激发他们的潜能，接受更大的挑战也是某些员工喜欢的事。

一般情况下，给员工更大的挑战与很难完成的工作时，经理人往往会有意想不到的惊喜，员工的潜能是你想都不敢想的。对于企业来说，无论是什么样的行业、多高的技术难度，没有员工与团队的参与，一切都是空想，因此，有针对性地授权就是经理人必要的与必须的任务。

（二）授权的障碍

职业经理人的授权受制于以下三个层面：

一是来自高层的障碍。在管理工作中，职业经理人的授权范围与所需要授权的支持都来自高层。有的高层往往不会擅自授权，或不乐意授权。也有的高层任意授权，没有规则。对于不乐意授权的高层，经理人要考虑清楚是经理人本身的问题，还是高层的问题，如果经理人不能得到高层的信任，或者高层怀疑你的能力，那么，经理人就需要考虑后续如何改善与提升，而不是有过多地怨言，甚至是自暴自弃。一位卓越的职业经理人也是善于和高层相处的人，在工作中不断提醒高层授权，也要用自己的能力与成果取得高层的信任，通过能力与成果或职业操守让高层愿意授权给经理人。

二是来自下属的障碍。对于授权，有一部分下属是不情愿的，排斥的；也有的下属滥用职权。对于不同的下属，职业经理人需要提前做好管理工作，认真分析下属的实际情况，他们是能力问题还是有心理障碍。对于能力有问题的下属，经理人要给予一定的权力让其可以有效利用周围的资源，并给予建议。对于有过多担心的下属，经理人就要清楚说明，只要下属努力，成败的后果由你来承担，打消下属的顾虑，让下属全心地投入授予的工作与任务中去。

三是来自自身的障碍。当经理人不愿意授权的时候，往往担心授权失败而影响自己在企业里面的生存。经理人需要明白每个人的成功都是通过一步一步努力得来的，也是通过上司的授权逐步成长起来的，必须排除心理障碍，不必担心下属的能力，也不必有私心。因为卓越的下属是经理人成长的基石，经理人培养了好的下属，才有更好的机会。

专栏 5-3

立昂微：国产高端芯片的领导者

半导体硅片行业的技术壁垒相对其他产业高，人才缺口大，人才的培养周期长，而且硅片产业技术更新与迭代速度也比较快，造成了人才紧缺的局面。然而，杭州立昂微电子股份有限公司（以下简称立昂微）的企业管理者因地制宜，从企业内部资源着手，打造适合本企业的人才科研与管理团队。从赋能团队里面的核心人物及技术人才更大的舞台去努力，走出了一条独有的创新人才发展之路。

1. 公司概况

立昂微是 2002 年 3 月在杭州经济技术开发区注册成立的，专注于集成电路用半导体材料和半导体功率芯片设计、开发、制造、销售的高新技术企业。截至 2017 年 12 月 31 日，注册资本为 3.6 亿元。现有员工 1500 余人，享受国务院特殊津贴 1 人，入选浙江省"千人计划"2 人。

2. 研发优势构筑竞争壁垒

立昂微拥有一支高度专业化的技术团队，主要研发人员具有在国内外知名半导体企业担任重要技术岗位的从业背景，具有较强的自主研发和创新能力，目前公司拥有多项具有自主知识产权的发明专利。

自成立以来，立昂微一直将技术创新作为重要的发展战略，建立了较完善的技术创新机制。立昂微在多年积累的研发管理经验的基础上，已经形成了一套系统的自主研发管理标准，建立了包含市场需求分析、研发立项管理、实施与检查等多环节的研发流程体系。通过自主研发以期在原有技术积累的基础上实现突破，优化产品结构，提高产品质量，增强公司盈利能力。图5-4为立昂微研发费用。

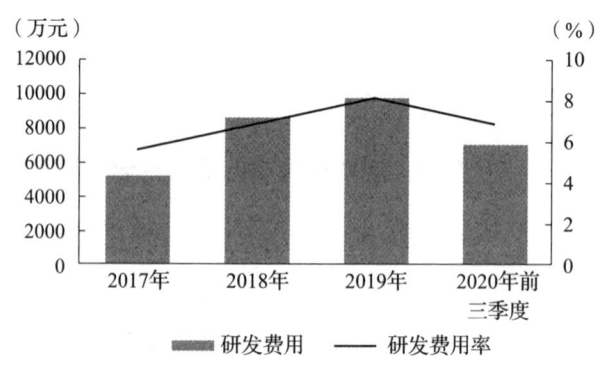

图5-4 立昂微研发费用

资料来源：立昂微招股说明书。

3. 核心员工持股，打造企业凝聚力

作为一家硅片科技研发制造型企业，员工的凝聚力是确保企业创新与发展的动力源泉，也是促进员工持续创新的管理策略。立昂微推出了企业内部股权激励机制以及核心员工持股机制，最大限度地保障了公司重要岗位人员的稳定，特别是对于研发人员、重要的工程师、销售人员，也推行技术入股，以员工持股的方式可以更好地保障公司技术和运营的安全。核心员工持股与技术入股机制，让员工成了企业的合伙人与主人，实现了更高层次的员工授权。

4. 用人不拘一格，给人才更广阔的空间

硅片行业的壁垒极高，主要表现在技术、资金、人才和认证四个方面。这里主要说一下技术和人才方面。在技术方面，硅片的开发难度大、周期长，需要大量的时间完善制造步骤，加上技术更新速度很快，新企业想要进入该行业难度很大。在人才方面，硅片行业人才的培养周期很长。面对行业人才紧缺、混合型人才更是凤毛麟角的局面，立昂微不拘一格的内部用人机制给企业技术攻关创造了良好的条件。在立昂微，很多管理高层与重要工程师都有一线生产、研发、管理与制造经验，也有一部分有下游客户的经理，互补的优势给了立昂微更广阔的空间，特别是企业内部对资深人才与专家的提拔与激励，在一定程度上激发了员工的创新激情与动力。

（资料来源：作者根据多方资料整理）

第二节　经理人如何授权

授权是管理者成就自我的必由之路。每个管理者首先要明白，一个人的精力是有限的，卓越管理者要懂得有效授权，尤其是面临经济、科技和社会协调发展的复杂变化时，即使是实力超群的领导者，也不可能独揽一切。

一、被授权人的选择

授权是职业经理人在管理中的必备技能，有效地授权有助于团队的成长，更有利于企业整体目标的达成，而且运筹于帷幄之中、决胜于千里之外的无为而治的管理模式也是卓越经理人追求的目标。授权时对被授权人的选择是极为重要的一环，需要从以下几个方面考虑被授权人的质素：

（一）品德为先，合适为上

授权必须要给合适的人，要考虑被授权者的品德。品德不好的人即便能力与所需授权匹配度较高，也不能轻易授权。要选合适的人，而不仅是能力的适合。

（二）扬长避短，用人所长

"尺有所短，寸有所长。"每个人都不是尽善尽美的，授权看重的是被授权者某一方面的特长，这样的授权更容易激发被授权者的能力与团队的整体能力。

（三）用人不疑，疑人要用

被授权者只要没有品德问题，他人的说辞可以暂时放置一边不予理会。只要被授者是合适的，就要敢于用人。

（四）勿求全面，不论资历

授权时不要过于考虑完美与全方位的人才，也不要过于把有资历作为条件，以资历用人的模式已经不适用于当今的互联时代。关键的是结果，用结果说话才是合理的。

总之，经理人要想合理授权，充分发挥每位员工的能力，调动他们的工作激情，就要在授权时选择适当的人，不可以随意授权。

二、经理人授权的前提

授权要适度。授权过大，就可能出现被授权者乱用权力的情况，让经理人的信度受到影响。授权过小或者授权不足，就有可能让被授权者在工作中阻力重重，很难有更好的协作与资源的调配。因此，授权必须有度，要注意分寸。

（一）授权的认知

上下级对授权的看法。基于角度与工作重点的不同，上下级对授权的看法也是有差异的。上级对下级的授权多是考虑更长远的事，考虑的重点在未来，不是在眼前或当下。管理者大多看重的是当下，而企业高层考虑的是未来。

而且基层也未必清楚企业未来的发展战略，特别是受一些国际或经济大环境的影响，高层了解的信息可能更全面，所以授权也是有考虑的。

（二）授权的关键

1. 注重技巧

授权时，技巧是很重要的成因。对于一般工作的授权，是针对具体事务的短期行为授权，是有针对性与约束性的。而对一些特殊工作的授权就需要知会大家所授予的权力，从而让被授予者更好地开展工作。

2. 合理

合理授权是指授权时必须要有规则，授权必须合理。授权必须依目标因人而异，所授权力不能超过被授权人的能力与范围，权力过重就会让工作更加失控。因此，需要根据目标任务，制定合规、适当的授权范围。

有效的授权不仅可以深得人心，还可以使经理人从琐碎的日常事务中脱身，分出精力管理更重要的事情。

因此，合理授权非常重要，合理授权具有赋能作用。坚持合理授权的原则是经理人授权的首要条件。

3. 目的明确

授权是有目的性的，认清目的与方向才是有效授权的开始。授权是为了达成某项任务或目的，而且所达成的目标都是根据整体目标而细化的，授权的范围只限于此目标的进程与结果。授权时必须讲清楚规则，明确界线与所要达成的目的，而不仅是单一地授权。

授权时目标要明确，授权者要明确自己的责任与义务及授权后所要承担的重要责任。否则，盲目授权就会导致工作混乱，影响下属的工作效率。

4. 逐级授权

逐级授权是指授权不能跨过下级，这有违授权不授责的原则，经理人不可能直接授权给一线员工。授权只能给到经理人的下级，才能做到授中有控。

即便情况再特殊，也不能越级授权，这是不负责任的表现，遵循逐级授权的原则是管理的底线。

(三) 授权中的经理人要做老师

授权后不是对事件或项目不闻不问，而是要做授给者的老师，重在赋能。

第一，错误如何改正。任何一项授权任务未必都能尽善尽美地完成，在过程中出现错误也是在所难免的。作为卓越的经理人，在授权前要想到可能发生的情况，需要提醒下属，而不是指责与训斥，毕竟没有人愿意出错。经理人也不能过于追求完美，只要员工有进步，就应该给予鼓励与激励。授权的最终目的是达成所愿，经理人要用老师的思维去引领或指导下属，赋其能力。

第二，找到错误的根源。如果因授权不当而产生了错误，要及时与员工沟通，并让其找到错误的根源在哪里，并制定后续改进措施，以此激励员工。

第三，经理人要敢于承担下属员工失误中的责任。要让员工明白失败不可怕，失败也是一种投资，要从中有所知，知道后续如何预防。很多伟大的科学家都是在经历很多次失败后才成功的，虽然这会让经理人增加工作负担，但是能让员工不断进步。一旦整个团队都能在授权中成长起来，那么企业的成就也是伟大的，经理人的卓越也是必然的。

第三节 授权的艺术

韩非子曾经说过："上君尽人之智，中君尽人之力，下君尽己之能。"引用到这里就是指不同层次的领导需要在各自的层面上开展工作，各司其职、各尽其能。卓越的领导是用智慧做事，激励和引导员工做事；优秀的领导是利用资源做事，效率有所不足；平庸的领导不能利用资源，自己去做事，是最无能的领导。所以，要想成为卓越的领导就要懂得授权，善于授权。

同样的职位，不懂得授权，就会出现不同的管理模式与结局。

因此，授权是职业经理人必备的一种管理技能，而合理的授权是评判经理人是否卓越的标准之一，有针对性地授权才能起到赋能的作用。

一、全新认识被授权者

卓越的领导人善于授权，授权时也要对被授权者进行深入的了解，弄清楚被授权者各方面的情况，如他的能力与素质、活力如何、创新力如何、压力意识如何等。有针对性地进行授权是授权成功的根本因素，也是一门管理艺术。

对于授权者来说，需要对下属进行细分，了解其属于哪种类型的人，正确地授权才是成功的授权。否则，不做前期调研就去授权，对被授权者来说也是不公平的。

授权是经理人能力再现的一个方面，也是最大限度挖掘下属创造价值与潜能的一个管理策略，是卓越经理人的必修技能，不懂得授权，与当下以赋能为主流的管理创新是背道而驰的。因此，需要有效、科学、合理地授权，让人人都为企业的发展增添色彩。

授权必须秉持用人不疑的原则，也就是说，对被授权人需要全方位的信任与支持，信任是授权第一定理，是有效实施授权的前提。相对来说，在此授权期间被授权者可以视为经理人的代言人，可以说与经理人荣辱与共，因为经理人仍然是授权任务的主责人。

只有信任被授权者，在过程中不去过问关于授权任务的事情，不要求这样做或者那样做，而应该询问是否需要支持、某一时间的结果如何。这样被授权者才能放开手脚、大刀阔斧地从他的自身角度进行创新之策，才能最有效地发挥被授权者的潜能，让其创造出新的价值。

专栏 5-4

荣事达：新业态的创新之路

创新伴随着企业从萌芽到成长壮大的全过程，没有创新，企业就会失去光明与核心竞争力，卓越的创新会让企业处处得势、机会多多，总是处于行业与技术的前端，企业的发展也是一路阳光。

1. 公司概况

荣事达是集整体橱柜、衣柜、全屋定制和厨卫电器为一体的专业化品牌，是中国橱柜和厨卫行业十大影响力品牌之一，其引进欧洲设计和生产理念，为消费者提供一站式定制精装服务。荣事达还与中国建筑装饰协会厨卫工程委员会联合成立了专注于橱电一体化的研发中心。

荣事达始终以用户的体验来指导产品的设计、制作等环节，致力于生产出精致、高品质、能满足消费者个性化需求的橱柜、灶具、油烟机、消毒柜等厨房产品。

2. 智能家居全价值链双创中心

围绕智能家电、新型建材、新能源三大产品体系，荣事达吸引内外部有产品、有技术、有经验的创客参与。荣事达为创客提供资金、品牌、信息、技术、管理、文化、人力资源、制造和市场9大要素资源，并建立"项目遴选、论证——项目合伙人制——合资成立事业部制"的双创项目产业化机制，实现了双创资源互补、全流程整合和全方位对接。

（1）做绿色产业，实现可持续发展

荣事达立足于太阳能、空气能、光伏等绿色事业，通过分阶段的要素投入和全程的精细化扶持，使"双创中心"不再是简单、机械的资源平台，而是一个动态的、良性的、符合企业成长规律的生态环境，以"双创中心+事业部制+合伙人制"三位一体的模式创新，加快了产业化步伐，实现了成果共享和价值引领。

（2）开放资源，互利共赢

荣事达通过智能家居全价值链双创中心，面向全社会免费开放了企业的优势资源，征集了一大批拥有某一方面资源优势的外部合伙人，集众智、汇众力。通过组织创新，荣事达和创业团队已发展成为紧紧捆绑在一起的利益共同体，共享发展成果。

（3）分享平台，分享资源

一些创客成为合伙人后，按照股比分成，只需短短一两年时间，就能成长为受到社会尊敬的企业家。荣事达在这一过程中也逐渐发展壮大，不仅各单位产值保持高速增长，而且新增就业解决了传统产品生产率下降造成的企业冗员现象，为集团转型升级创造了条件，完成了由创造产品的企业到创造企业与企业家的平台的成功蝶变。

（资料来源：作者根据多方资料整理）

二、授权的策略原则

1.授权清晰、有序

授权必须采用清晰、有序的策略，所授出的权力必须是清晰的，即针对工作的目的与所需要参与的部门或团队进行有序的授权。也就是说，所授的权必须与员工的主要工作有关联，不可能让制造部门参与财务部门的工作。授权时，哪些权该授、哪些权必须保留要有规则，不能过度或越级授权，特别是一些关键性决策工作就不能授权给其他人，否则将损失惨重，不利于团队与个人。

2. 信任是授权的基础

授权者对被授权者不信任或缺乏信任，授权就容易出现差错。因为不信任，授权的范围不够大，不利于被授权者的工作。对于被授权者来说，如果感到不被信任，工作激情与参与度就会大大降低。因此，在授权过程中，授权者要信任被授权者，否则就不要授权。

而对于授出的权力，也不能担心太多，过多的怀疑与质问也是授权中的问题。所以，经理人要敢于用人，以信任为基础。要尽可能地放权，要真正放手让下属去干。

3. 授权适度

授权必须要适度，要视情况与需要而授权，而不是没有规则地乱授权，这就是适度授权的原则。

授权没有了边界，权力随意授出，就是滥用职权，也是不负责任的授权。若过度授权，就是经理人的失职。过度授权，下属的权力会在职业经理人的放弃中无形地增大，职业经理人也就有被"架空"的危险。另外，如果职业经理人授权过窄，那么就会让下属感到不被完全信任，工作积极性也就无法全部调动起来，对最终结果也是不利的，此种授权并未真正达到了授权的目的。

4. 充分交流

充分交流是授权整个过程中很重要的一环，交流存在于授权前、执行中、授权后，通过有效的沟通交流，发现授权适合的人选，找到授权中出现的偏差并予以纠正，授权后的交流是总结经验与检讨不足，是下一次授权成功的保障。当然，需要与被授权者说明，交流不是不信任下属，而是希望引导下属做得更好。

当今是高速发展的互联网时代，人与人的交流更加方便与高效，借助较好的电子沟通工具，就可进行即时交流与信息共享，不但减少了被授权者的工作量，也提高了交流的效率。

5. 整体意识

整体意识是授权中需要经理人注意的因素，也就是不能脱离整体目标而授权，无助于目标的授权都是有问题的。授权不是将责任甩给下属，不是权力的分割，而是把整体目标细化成小目标，是目标的分摊。经理人要以大局为中心，统观全局，协调企业内外的各种资源，让资源效能协同化。所有的重要决策权必须在经理人手中，授出的只是权力的一小部分，要注意集权与分权的统一与有效结合。

6. 授中有控

授权过后，经理人重在监督整个过程的进度与完成结果，在过程中多给予员工指导，不过多地参与具体工作，只要方向正确且按进度执行，就无须太多的过问。在此过程中经理人是顾问与参谋的角色，不是决策者。当然经理人也不是不管不问，任由下属无规则地自由发挥，这是不负责任的。

授中有控是在授权前就已商定相关的要求与细则、时间的进度与效果程度等，只要下属及时汇报，就能做到授中有控，且能确保所授工作顺利完成。

7. 授后考核

授后考核是对被授权者个人或团队的认可，考核的细则也是在授权前已约定，只要经理人及时对被授权者做出公平、公正、科学、有效的评价，就能使被授权者有所学，并有新的成长，但是考核需要及时和量化，需要兑现承诺。

8. 宽容失败

每一次授权都是经理人赋能于下属的一种策略方式，而且每个人或团队也做不到每次授权的工作都无遗漏或错误，总会有些不足。经理人要敢于面对每次授权的失败，宽容下属的不足，只要授权过程中下属按要求努力了，就不能过于追求完美，完成了 80% 也要给予赞美。

当然，宽容失败并不是一味地放纵下属，而是对于失败的授权与下属一同讨论问题的缘由，找到更好的答案，让下属的能力得到提升。

以上原则不是各自独立存在的，而是有机的联合体，需要经理人灵活掌握，并且深得要意与精髓，也不可以生搬硬套去使用，需要量力、量事而为，适合的才是最有用的，而不是最好的。

三、授权中应注意的问题

（一）切忌假授权

授权后经理人仍然有太多的担心与疑虑，虽然授权给了下属，让他全权负责，但仍然插手过问、指指点点，又成了亲力亲为。即便任务完成了，但对于被授权者来说，你对他的不认可、不相信、质疑他能力的印象就埋在了心中，这也成了所谓的假授权。

一旦假授权成为现实，影响是比较大的，因为潜移默化地让自己的团队感到了上司对他们的不信任，在这样的团队中，惰性与推脱的情况就会比比皆是，因为谁也不愿意成为傀儡。假授权不利于管理，也不利于企业发展，是出力不讨好的事，并且也将浪费经理人的时间与精力，经理人在做要事的时间大为减少，更不要说深入地思考企业的未来与发展战略了。

所以，在管理当中，聪明的经理人是自己干，有智慧的经理人是让别人干。

（二）防止逆向授权

在企业里面往往会出现这样一种情况：经理人授权出去后，工作与事情并没有任何的减少，办公室反而门庭若市，向你请示问题、找你签字、找你解决问题的情况越来越多。而下属却很闲，似乎也没有什么压力。就好像你抛出了球，下属又把球投给了你，而你全然不知自己又要投篮了，最终是经理人自己在做事。

很多经理人发现每天被大量的事务性工作所困，殊不知，这些工作正在不断侵蚀你的时间，让你不能将注意力投入真正应该关注的领域，看起来似乎非常繁忙，有效性却不高。

卓越与智慧的经理人对逆向授权情况总是能合理地把球踢回到逆向授

权者手中，而不是轻易给出答案或方向，否则，不但让逆向授权影响了自己的工作，也纵容了下属躲避与慵懒的心态，要清楚地告诉下属如何做、哪种方案好需要他自己决定与斟酌，而不是马上向上司求救。

章末案例 | 盒马鲜生：共享经济+再兴起

"互联网+"催生了新的经济模式与新的零售，万物互联下只有想不到的事，没有办不到的事。富有创意的点子与策略都有可能产生新的价值，特别是"共享经济+"所带来的对当今经济与管理模式新的需求。也可以说，互联网共享思维是未来的发展趋势。而基于当下紧缺的人力资源，共享员工也将是一种常态与新的人力资源策略，企业与经理人需要对此有全新的认识与理解。

1. 企业概况

盒马鲜生是阿里巴巴对线下超市完全重构的新零售业态。消费者可到店购买，也可以在盒马App下单。而盒马鲜生最大的特点之一就是快速配送：门店附近3千米范围内，30分钟送货上门。除盒马鲜生外，陆续创新出了盒马菜市、盒马mini、盒马F2、盒马小站等，它们又在深圳推出了"盒马里·岁宝"零售新业态。图5-5为盒马鲜生的商业模式结构。

2. "互联网+"带来的新零售模式

盒马鲜生是"互联网+"新的销售模式的创新，它利用阿里大数据、云计算等人工智能技术，通过大数据对消费者的购物习惯有着更加清晰的认识，可以从消费者的角度出发，为消费者创造一个舒适的用户体验。

（1）以快为主，提升客户体验

盒马鲜生不但创新零售模式，也重点打造快速的物流配送服务。通过大数据、互联网、物联网等技术，构建了一套完整的物流体系，以提升客户的满意度。

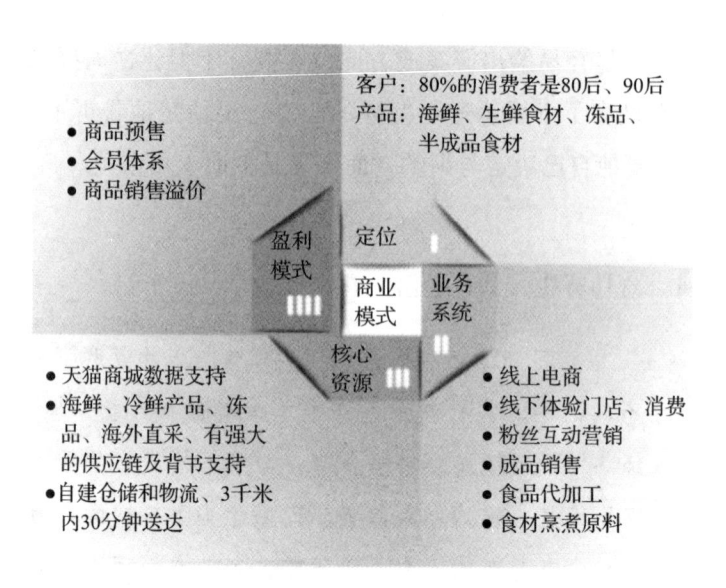

```
                    客户：80%的消费者是80后、90后
                    产品：海鲜、生鲜食材、冻品、
                         半成品食材

• 商品预售
• 会员体系          盈利    定位
• 商品销售溢价      模式          业务
                         商业    系统
                         模式
                    核心
                    资源

• 天猫商城数据支持              • 线上电商
• 海鲜、冷鲜产品、冻              • 线下体验门店、消费
  品、海外直采、有强大            • 粉丝互动营销
  的供应链及背书支持              • 成品销售
• 自建仓储和物流、3千米          • 食品代加工
  内30分钟送达                  • 食材烹煮原料
```

图 5-5　盒马鲜生的商业模式结构

（2）产品组合多样化

盒马鲜生通过线上与线下的融合与创新，从引导消费者在线上发现生活，再引流到线下的体验生活重组与创新，从多方面满足消费者的购买需求，从品质的角度为消费者提供更好的服务。

（3）整合供应链资源

为了确保产品的品质能满足消费者的需求，盒马鲜生向供应产业链顶端延伸，不但保证了产品的良好品质，也大大降低了成本，并且在前端产业链条整个过程中给予支持与监控，实现消费者、产品、场景三者之间的最优匹配。

3. 首创共享员工模式

盒马鲜生被业界称为人力资源产业化的加工厂。2020年新冠肺炎疫情期间，餐饮业进入了寒冬，而作为"互联网＋思维下创新"的新零售模式的盒马鲜生却是另一番火热景象，基于市场消费者的指数般增长需求，盒马鲜生人力紧张，在此情况下，盒马鲜生创新的"共享员工"模式，不但有效降低了企业的用工成本，也缓解了紧急之时的用工荒，是"互联网＋"时代又一个新的创新，在未来也将成为众多企业学习与借鉴的样板与模式。

4. 总结与启示

第一，在数字化时代，各行各业都是公开透明去中心化的，对人才的要求也是多角色、多知识、多技能的，传统、单一维度的人才模式已经不能满足数字化时代多变的需求。企业需要培养员工全方位的技能，时时从赋能于员工的角度展开人才的管理机制。一方面，给了员工更好的机会与空间，让他们可以灵活就业，强化团队之间的协同作用，获得更高的劳动报酬。另一方面，也增强了员工的归属感与幸福指数，让他们可以实现自我的价值，增加企业的能力与团队的凝聚力。

第二，共享员工创新模式是在信任、共赢的文化氛围中实施的，是瓶颈人才的共享、保障机制的共享、激励制度的共享、合作模式的共享、信息平台的共享、科技渠道的共享，有利于发挥数字时代平台赋能的效应，利用好平台资源转化为企业资产，为企业增值，为企业赋能，创新数字时代的用人措施。

第三，共享、共融、共创的融合协同模式是数字经济时代的主潮流，在这个以数据为核心资产的时代，利用好数据，盘活碎片化的资源或闲置的资源是企业再次创新的重生之路。企业必须探索企业文化的发展方向，在未来，共享出行、共享住宿、共享办公、共享物流、共享制造、共享法务、共享供应链等共享经济新模式将纷纷涌现，共享经济将成为世界经济发展的重要组成部分。

（资料来源：作者根据多方资料整理）

本章小结：本章重点介绍了作为一名卓越的职业经理人如何正确认识授权，授权成功与否在于经理人的管理艺术与能力，也是赋能员工相对有效的措施。从授权原则与授权中的误区提醒经理人需要注意的方向与因素，从而建立起有效的授权，避免授权过程中的不足，建立高效的授权机制。

第六章

激励艺术

> 当今企业最缺的是卓越人才，人才从来都不是与生俱来的，需要职业经理人对员工赋能，进行后天的培育与引导，在引导训练中善用激励的作用，给员工一个好的平台与机会，并提供可持续创新的动能与激情力量。实际上，对大多数人来说，人的潜力都差不多，关键是经理人在管理工作过程中如何激励下属潜在的力量，实现真正的赋能员工。

当你成为领导的时候，你最大的责任是激发员工的潜能，而不是授予你一顶皇冠而已。

——杰克·韦尔奇

开章案例 | 视源电子：员工自己定工资

人才是企业发展的重要因素，企业里面也不缺少各类人才，关键是企业如何高效管理人才、选才、育才与留住人才，只有给员工更广阔的舞台和空间，才能创造出更好的未来。

1. 公司概况

成立于2005年12月的广州视源电子科技股份有限公司（以下简称视源），是一家通过省部级认定的高新技术企业，主要致力于消费类电子产品的研发、销售和内容服务，包括液晶电视主板设计、电源板设计、工业设计、触显技术、商用显示、智能机顶盒、移动互联、嵌入式游戏等方向。

2. 把员工变成合伙人

图6-1为视源的运营架构。

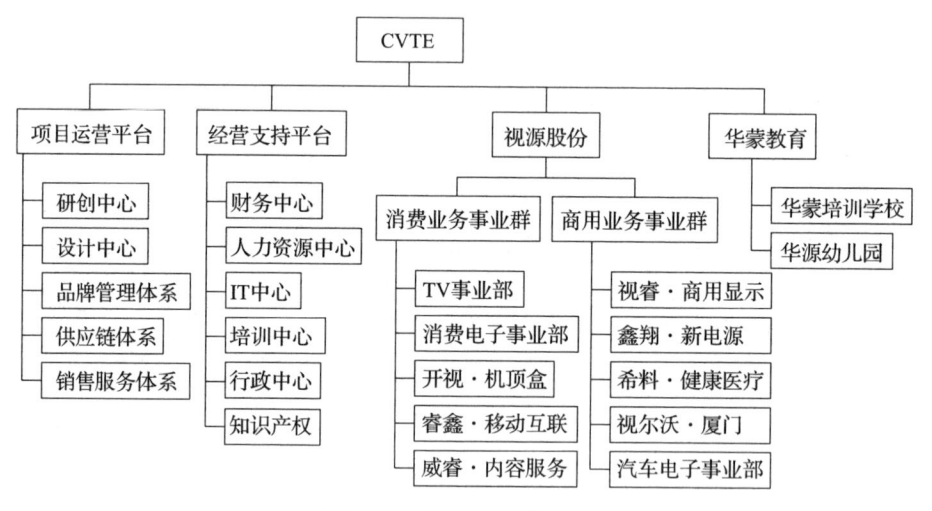

图6-1 视源的运营架构

视源内部给员工提供再创业的孵化器机会与平台。从2005年开始，视源开始盈利的时候，每年创始人孙永辉把他持有股份的80%分给员工，每年都是以5%、10%不停地分。所以，到视源IPO交材料之前，视源的116位员工都是集团的股东。

当员工有了好的点子，视源会提供一个标准的调研报告，如果调研结果是可行的，就会为他和项目先成立一个事业部，确保让产品有一年的销售。子公司团队第一年会持有20%的股份，当创业公司每个月的盈利能够稳定的时候，就会给他成立一个子公司。如果团队持续三年保持盈利的话，团队将占60%的股份，公司只占40%的股份，这相当于视源自己去做一个投资和孵化。目前，视源已成功孵化出12家业务子公司。

3. 多元化产业经营战略的有效实施

多元化产业经营主要有四个方向，集中在医疗、教育、人工智能和企业信息化。在教育业务方面，希沃将以"三教"为核心，持续深耕中小学公立校市场，积极开拓幼儿教育、高等教育、民办教育、培训机构等新市场机会，保持交互智能显示类核心产品的领先优势；同时，加大录播、学生终端等各类教育信息化新产品的研发和营销力度，将应用软件与数据服务进行结合，构建各类场景化的解决方案，满足教育信息化的更多应用需求。在企业服务业务方面，MAXHUB坚持自主创新，根据用户需求持续迭代升级产品与方案，继续采用"端—网—云"构建MAXHUB高效会议平台产品架构，通过软硬结合实现本地和远程的高效会议及协同办公，并打造会前、会中、会后全场景的会议解决方案。在医疗业务方面，使人工智能打造的人脸快速识别、足不出户实现远程诊疗和医生人机交互便捷化及病人的多元化需求成为现实。

4. "放任员工"自己做主

由于建立了企业内部较好的孵化平台机制，人人都是老板，人人都有机会创业，员工可以做自己喜欢的事，可以最大限度地发挥个人潜能，视源采用的不打卡机制就成了可能。而且，针对工资和奖金，个人依自己的贡献值提出工资与奖金的数量要求。内部有喜欢或擅长的工作时，员工可以主动申请换岗。

5. 对员工好，还要对员工的家人好

视源的所有员工包吃包住，餐食营养丰富。视源打造了体检中心，让员工和家人免费体检；视源自建幼儿园，提供中英双语教学资源。视源帮员工解决了生活中的实际困难，员工归属感增强，与企业共生死成了必然。这样家庭式的情感联结管理策略让视源的员工发自内心地为企业创造价值，将企业利益视若自己的利益。

6. 总结与启示

第一，在新经济业态下，经济的发展需要有较好的创新，而创新最关键的因素是人才。人才的重要性关系着企业的生存，需要管理者采取有效的激励措施来挖掘人才的再创价值，只有实施对人才激励的多元化，才能留住人才，发挥他们最大的再创价值与创新能力。

第二，在新业态下，股权激励是对企业员工最有效的激励策略，让人人都是企业的主人，都是企业的投资者与受益者，才能让员工有归属感，员工才能与企业共存亡。因此，当下卓越企业的合伙制与股权制模式是未来企业管理创新最好的策略。

第三，在网络经济新业态下，共享是主题，共享的维度也是多维的，需要管理者用开放的心态、共享的思维模式打造企业不可攻破的技术壁垒与护城河。当下世界是开放的、多元的，管理者也需要打破固有的思维模式，不断创新，找到与员工的共赢之路。

（资料来源：作者根据多方资料整理）

第一节　为什么要激励员工

一、什么是激励

激励是组织为了实现组织价值的增值与高效的成果，通过建立一系列规范与机制，形成从物质与精神两个维度的奖酬机制，目的是最大限度地挖掘组织内部利于组织的最好资源，实现组织与个人双赢的激励机制。需要注意的是，激励不限于金钱与物质，也需要环境与精神多个方面，它是一个周而复始的奖励闭环，在满足了组织内部旧的需求的同时，组织就要重设激励机制，从而产生下一个激励闭环的开始，如图6-2所示。

图 6-2 激励实施导图

二、认识激励

在管理工作中，职业经理人都会遇到以下困惑：

第一，薪酬激励的困惑。在现实中，很多企业的员工薪酬高于行业平均水平，甚至高出较多，但员工的工作积极性依然很差，工作表现甚至低于薪酬比较低的企业，导致薪酬水平逐步提高但员工工作成效却差强人意。分析原因如下：一是从激励体系来看，薪酬激励仅是激励的一部分，需要综合考虑工作环境、工作强度、工作流程、人际关系、职业规划、公司发展态势等，薪酬激励需要与其他激励手段综合使用才会效果最大化。二是薪酬激励的刚性。薪酬激励具有较好的时间效度，即时的物质激励在瞬间能产生较好的效果，但从长期来看，薪酬激励需要综合考虑薪酬的平均水平、薪酬的变化趋势、薪酬的公平性、薪酬结构等，如虽然员工的工资高于行业平均水平，但多年来增幅较小，甚至稍有下降，显然，即使薪酬水平基数很高，员工的积极性依然很差；又如，虽然员工的薪酬水平很高，但薪酬差异较大，同样会因为薪酬的公平性导致激励效果不佳。

第二，精神激励的困惑。职业经理人经常采用文化、表扬、认同、亲和力、民主等激励方式，让下属接纳、认同职业经理人，但往往使经理人与下属感情不错，私交和工作混为一体，导致下属在工作开展过程中处处向经理人提条件，激励效果甚微，执行力下降，甚至使职业经理人的权威丧失。分析原因如下：一是文化激励未能够使员工从劳动契约变成心理契约，换句话说，员工必须从骨子里认同公司的文化，从"要我干"向"我要干"转变；否则，文化激励就可能永远停留在口号或装饰阶段。二是具有亲和力的友情式激励必须与制度的刚性、个人的权威结合使用；否则，不但让自己变成"老好人"，还会大大降低工作效率。

第三，激励有效度的困惑。职业经理人往往需要一套长期有效的激励体系，以便持续激发员工的工作激情，但纵然寻遍各种优秀的激励方案，员工的积极性依然难以维持。分析原因如下：一是员工的需求具有多元性，有的人对职业发展空间要求高、有的人对工作环境要求高、有的人对物质激励比较感兴趣等，不同的员工需求有差异，一套体系要让所有员工满意，显然不太现实。二是激励需求的变化性，不同的时段、场景需求有变化，如当物质激励相对能满足员工时，员工对岗位晋升的需求强；当压力较大时，员工却渴望有缓解压力的辅助式激励措施等。

第四，正向激励的困惑。职业经理人用尽了激励方法，发现员工工作绩效依然难以达到预期目标，陷入"正向激励悖论"之中，即激励强度越高，整体绩效越差，说明遇到的人和事不是正向激励所能够解决的。如遇到"我是流氓我怕谁"类的员工，你越使用正向激励，他越猖狂，此时，"大棒"比"胡萝卜"更有效，遇到制度底线问题时，使用负向激励有时比正向激励更有效。

专栏 6-1

温氏股份：共建共享，助力养殖航母稳健前行

互联网时代以共享利益与价值分享为主，以人人都成为企业的老板为管理模式，创新出人人为企业付出全部潜能的局面。温氏食品集团股份有限公司（以下简称温氏股份）实施员工持股计划，实现员工与公司发展利

益共享，提高员工的凝聚力，充分调动员工积极性，使员工的利益与公司的发展更紧密地结合，为实现公司发展战略和股东利益最大化的目标打下了坚实的基础。

1. 公司概况

温氏股份是一家以畜禽养殖为主业、配套相关业务的跨地区现代农牧企业集团。

2019年7月10日，在财富中文网发布的《财富》中国500强排行榜中，温氏股份以总营业收入572.4亿元荣登榜单第155位，这也是其连续4年上榜中国500强。在该榜单中，农林渔牧行业有6家企业上榜，温氏股份是进入200强的两家农林渔牧行业企业之一，创造了农业发展史上的一个传奇。

2. 机制创新：全员持股

温北英胸怀广阔，认为财富不要集中在一个人的手里。他很早就认识到人力资本的价值，提出企业发展的关键是人，大家一起创造价值，一起分享劳动成果，这也是创始人温北英对温氏股份实施全员持股的初衷。1992年他就提出了"精诚合作，齐创美满生活"的核心理念。

为了最大限度地调动员工创业的积极性，也为了使公司获得发展所需的资金，温氏股份开创性地实施了员工持股的股份合作制。这样的机制换来了员工的高度忠诚。据统计，温氏股份中高层以上员工的离职率不到2%；在骨干员工保持稳定的同时，不断有新人才涌入温氏股份。

3. 技术创新："互联网＋物联网"

温氏股份在养育技术方面处于全国领先地位，通过机械化、自动化技术提高生产效率，在环保技术、互联网、物联网等应用上也进行了许多探索。2011年，温氏股份成立了行业内"独一份"的物联网研究院，研究基于物联网、"互联网＋"，对整个业务做到360度无死角监测，下一阶段计划通过新技术提升生产效率。

4. 模式创新："公司+农户"

在温氏股份创立之处，温北英就大胆提出"场户结合""代购代销"的方法，与周边的农户展开合作，催生了"公司+农户"模式的雏形，并使鸡场的经营效益明显提高，把原来的"代购代销"变为"保价收购"。此举保证了农户利益不受损，也保住了农户与公司合作的积极性，稳固了"公司+农户"这一经营模式。温氏股份始终坚持优先保障农户利益，不与农户争利，不将市场风险转嫁给养殖户，给企业赢得了极高的信誉，与农户形成了紧密的合作关系，成功实现了"公司+农户"的经营模式。

（资料来源：作者根据多方资料整理）

三、激励的作用

激励的功能对于企业与下属来说都是非常重要的，激励的好处是双向的而不是单一方向的，有效的激励可以充分发挥下属无限的创造力与创新意识及积极的工作状态，创造出更好的绩效，同时也让企业得以提升核心竞争力与技术创新能力。人是企业发展最基本的动力源泉，新时代特别强调人才是第一科技生产力，是企业持续稳定发展的基本保障，离开了卓越的人才，企业的生存概率是很低的。

（一）激励对员工的作用

1. 挖掘员工无限的创造价值

一般来说，真正发挥作用且把能力用到极致的员工可以说是少之又少。对于大多数员工来说，个人的能力与实力也就真正发挥了20%，近80%的能力埋在"冰山"下。一些真正有能力的员工做事慵懒、效率低下，管理者的督促与管理效果也比较差，造成这种状况的原因大多是企业的激励机制有问题，经理人没有把激励作用利用起来。如何最大限度地让员工把"冰山"下的潜能也发挥出来，就是经理人的卓越之处。

对于很多管理者来说，他们常常把员工效率低下、生产力不高、创新动能弱的责任推到设备与产品上，而忽视了激励不足这个因素。

2. 激励可以提升员工的素质

企业员工素质的提升很大一部分在于企业的激励机制的影响与引导。对于在工作中表现较好的员工或者创新能力强的员工，要及时给予有效的激励，从物质与精神两方面来进行，从而可以慢慢地营造出经理人重视人才、有效激励人才的文化氛围与机制，员工也会主动参与其中。员工除了积极参与企业的创新、积极提升效率与技能外，也会主动参与相关工作之外的学习，从而提升个人素质。

3. 增强员工的凝聚力

有效的激励在无形中树立起了一种标杆榜样的学习氛围，如果进行有效的宣传或相关知识竞赛，就能让全员感受到一个激昂奋进的氛围，从而向标杆靠近，团队学习的氛围浓厚，组织间的凝聚力也必然会增强。在这种大环境中，团队的每一个人都会被影响，环境效应也在一定程度上提高了员工的素质。

（二）激励对组织的作用

1. 将卓越的人才吸引到企业中来

企业可以通过制订各种优惠政策和福利待遇，以及方便、快捷的晋升途径吸引企业所需要的人才，对于那些竞争力强、实力雄厚的企业来说更是如此。人才不论是当下还是未来都将是企业发展最好的资源，而且无可替代。

2. 为企业留住卓越人才

一些卓越的员工需要的激励不只是金钱，他们还有尊重、职位、荣誉、工作环境等方面的需求，企业如果能够建立一套科学的激励制度，就能够留住这些人才。管理者识才很重要，保护和留住人才更重要，所以，如何有效激励和留住人才就是最关键的一环。

3. 为企业形成良性的竞争环境

科学的激励制度会给企业创造出良性的竞争环境，进而形成良性的竞争机制。

在这个具有竞争性的环境中，员工会受到来自环境的压力，进而将压力转变为努力工作的动力。

一个卓越的企业文化往往会让一些人愿意与企业同进退、共生死，之所以如此，就是因为企业的精神激励发挥了作用。

（三）激励实施的流程

对于职业经理人来说，任何事情与工作的开展都是有计划、有策略的，而不是盲目进行的，所以激励也需要从以下几个步骤来实施：

1. 制订目的

经理人需要基于个人或团队未来的发展，及整体目标来制订相应的激励措施，如效率超目标多少、销售额超要求多少、技术能力提高到什么水平等，从而可以量化目标，也让下属心中有一个理想的目标，下属会基于此建立自己主导的目标管理方案。

2. 激励的范围

激励是需要有针对性的，如果用"大锅饭"的形式来激励员工，成效会大打折扣。界定范围也可以让参与者有一定的荣誉感，其积极性会更高。因为人一旦被认可与尊重，潜能的创造与发挥将是无限的。

3. 激励的方式

激励有两种方式：一种是物质激励，如加薪、奖金、股权等；另一种是精神激励，如升职、荣誉称号等。

4. 激励的评核

激励的评核相对来说比较简单，因为开始就已经说明了需要达到的目的。关键是评核需要公开透明，需要有企业高层的参与，一来让企业全员认识到此激励机制的重要性，二来也可以减少不必要的误会，并能刺激更多的人积极投入到工作中去。

5. 激励的时间

下属达到既定的目标需要给与激励时，必须要及时、快速，时间不可以过长。否则，随着时间的推移，激励的作用将会降低，有可能影响后续的激励。趁热打铁是比较好的激励方式。

专栏 6-2

碧桂园：为全世界创造美好的高科技生活

在万物互联的时代，任何企业都要善用高科技来给企业赋能，创造新的商业模式，在此过程中，良好的激励措施就是最好的催化剂，不断创新激励措施将为企业开创更多的蓝海空间。

1. 公司概况

碧桂园控股有限公司（以下简称碧桂园）是为全世界创造美好生活产品的高科技综合性企业，其从事房地产与酒店、景观开发与智能机器人研究制造，始终秉持"碧桂园，给您一个五星级的家"的服务理念，为中国新型城镇化进程的身体力行者，是中国最大的新型城镇化住宅开发商。

2. 同心共享

"同心共享"是碧桂园推出的激励员工的合伙人制度，根据企业所投项目，员工也可以跟投不超15%的项目股权，同股同权，"成就双享"。项目销售情况好、利润率足够，就可以通过此前购买的项目股权获取利润分红。

"同心共享"计划是完全的合伙人制，它的操作模式是集团拿出每个项目10%～15%的权益给管理层，管理层必须拿钱跟投。该项目实施后，碧桂园的所有项目都将转变为合伙人制，让集团实现扁平化的管理，把管理中心下移到区域，实现区域的做大做强。

3. 未来领袖计划

除了"同心共享"计划以外,碧桂园还从2013年起启动"未来领袖计划",以40万～60万元年薪大举招聘博士作为重点培养对象,并设立了博士后科研工作站。

到2016年年底,入职碧桂园的博士已超过400人,碧桂园成为拥有博士数量最多的地产商之一。

4. 激发潜在"外部合伙人"盈余时间的价值

碧桂园凤凰云小程序自上线以来,不断升级和优化,除了基本的云端看楼与售楼模块,也增加了潜在合伙人双赢模块。凤凰云让越来越多的参与者在帮助别人进行线上看房买房的过程中,得到物质上的丰厚奖励。

凤凰云分段式全链路奖励机制让越来越多的人拥有了一个美好的副业。参与过程更简单,收益获取方式更多样,摒弃了以成交为前提的弊端,降低了推荐买房的奖励门槛。传播力度广,在分享转发房产信息的过程中,无须过度担忧最终结果,大品牌直营,平台可靠,消费者信赖度较高,也减少了在传播过程中的阻力,避免因上当受骗而产生重大损失,也不必背负较大的心理负担,帮助参与者轻松获得一笔可观的收入。

(资料来源:作者根据多方资料整理)

第二节　激励的前奏——赋能员工让激励插上翅膀

激励并不是重赏之下的勇夫之策,是需要对员工进行赋能与教育训练,让员工的潜能得以挖掘出来,否则就失去了章法,员工任性而为,未必有好的成果出来。员工进入企业后,无论之前从事什么职业、有过什么经验,只代表过去,即便是高才生,进入一家新的企业后也需要管理者给予引导。除非该员工之前就是该行业的顶尖人才,否则,都需要进行系统的教育训练，因为企业需要的是人才，除了显性的价值，更需要员工的潜在技能与隐藏的价值，那么，就需要管理者对企业的人员赋能，更深层次地挖掘员工的潜力。

一、企业职业经理人的管理误区

眼下众多企业总是埋怨人才紧缺，缺少适用于企业的人才，并对企业现有的人力资源存在较深的误区，总感到现有的人力资源问题较多，下属与团队很难管理。

（一）经理人越来越像警察

很多经理人喜欢找问题与发现问题，把发现问题当作每天工作的重点。他们每天的工作就是在找问题，总是发现下属在工作中存在这样或那样的问题，结果问题发现了不少，管理效果却没有任何的改观，反而越来越差。今天发现的问题明天又在重复，搞得经理人每天都焦头烂额，下属却变得更差，感觉好像在跟经理人对着干。而且在企业里面流传着这样一种说法：新官上任三把火，这把火往往是从治病的角度看待问题，多是从经理人角度认识到的无论是团队的问题还是个人的问题进行改单，而极少有经理人先从企业团队或个人的优势着手。传统的做法成本相对较高，对团队或个人的负面影响也比较深，需要后续花时间与精力来改善。

（二）对人的优点视而不见

经理人不是神，也存在缺点，把经理人当作"警察"，就是以错误的"大"缺点去管理员工的"小"缺点，这样的管理模式就进入了自我设置管理的死循环。无论你走了多远，却总也走不出这个闭环。

（三）优点重要，还是缺点重要

企业员工在经理人警察式的管理中越来越感到迷茫，到底是优点重要,还是缺点重要?明明是工作中的一个小瑕疵,对结果无足轻重,但是经理人总会大动干戈,而对于工作中的难题被解决或有了关键性的突破都没有看到。员工每天的工作重心在经理人的引导下也走入了误区,缺点成了下属关注的焦点。

(四)员工的逆反心加重

由于经理人每天重复着"警察"的工作,让下属感到上司对他的优点视而不见,逆反心理加重,对于经理人管理工作中的一切总要逆向而行,甚至每天与经理人斗争,有的干脆离职而去。

如果不能营造良好的企业管理文化氛围,职业经理人不能意识到自我管理中存在的错误,任何激励机制都没有用。那么,经理人如何改变这种情况呢?经理人必须激励下属,挖掘下属的潜能与无限的创造价值,但这不是一蹴而就的,需要经理人运用优势导向管理思维营造良好的企业管理文化。

二、职业经理人的优势导向管理

(一)优势导向助推赋能管理

任正非曾说过:"华为是一家高科技公司,我们什么都可以不争,唯独人才不能不争,什么都可以少,只有人才不能少。我们要加大前瞻性、战略性投入,要容得下人才,建立起全面超越的专家队伍,把握先机,在理论构建能力、科学家数量、产品质量等诸方面超过业界。"人才如此重要,那么,职业经理人该如何培育并训练出更好的人才呢?有了卓越的人才,有了较好的管理文化,管理者的激励机制与措施才有用武之地。

卓越的职业经理人善于以挖掘员工的优势为中心对下属进行有效的管理,通过发现与挖掘下属的优点,引导并激励下属朝着自己的个人目标前进,从而实现总体的目标。

（二）卓越经理人的主要做法

企业不缺少人才，而是缺少伯乐。卓越经理人认为每一个下属都有闪光点，都是企业的人才，应该通过引导和培育让闪光点转化为员工的优势，并为企业的创新增加动能。

专栏 6-3

韩都衣舍：互联网女装淘宝品牌之一

企业想要发展，必须要把自己打造成一个创业平台，赋能更多的人，实现创业共赢。韩都衣舍就是这样做的。

1. 企业概况

韩都衣舍创立于 2008 年，专注于年轻时尚女装品牌，连续 7 年全网销量领先，平均每天上新近 100 款。截至 2020 年，韩都衣舍是天猫女装类目粉丝数量第一的品牌，赢得了年轻女性的青睐。韩都衣舍先后获得了"十大网络品牌""中国服装成长型品牌"等荣誉称号。2017 年，我国首个"中国品牌日"，韩都衣舍入选 CCTV 中国品牌榜。

2. 海星模式的创新

海星模式可以说是互联网金融去中心化的一种别样的运用。韩都衣舍打破常规的经营思维，把传统的"公司+团队"的运营方式，转变成"创业平台+创业者"的运营方式，把公司转变成为赋能创业者的平台，为创业者提供资金、培训、硬件及产品赋能。在海星模式中，每三个人就是一个经营单位，他们可以按照经营数据，在公司的品牌库选择款式，按照自己的运营思维去推广销售，这样去中心化的运营思维可以更灵活地适应市场。产生业绩以后，可以通过利益共享的思维，把利润分成两部分：一部分是平台的 30%；另一部分是创业小组的 70%。

3. 合伙人

韩都衣舍有今天快速的发展，合伙人制的裂变模式功不可没。所谓"以小组制为核心的单品全程运营体系"，即三人为一组，每个小组都具有运营、选款设计、商品制作、对接生产管理订单、销售的能力，实现全员参与经营并独立核算，精细核算到每个员工；并且采取每日进行小组业绩排名、小组奖金由组长决定分配、允许一人小组的存在等激励机制。其中，业绩排名是激励，组长分配是授权，一人小组是创新。这样的机制进一步激发了员工的积极性，从而真正提升了企业运营和创新效率。

如今，韩都衣舍拥有300多个产品运营小组，每个小组由2～3名成员组成，负责产品设计、页面制作、货品管理等非标准化环节，如图6-3所示，在最小业务单元上实现"责、权、利"的统一，并培养出了在企业公共服务平台上的"自主经营体"。

图 6-3　以小组制为核心的单品全程运营体系

（资料来源：作者根据多方资料整理）

第三节　职业经理人的激励策略

激励是经理人有效的管理工具，没有了激励，企业就很难有更好的发展，经理人的工作与绩效达成也将困难重重。激励就是让经理人有效利用周围的资源，让组织里面的人愿意付出并积极参与，视企业为自己的事业，把自己当作企业中的一分子。因此，如何激励员工非常重要。

激励是集沙成丘、集溪成海，引导员工从心底里愿意为企业努力与创新。

激励也不是张贴、悬挂一些高大上的愿景、使命和价值观，而企业内部矛盾重重，劳资关系日趋异常紧张。有的激励模式让员工被迫一切向"钱"看。这不是员工的问题，而是经理人在日常管理中错误地运用激励措施所致。当员工成绩斐然，需要很好的激励时，但涉及分钱的时候就斤斤计较。不舍得用钱激励员工，不懂得分享，与当下以共享赋能为主的新型优秀企业理念相背离。

一、激励赋能策略

（一）不断表扬

杰克·韦尔奇说："我的经营理论是要让每个人都能感觉到自己的贡献，这种贡献看得见、摸得着，还能数得清。"不断表扬下属的每一次进步和成长，建立起下属的信心，也让下属感到上司对自己的关注与认可。下属信心坚定，就必然会满怀激情地投入到工作中去，也定会产生较好的创新意识，下属的成功就会成为可能，营造越努力越幸运的文化氛围。

下属的潜能是无限的，激励员工提建议与想法，就能引导下属提出更多、更新的建议与创新点。

（二）荣誉激励

每个下属都有被尊重的需求，而荣誉激励是经理人最容易实施、最能感动人、促进人进步的方法。

美国著名女企业家玛丽·凯曾说过："世界上有两件东西比金钱和性更为人们所需——荣誉与赞美。"善用赞美与荣誉激励员工的领导，能够让员工在企业里面拥有自信心与归属感，从而再次激发他们的潜能。

睿智的领导善用头衔激励下属全身心地投入工作，让其有更大的责任心。因为下属拥有了头衔，在社会中往往更容易被人接受与认可，沟通也会更方便。因此，员工就会用更大的热情为企业工作。

作者曾到过一家只有500多人的生产电容的科技制造企业，在与他们的管理层沟通时，发现了一个奇怪的情况：参与沟通座谈的13个管理者，除了副总外，有10个人是总监职位。事后询问该企业的老总，其答复是：由于企业管理者涉外工作相对较多，给他们比较好的职业名称，薪水与行业经理持平，没有增加企业成本，但可以让他们在与外面沟通时信心更强，做事更容易。三年后这家公司已经蜚声国内外，除在深圳设立了研发基地外，还在国内多个地方设立了分厂。由此可见，荣誉激励对个人、团队、企业的影响都是深远的。

此外，员工做出好的业绩，用安排休假的方式也是对员工认可的一个低成本激励策略，而且也能让下属感到企业对自己的关注与关爱。

（三）目标激励

有效的目标激励是促进员工进步与发挥潜能的重要措施，科学、诱人的目标激励可以让员工内心产生一种无形的力量，激励并引导员工的行为，促使员工产生强烈的主动性和积极性。

目标激励还可以引导下属明确自己的职业规划与工作目标。为了实现整体目标，就需要分解目标到各个层次和时间区间。对于下属也需要分时间、分阶梯式地制订目标，细化到下属可完成的小目标，给予下属个人主导权并与下属达成考核的方法。

（四）一对一辅导与沟通激励

在管理工作中，对员工进行一对一辅导与沟通是管理者有效激励的方法之一。通过一对一的单独沟通，与下属一同分析他的优点与潜力（可以考虑用SWOT工具）。通过引导，让下属制订自我目标及实施方案，方案必须是可执行的、可达到的（用SMART原则来衡量实施方案）。

一对一沟通需要注意以下几点：

一是沟通的环境必须有独立的空间，不能受其他人或环境的影响，否则，沟通的效果就会受影响。

二是沟通重在引导与发现员工的优势与不足，让员工进行自我检讨与反思。

三是目标一致。所沟通的目标与整体目标应一致。

（五）指导员工的发展

管理创新就要从发展员工方面来进行。因为企业需要的是员工的能力，经理人就需要从多个方面赋能于员工，指导员工的发展，让其成为一个有能力的人、一个有价值的人。员工的价值被激励出来，员工必定会为企业而努力奋斗。所以，新时代重在发展员工与赋能员工，让赋能与发展员工的文化成为管理者的主要工作内容。下属意识到被上司关注与认可，激情与自信就会倍增，做成事、达成目标也相对比较容易。

指导员工的发展，重在引导与员工达成一致，在这个过程中员工是主角，经理人是站在教练的角度来对待员工的自我管理与自我目标设定，也就是经理人在指导员工发展时做的是锦上添花的事情，不是单方面指定员工如何做，而是多建议、多问为什么等。

（六）领导角色的激励

有效培养下属的管理能力是经理人的责任。一个将再强，如果不能有效培养下属，必然会出现诸葛亮式的失败情况。只有让下属取得了成功，经理人才能获得更大的成功。毕竟经理人本身就是让下属达成个人目标的。

培育下属的领导能力可以考虑从以下几个方面来实施：

一是让下属主持短的会议。委派下属为某个会议的主持人与统筹者，以锻炼下属的现场应变能力与管理能力。

二是让下属当内训员。基于下属的潜力与优点、特长，指定其为某个培训课题的内训员或内部讲师。

三是让下属分享经验。当员工外出培训或学习回来，让其给团队分享，传达其重点，也是有效激励员工的一个不错的方法。

四是让下属领导内部改善小组。对于团队内部出现的问题，根据下属的特长与潜能，有针对性地建立内部改善小组，并授权其全权负责，从而发挥员工的特长与潜能，逐步使其成长起来。

（七）用小礼品的方式作为激励

上司对下属的礼品奖励不在于礼品的大小与多少，而在于对下属进步或目标达成的激励。礼轻情意重在这里尤为重要，让下属认识到领导对其的信任与认可，为后续新目标的达成与个人再一次创新创造了先机。

礼品激励必须及时，时间不恰当，反而适得其反，让下属产生负面的情绪。一般情况下，用礼品激励员工可以考虑在法定节假日时、在员工生日时，在员工获得成绩时，礼品可以考虑用高级自行车、旅游包、小家电等，不要让下属误认为礼品的发放不过是现金的另一种比较隐蔽的形式。赠送奖品而不是发放现金的全部意义就在于奖品是个性化的，而且往往显得较为贵重——如果让员工自己挑选，他们可能舍不得去花这么多钱。

（八）善于用荣誉墙、光荣榜的方式奖励员工

用精神激励的方式管理下属是经理人最常用的措施之一。荣誉激励可以让其全身心地投入到工作中去，并以有此份工作为荣。一来让下属意识到被上司的认可，信心倍增；二来对员工来说是一种新的能量，并以在此团队或荣耀下为傲，努力就是必然的。人都希望被大家记得，因此光荣榜、照片墙、故事等都是激励员工的好方式。

荣誉激励必须要注重形式，不能草草了之，如果不认真对待，就没有了激励的作用，荣誉激励的形式需要从以下几个方面执行：

一是为荣誉者设计荣誉证书、有荣誉题词的奖杯、一句张贴在墙上的

评语、一张与领导的合影等。

二是授予过程规范，形式要大于过程，可以选择有意义的日子进行。

三是参加者必须穿着正式，高层领导要参加并亲自授予员工荣誉证书等。

四是邀请员工的家人与朋友参加。

五是把相关荣誉照片与信息进行公示并建立企业荣誉室供大家参观。

（九）树立榜样

以身作则，做一个好的表率，是经理人运用个人无形的正能量影响下属的一个法宝。俗话说："己所不欲，勿施于人。"经理人做好的表率，是下属最好的行动老师。经理人是航灯、是舵手、是火车头。

榜样学习与标杆学习是当下企业内外部互相学习、实现快速赋能的一个好方法，因为榜样的力量是无穷的。

（十）传递激情

经理人是下属的一面镜子，经理人要想让下属在工作中投入较高的激情，自己先要激情百倍，经理人的激情会潜移默化地影响下属，这是管理者必备的素质。

杰克·韦尔奇登上了通用电气总裁宝座时说："我很有激情。通过我的激情来感染我的团队，让我的团队也有激情，这才是我真正的激情所在。"经理人每时每刻都是满怀激情地工作与大家交流，在这种氛围下，员工的激情也将被点燃。就如开会时的开场白："大家好！很好！非常好！"如果经理人声调无力，没有任何肢体语言，对整个团队的影响就是无力的；如果经理人声音洪亮，握拳有力，产生的效果就会是震撼的。

（十一）宽容激励

"人无完人，金无足赤。"每个人在工作中都会犯错误，特别是对于创新型企业而言，由于员工需要创新与新技术研发，失败也是在所难免的，如果一味地追求完美，经理人不能用宽广的胸怀理解和支持下属，那么下属也不会再去创新。所以，宽容下属也是一种较好的管理艺术，更是激励员工的一种管理方式。

经理人要能容人之短、用人所长，宽容会让员工感到被信任与被支持。当然，经理人也要激励员工少出错，有较好的自省、自律及自强精神。

（十二）竞争激励

人都有争强好胜的心理，基于此，经理人就要巧用人们的心理，用竞争激励的方式推动团队的成长。有竞争才会有进步，才会让工作更加高效，因为没有人愿意认输。

（十三）惩戒激励

惩戒激励虽然看似一种负面激励，但其正面效果也是比较大的。因为有惩有罚才可以让被激励者更加专心地投入，更加高质量地完成项目与任务。

另外，惩戒应本着"治病救人"的原则来进行。惩戒是针对个人不自律或不应犯的错误，虽然惩戒并不能解决所有的问题，但适当的惩罚更具激励作用。

当然，对于一些顽固不化，多次沟通仍不思进取的下属，就要果断采取整改措施，因为负面力量的影响是比较大的，必要的严惩也是激励下属的必要手段。

二、从员工角度看激励的误区

从员工的角度来看，激励的误区一般有以下五个方面。

（一）需求长期得不到满足

对于激励员工的重要性，大部分经理人认为是有必要的，但是实际过程中由于没落实到位，导致经理人和员工产生错误的认知。

一是经理人没有视员工为资源，而是视其为成本，认为激励员工会增加成本，而看不到背后更大的利润。这也是旧有企业管理的弊端，实际上当下优秀的企业都是用丰厚的、诱人的物质与精神激励让员工更好地为企业创造价值。

二是经理人不能正确地认识自己的价值，认识不到自己的职责，甚至把自己也当成成本的一部分。错误的认识必将产生错误的做法。

三是激励不具有刺激性。重赏才能更有效地激励员工为企业的发展付出智慧与青春，员工不行动或行动力不足，可能是激励不到位所致。

（二）控制过严

凡事有张有弛，任何事物都是有两面性的，对员工的管理也是这样。任正非曾说过："管理严格反而使员工更加难管，那就换套薪酬激励方案。"他还说过一句话："华为的员工为什么会愿意主动去加班？那是得益于华为的分钱模式！"如果薪水不具有激励性，员工的工作积极性可能会不高。经理人要明白当下人力资源结构的变化，95后与00后已经占企业人力结构的大部分，这部分人最大的特点是学习能力强、自由度高。他们不喜欢长时间加班，喜欢朝九晚五的工作，喜欢宅在家里，不喜欢过多社交。

（三）赏罚的动力与压力

如果做出了好的绩效、创造了价值，企业却赏罚不分明，仍然按资历与职业区别对待，即便有奖励措施，也只是象征性的做法，不具有较好的刺激作用，就会让下属缺少应有的动力。对于经理人来说，管理工作中罚多于赏，喜欢惩罚与制裁，而缺少了鼓励与表扬，就会挫伤员工的主动性与积极性。惩罚在管理中应该是最有负面影响力的措施，也是负强化的一种表现。

正确赏罚应该是赏罚分明、奖惩结合，有奖有罚，才算公平。只会负强化，只会罚钱、批评，极易引发他人的反感，甚至会令其产生逆反心理，加剧上下级之间的矛盾。

经理人应以正面激励为主、惩罚为辅，应对事不对人，多用激励，尽量少用或不用惩罚。

当员工出现过错时，要以帮扶与关爱为主，毕竟没有哪个人愿意出错，愿意失败，只要工作态度没有问题，就要多从人文关怀与促进提升的角度来着手，让制度既要有标尺，也要有温度与感情。

(四) 目标问题

目前，企业各项目标与 KPI 的制订主要采用以下几种方法：

一是在制订目标的过程中员工参与过少，目标是经理人自己想出来的，是一言堂式的目标，目标的制订与激励没有科学性。实际上，科学的制订方式是由员工参与，从企业整体目标细分下来一些可行性目标。当员工有机会参与策略的制订过程时，他们会更清楚公司、部门与自己的目标是什么。而有目标的员工，工作会更加有激情，并能发挥潜能。

二是在年初制订全年的目标。当今经济环境与社会环境瞬息万变，年初制订的目标与实际情况脱钩，就需要在过程中复盘，而且有上进心的员工也愿意在过程中与领导协商如何修正目标。既然目标与企业环境不匹配，对于员工来说，目标就只是目标，经理人要求做啥事就做啥事，到了年底再用此目标进行绩效评估，这样，目标就不包含任何激励因素了。

而在企业工作中，正确的做法是管理者做要事，员工做正确的事。用一成不变的 KPI 来衡量管理员工的做法已经失去了应有的效能，对于 KPI，下属总会想办法完成的，所以，要适时修正 KPI，使目标具有挑战性，激励也更加有效能。

(五) 批评多于表扬

通常经理人大多是在企业里面做"警察"，每天都是在发现与解决问题中找到自我的存在感。有些经理人认为自己发现的问题越多，存在的价值就越大。因此，在工作中、在会议上、在沟通中，批评总是满天飞，用员工话来说"都听出了茧"。随着批评的增多，员工的负面情绪就会在企业里蔓延，在这样的企业环境中，员工何来业绩？

卓越的经理人是善于发现员工的优点，并引导其朝着有利于企业整体目标的方向努力，认为企业里面的每一个员工都应该被正视、被赞扬，这才是激励员工的正确方式。

专栏 6-4

字节跳动：激励让企业百花齐放

作为随着互联网创新快速成长起来的企业，北京字节跳动科技有限公司（以下简称字节跳动）不断创新企业机制与内部激励机制，将员工打造成企业的命运共同体，丰厚的激励给了员工长久的动力，促进员工在工作中不断创新，创造更大的价值。

1. 公司概况

成立于 2012 年 3 月的字节跳动，是最早将人工智能应用于移动互联网场景的科技企业之一，是以"全球创作与交流平台"为企业愿景的一家互联网创新型企业。

2. 淡化职级，创造和谐的企业文化

为了弱化"爬格子"带来的攀比，字节跳动要求员工职级严格保密，内部不讲职级，内部淡化头衔概念，只有当他们需要时才用到管理职级；内部倡导扁平化管理，禁止以"总、总监"相称，大家都以"同学"相称。字节跳动的创始人张一鸣是 5-1 级，应届生一般是 1-1 级，中级工程师是 1-2 级，2-2 级属于资深研发人才，3-1 级属于初级领导，3-2 级属于高级领导层，4-1 级、4-2 级、5-1 级、5-2 级属于不同阶段的高层管理者。

3. 丰厚的薪酬制度与激励机制

字节跳动的现金薪酬要比BAT（B指百度，A指阿里巴巴，T指腾讯）高出25%～40%，每月房补为1500元。不同序列间月薪基数差异较大，技术岗位的月薪基数整体偏高，如2-1级别的月薪会在两万元以上，2-2级别的年收入为60万～100万元（算上期权，会占30%左右）。

年终奖一般为0～6个月的工资，会在每年3月发放，如2019年9月入职会发2019年9月至2020年3月这段的年终奖。一般大多是15薪，如果年中绩效超预期多两个月年中奖，年末再超出预期差不多有至少7～8个月的奖金。

字节跳动半年调薪一次，每次只有30%参与。对于期权激励，比较好的2-1级、1-2级、2-2级的员工才有期权，回购价格为市场价的8折，已归属的期权员工可以带走。

4. 科学、公开、透明的绩效管理

字节跳动每年考核两次，一般在3月和9月。考核方式借鉴了谷歌的OKR+360模式，双月OKR可以在Lark上看到所有人的OKR，知道大家在做什么，你对应的大目标是什么。

360度评估就是每个人都可以评估别人，同样也会被别人评估，无论是领导还是普通员工。绩效考核结果从低到高为F、I、M–、M、M+、E、E+、O，共有八级，并会进行强制分布，对应年终奖和月薪百分比的涨薪，到了M就有涨薪机会，晋升面试主要也是看绩效考核。

5. 卓越的人才培养机制

字节跳动会根据每个人的特点，定制专属培养方案，不会用级别、职能来设限。

字节跳动各部门设有自己的"新人专属页面"。针对90后、95后校招新员工，公司还设有长期跟踪访谈机制和新人导师制，全方位助力新人成

长。图6-4为字节跳动的人才培养结构。

图6-4　字节跳动的人才培养结构

6. 鼓励内部创业

内部创业就是企业提供资源，让那些具有创新意识和创业冲动的员工和外部创客在企业内部进行创业，使企业变身为一个孵化平台，内部员工则变身为创客，双方通过股权、分红、奖励、文化等方式成为合伙人，最终共享创业成果的一种现代化创业制度。字节跳动的整个产品的孵化模式就是通过内部创业来做的，而且他们对内部创业有严格的要求，到一定期限如果达不到标准就立马关停。

（资料来源：作者根据多方资料整理）

三、管理者在激励中的错误认知

激励是管理者有效管理员工的工具，但是不要进入以下误区，让激励成为坏事，出现适得其反的情况。

（一）照搬、照抄激励措施

企业各不相同，同样每个行业也有每个行业的不同，如制造企业与高科技企业，由于其产品与市场不同，企业员工的层次也不同。所以，就需要有针对性的制订激励的措施，照抄、照搬其他企业的激励措施是不可取的。就像华为与阿里巴巴两家企业采用的激励措施，都是高报酬激励与股权分享模式，因为员工在企业里面创造的价值是巨大的，分享红利、共享成果是有基础的。而一般的制造企业，其生产的产品与产生的利润空间有限，员工创造的价值也有限，那么用同样的激励措施肯定是不行的。需要根据企业与行业的具体情况，做出合理的、科学的激励措施。

（二）认为高薪是激励的最好方式

采用高薪激励模式，首先高薪是有上限的，不可能无上限地进行实施，一来不利于企业的内部管理，二来也有违行业的标准，况且高薪激励随着时间的推移会让员工动力减弱，使其积极性与参与性降低。长此以往，会给企业带来更多问题，当薪水不能再有提高时，员工负面的东西就会出来，既增加企业的成本，又影响其他员工的情绪。

（三）职业升迁就可以万事大吉

职位升迁是管理者的管理权力，而有的管理者把职位升迁当成激励措施，对绩效做得好或工作态度比较好的员工，管理者就给予升迁，认为对他们有较好的激励作用，而实际可能恰恰相反。绩效做得好，不代表员工在管理方面有较好的胜任力。此外，用绩效来定义升迁标准，还会将员工推向尴尬的情境，因为一个人绩效做得好就被升迁，升迁后他的职责与工作会发生变化对他来说是一个新的开始，极有可能让他既管理不好团队，又不能做出原来的绩效。

（四）激励是公司的事

管理者一旦把激励看作加薪与分红，那么他们就会认为这是公司的事。但忘记了激励不仅是物质方面的激励，还需要精神方面的激励，而且精神方面的是最重要的，影响更久、更深的激励方式。

（五）给员工开空头支票

管理者激励员工常用的两种方式为口头赞美和物质奖励。其中，赞美是成本最低的激励方式，而且效果有时比金钱还有效。因为赞美的影响会植于员工的脑海中，是可以生根发芽的。赞美时要真诚，要有较强的逻辑，而不是单方面的吹捧，否则会让人产生负面的想法。激励不要限于口头上，只给员工画一个大饼，而不能兑现，长此以往会给员工带来负面情绪。

人与人之间的交往最重要的一点就是信任，开空头支票却无法兑现，与欺骗无异。受到欺骗的员工，负面情绪就会蔓延到周围的人，也会质疑领导的人格、人品。事实上，领导不是不能对员工许诺，但是承诺的事情务必要能做到，而且要衡量目标的价值。如果目标现在不容易实现，但以后很容易实现，那么这样的目标就不能作为承诺的对象。

（六）重视物质激励，忽视精神激励

精神激励和物质激励都是激励措施不可或缺的两个因素，且两者是缺一不可的。如果只用金钱来激励，认为给钱多就是对的，那就大错特错了，因为有的人未必是为了钱，可能是对精神或社会价值的追求。

物质激励只在某一个阶段有较好的刺激作用，不是万全之策，而且人都是有私心的，任何时候，人都希望有精神方面的激励，只是在某个时间点上的物质激励可能占了大比率而已。被企业认可、被社会认可是每一个人心里的期望，没有谁不希望被认同和尊重。

因此，在激励员工时，就要遵循物质激励和精神激励两重因素相结合的原则。同时，激励的方式要不断创新，并根据环境、时间和人的个性采取不同的激励方式，同一种方式的效果是会随时间及使用次数而衰减的。

> **章末案例** | 老板电器：深耕赋能路上，引领厨电行业管理创新之路

赋能是这个时代，人才唯一正确的打开方式。成功有两个重要的要素：一个是能力，另一个是激情。团队成功的关键是，尽量多赋能能力与激情兼备的高绩效人才。老板电器多年来深耕于赋能的路上，从氛围赋能、技术赋能、成就赋能多方面同时展开，开创了一条引领行业管理的创新之路。

1. 公司概况

杭州老板电器股份有限公司（股票代码：002508，以下简称老板电器）创立于1979年。创立至今，老板电器一直致力于用现代科技创造中国厨房，将中式烹饪的灵魂注入每一件厨房电器，让中国家庭的烹饪生活更简单、更健康、更有趣。

2. 赋能团队，人尽其才

老板电器以最高效、最务实的成本传承文化及创新知识、培育人才、整合资源、变革管理，最大限度地实现人才的增值，提升公司的综合竞争力并推动公司落实战略目标，完成并实现百年老板梦。2014年10月23日，经老板电器高层研究决定，成立了老板企业大学。目的就是赋能于团队或个人，让每个人都能发挥各自最大的再创价值，通过赋能，让人人愿意从心底为企业成果添砖加瓦并为此而不懈努力。

人才大学主要从内部人才发展、外部人才发展及超级公开课三个维度赋能于团队与个人，特别是高级研修班，通过共享资源与信息，从更高的维度赋能于组织与员工，不断创新，打造卓越的企业人才。

（1）人才计划

老板企业大学的人才计划分为内部人才发展和外部人才发展两部分，如表6-1所示。

表 6-1　老板电器人才计划项目

项目		内容
内部人才发展	向日葵项目	统筹各职能部门及业务部门的培训项目，提升专业能力，如技术中心昆仑之师、电商智享会、生产精益道场及班组长、品质 QCC 品管圈
	彩虹计划	公司高层打造具有全球视野及全球决策力的高凝聚力、高学习力的高管团队
	柠檬项目	对应届大学生快速融入职场的打造，分柠檬高潜班、柠檬管理班、柠檬技能班
	常青藤项目	公司中层公司文化及战略的宣贯者，打造高学习力、快文化力、强执行力、多元领导力等
外部人才发展	千人事业合伙人培养计划	拓展分公司级代理公司关键人才的视野，充分融入企业文化，为组织战略的扩张搭建人才储备库。为实现公司战略规划，突破百亿销售目标，针对全国营销团队目标激励，区域市场细分管理下沉为核心工作的战略行动，共分为领新、领英、领将、领袖四个阶段培养
	卓越领导者项目	与著名商学院长江商学院合作，开展两年一个周期的培养项目，拓展分公司及代理公司总经理的全球视野，打造全局观及全球决策力

资料来源：老板电器官网。

（2）高端品牌研修班

由老板大学牵头，将著名的品牌战略课程"里斯品牌定位"和"品牌美学"相结合，揭秘老板电器的品牌成功之道，为中国中小实体企业探询新常态下的品牌经营之道和转型升级之路提供借鉴和思考，针对对象为中小实体企业董事长、总裁、高级管理人员。

（3）超级公开课

邀请行业大咖、企业大牛，聚焦最新和最前沿的行业动态、管理经验、企业成功案例、社会热点等观点或看法，建立一个无边界观点的分享平台，参与的分享者没有年龄限制、没有性别限制、没有行业限制。

3. 创造新生，以科技赋能

老板电器自创立之初就深谙科研创新对厨电企业的重要性，近年更在国内外布局多个创新研发中心，聚拢世界优质的创新资源及人才，以强大的科技研发实力，为品牌发展赋能。

从无到有，从有到优，从制造到创造，从粗放经营到精细管理，老板电器的每一次突破都是厨电行业发展的里程碑，奠定了其行业领先品牌的地位。

未来，老板电器也将以技术创新焕发活力，持续推出高质量、高智能的创新产品，为中式烹饪赋能，为创造中国新厨房、构筑厨电产业新生态贡献力量。

4. 总结与启示

第一，互联网时代是人人创造与革新的时代。需要的不仅是激励，更是赋能，也就是给员工提供更高效的环境和工具，发挥员工的潜能。

第二，赋能是新时代最重要的组织功能。以人工智能为基础的大时代正在到来，未来无法被机器、人工智能替代的人，才是社会最有价值的人。他们以创造力、洞察力和对客户的感知力为核心特征，以创造带来的成就感和社会价值为最大驱动力。

第三，赋能比激励更需要依赖文化。组织的核心职能就是文化和价值观的营造。在赋能型组织中，为了赋能与组织文化相融合，管理者要积极思考，创造出与员工的价值观、使命感相吻合的文化，将员工的注意力吸引过来，奋发进取。给企业赋能前，首先要梳理企业的核心优势能力，确定企业转型升级方向和对标，如此才能更好地赋能，否则就会反受其害。

（资料来源：作者根据多方资料整理）

本章小结：本章重点讲述的是激励的艺术、激励中的误区、激励实施与激励的策略，从而说明激励对员工与企业的重要性，激励既不同于奖励,也不是重于金钱,是需要从物质与精神两方面同时展开的。激励中的物质分享不是分钱,而是挣钱,也就是说只有企业价值创造得更好,挣到更多的钱,才能分享到更多的利益。

同时,激励机制的设计还要考虑实施的可行性与科学性,需要兼顾企业与员工,让激励成为企业员工赋能与进取的更好的动能,创造出更多的价值。

>> 第三篇 组织赋能

组织赋能是职业经理人赋予整个组织能力和动力，实现业务与能力的同频共振。职业经理人通过目标管理实现有效任务分解，做到千金重担人人挑，人人身上有指标，从而改善组织的运行绩效，并通过有效授权，来提高下属及团队的自我管理能力和主动决策能力。

组织赋能主要从领导体系与目标管理两个维度来探索，从而拓宽经理人组织协同与创新，实现更广维度的赋能，以期达成更好的目标。

第七章

领导体系

> 互联网时代的经济以快为主，以赋能为主流，以创新为抓手，作为新业态经济模式下的管理者，需要顺应经济发展潮流，运筹帷幄，创新拓展各个领域的技能。用互联网创新思维武装自我，用数字技能开展工作，让企业在创新中稳步发展，让组织管理更加适应当下以快与变为主的经济大环境，从组织创新与制度创新多个维度进行深入研究，用智能驱动数字经济为企业或员工赋能，不断再造并创新。

我们只有改变，才能重生。改变，就在今天。越过山丘，风景必定独好。

——美的董事长　方洪波

开章案例　光明乳业·智能化+数字化先驱者

随着"互联网+"时代的发展及科技的进步，现代社会开始逐渐向人工智能时代迈进。企业内部流程需要智能化与数字化的创新，企业人力资源管理的信息化和智能化也需要创新来高效运作，从而提升企业各方面的核心竞争力。

1. 公司概况

光明乳业业务始于1911年，拥有100多年的历史，逐步确立以牧业，乳制品的开发、生产和销售为主营业务，是中国高端乳品的引领者。公司拥有世界一流的乳品研究院、乳品加工设备以及先进的乳品加工工艺。主营产品包括新鲜牛奶、新鲜酸奶、乳酸菌饮品、常温牛奶、常温酸奶、奶粉、婴儿奶粉、奶酪、黄油、冰激凌、烘焙等多个品类。

2. 拥抱新零售，开拓数字化转型领"鲜"一步

光明乳业自成立以来，就十分注重信息化建设，一直以数字化创新、技术管理创新及供应链创新为核心，努力为用户提供更便捷的方式、更实惠的价格、更有健康保证的直供品质鲜奶，把自己打造成为亚洲一流乳制品上市企业。其产业链如图7-1所示。

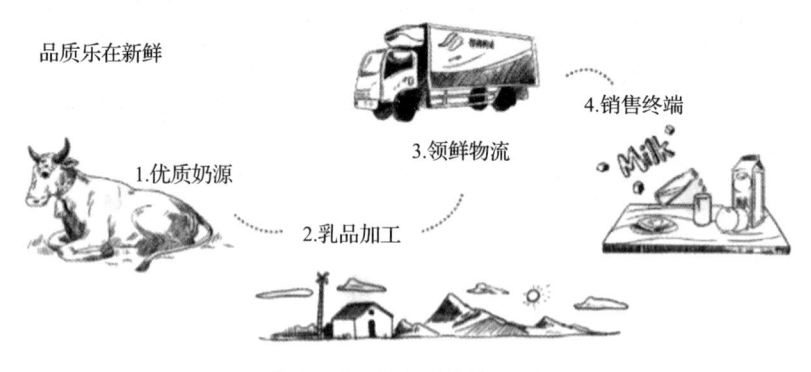

图7-1　光明乳业产业链

（1）上线Oracle ERP系统，企业基础平台的建立

国内，光明乳业是率先实施ERP系统的乳业企业，亦是一家较早建立扎实的、完善的信息化系统的乳业企业。2002年进一步引进Oracle iLearning，建立企业培训管理系统，促进全员的学习提升。

（2）供应链管理VMI——打造新鲜革命，让K/A的牛奶更新鲜

VMI供应链管理库存项目是为了更好地满足最终顾客和零售终端的需求，提高产品在分销渠道上的竞争力。借助于VMI数据分析提高订单精准度和处理效率，最终实现电子化订单、网上对账及支付的数字化模式。

另外，建立以预见"未来信息"为主要目的的预警系统与机制，对生产与物流进行有效监控，不但减少了损失，还提升了客户的满意度。

通过加强供应链"新鲜"体系深化"管理革命",重塑牛奶的全产业链可追溯系统,让消费者可查产业链的具体信息,透明产业链有力化解了消费者对乳业的信任危机,拓宽了市场。

(3)拥抱新零售,开拓数字化转型新征程

2020年,新冠肺炎疫情对社会经济发展带来了前所未有的冲击,实体经济被按下暂停键,而在线经济新业态则呈爆发式增长,以高效、便捷、共享为特点,在各个领域发挥着重要的作用,光明乳业积极拥抱变化并加速数字化转型布局,使实体经济与数字时代产生叠加效应。

3. 人力资源数字化创新

未来的人力资源管理必须要建立在大数据分析的基础上,才能更好地开展业务,通过数据驱动企业进行更好的决策。光明乳业引进了喔趣科技人力资源数字化系统,基于光明乳业不同厂家的 HR 管理的差异化,为了更好地创造协同效应,提升管理水平,集团从考勤方式、用工方式的管理、用工情况的管理进行数字化升级。从而让企业学会使用集成云平台并代替传统系统,构建良好的数字化基础结构。这项策略包含云企业资源计划平台、应用程序、数据分析和一系列人工智能、个案管理和其他解决方案工具,从而组建人力资源数字化团队。

(资料来源:作者根据多方资料整理)

第一节 新时代领导体系认知

当前,互联网经济席卷全球,在改变全球的经济格局与重构经济格局的同时,职业经理人的领导力成了一种稀缺资源,且职业经理人领导力的培养也因经济趋势发展而发生转变。在当下智能驱动数字经济的新业态环境下,领导者需要具有新时代领导体系的技能与能力,来适应新业态与新模式。因此，经理人要针对领导力进行提升与赋能。

一、领导者与管理者对比

这里的领导不是大家口中常说的领导，是指基于领导拥有的权力，通过自身的各种魅力与正能量，去影响他人或团队努力工作实现组织利益与目标的过程。领导的实质是影响力，是通过影响力塑造人、改造人、发展人的过程。

领导者与管理者有以下四个维度的区别。

（一）领导者的管理重在领导力与影响力，管理者的管理重在权力

从这一维度来说，管理者聚焦事物场景，领导者关注人为因素。管理者更多聚焦在事情上，所谓的对事不对人，是管理者应该有的态度，对事情本身可以参考解决方案，有制度、章程可以依照。所以，管理者更多是以一些客观事实、数据等作为判断的标准。

领导者更关注人为因素，因为同样的事情，不同的人接触，观点不一致，结果就会不同。所以，培养下属是卓越领导者的关键职业目标，当下属的能力形成之后，自然就会减少很多需要领导者出面的场景，领导者的精力就可以更多地放在思考和对未来的探索上，故领导者更多追求对于人才的识别、培养。

（二）领导者着眼未来，管理者是执行与实施

管理者是通过已知来解决当下的问题，就是在对当前事物、资源的分析判断都是清楚的情况下，解决当下实际发生的问题。这种及时处理问题的能力，是基于管理经验的，因为之前有过处理的经历，或者流程操作上有这样的指引，就可以依照去解决。所以，已知是一个特别关键的前提，为什么新上任的管理者会有一段迷茫期，就是因为没有已知的这个层面。已知怎么来？当然是通过学习、辅导等途径来获取。所以，持续不断的学习也是每个管理者必由的发展之路。

领导者是通过未知来解决未来的问题。那么，未知是什么？未知是领导者本身探索和创新的精神，既然要带领团队走向新的高度和更远的未来，那么光靠已知已经不行了。要更多地通过对未知的渴望，着眼于未来将发生的问题，或未来的挑战与机遇，所以视角和态度不同，也就形成了两者间的区别。

（三）领导者在队伍前面示范，管理者在队伍中间控制

管理者的知识、行为都是可以被标准化梳理的，有许多的管理方法论；尤其是新上任的管理者，通常会根据一些传统的管理知识进行学习和转换，从原来一个业务精英的角色转变成团队管理者，从原来一个人战斗到带领团队战斗，工作内容和场景发生了变化。有些企业的管理者更多是靠悟性，自己去总结管理的方法，而在一些相对比较大的企业，就会有一些指导手册、SOP（标准操作程序）等，把一些关键行为标准化，让其可以更快地适应岗位。

领导者就不只是基于流程制度了，其需要根据团队的不同阶段，调整带领团队的目标，故领导力单靠系统化学习是很难获得的。没有什么领导力模型是可以随时拿来套用的，因为很多时候是基于问题来思考解决办法。要想形成具有自己个性化的领导风格，就需要我们不断地修炼自身。

（四）领导者给出方向，做正确的事；管理者找方法并解决问题，正确地做事

管理者崇尚正确地做事，领导者研究做正确的事。这句话，其实不难理解，管理者是为了让大家一起用正确的方式做事，达成组织和团队的目标。

但是领导者，为什么研究做正确的事呢？因为我们知道，在当前的社会环境中，一个正确的事（方向、目标）比把事情做好更重要！往往很多管理者，已经具备很强的业务能力和管理能力，但是缺乏真正去研究什么是正

确的事,所以卓越的领导者,更多地会去筛选、评估哪些才是正确的事。

专栏 7–1

宇通集团:宇通创新,助力美好生活

人才是第一创新力,这是企业更好地发展的要诀之一。企业需要用不断创新的激励机制,激发企业内部的活力,实现科技成果的快速转化。在当前以快为主调的新业态下,需要有新的技术与新的成果创新才能助力企业腾飞,而关键就是企业创新文化与机制的引导与激励。

1. 公司概况

宇通集团是以客车、工程机械、环卫等商用车为主业,兼顾房地产、产业金融及战略投资的企业集团。产品主要服务于公交、客运、旅游、团体、校车及专用出行等细分市场,涵盖高档、中档,适用于全世界的各类应用场景。

截至 2019 年年底,宇通客车累计出口超 70 000 辆,大中型客车销量连续多年畅销全球,是中国客车行业的领军企业。

2. 激发科技创新活力

科技是国家强盛之基,创新是民族进步之魂。作为客车行业领军企业,宇通客车始终以科技创新为引擎,引领并驱动行业发展。2020 年,宇通客车举办了"2019 年度科学技术进步奖及产品线奖励表彰大会",其奖励总额达 961 万元,其中科学技术进步奖 535 万元,产品线奖 426 万元。强有力地激发了员工内部活力,实现科技成果的快速转化,为企业注入创新活力。

3. "新能源+智能化"前沿科技引领行业发展

宇通客车不仅掌握了新能源关键核心技术,而且还在安全性、智能化、节能等领域持续深耕。宇通客车正在以强大的技术研发能力和勇于创

新的探索力，持续引领客车行业向前发展。

4. 以创新敬时代，宇通客车全力推动行业进步

科技创新是驱动企业发展的利器，是保持整体竞争力、持续领先的关键要素。作为行业龙头企业，宇通客车一直高度重视科技创新工作，并且在科技研发上始终保持着较高投入。2019 年，宇通客车研发支出 17.74 亿元，主要用于 T7 系列车型、高端旅游、高端公交、CL6/CL7 等高端产品的完善与开发，以及自动驾驶技术的应用、五米微循环车的研究与开发等专项工作。

5. 国际市场开拓创新

不同于一般意义的国际市场拓宽，宇通客车的海外模式采用的是深耕市场的种地模式，而不是处处散种子，把每一个订单都当作种了，把每一棵种子从种值到收获的全过程予以全力服务，打造出一个全新的市场销售新模式，从而在国外为数不多的每个市场中都做到最好。不求最多，但求最好！

（资料来源：作者根据多方资料整理）

二、领导的前提

整合差异是职业经理人作为领导的前提，需要有开放的心态，良好的包容，信息的共享与信任，并扬长避短，找到利益共同点。

对于管理者来说，整合差异就是利用资源与挖掘资源潜在价值，去伪存真，既要利用卓越的人才，也要发现普通人员的潜力与可造价值。人无高低优劣之分，必须摒弃偏见，整合差异，找到有利之处。

对于管理者来说，不能只看到自身的利益，而是要本着双赢、利益共享的原则来管理企业的外部资源。换句话说，既要企业健康持续发展，创造更好的业绩，也要与相关产业的企业共同谋利、谋发展。要本着一损俱损，一荣俱荣的管理思维来对待新业态下的经济发展。

三、领导力与执行力

领导力是围绕战略意图系统思考、设计、运营的能力。传统理解的领导力主要从二元论、特质理论、环境变量维度来测度领导力的效果。在数字经济背景下，更侧重于从战略意图视角，通过整个公司的赋能程度来衡量领导力的强弱。以往过于放大了领导的个人影响，忽视了领导对整个组织赋能的作用，而在数字经济时代领导赋能组织将发挥更大的作用。

执行力是员工贯彻战略意图，完成预定目标的操作能力，以往过多的关注员工个人的执行力，忽视了组织体系对执行力的影响。员工执行力以结果为导向，执行力的好坏不仅受到个人能力的影响，还受到组织体系的影响，其中组织体系运行的有效性起到至关重要的作用。

从领导力到执行力就是领导者对组织全面赋能的过程体系。领导力以战略为导向，充分体现个人的权威、魅力及带领团队的能力，但更重要的是给组织赋能，建设组织运行体系，如图7-2所示。

图7-2 领导力与执行力的关系

（一）以个人为中心的领导力与执行力赋能

（1）以个人为中心的领导力赋能。要求领导者提高个人战略思维和领导艺术，主要体现在提高概念技能和技术技能，强化与团队成员的沟通协调能力及领导艺术。具体操作上，要求忘记过去，打破思维惯性及路径依赖，进入数字化时代，并不断学习，驱动自己及员工共同成长。

（2）以个人为中心的执行力赋能。执行力是实现组织战略意图、落地运营的能力，要求以结果为导向，忘记过去的成就，以终为始，快速进入数字经济时代，持续学习，驱动自我成长，快速提升操作运营能力。

以个人为中心的领导力与执行力赋能如图7-3所示。

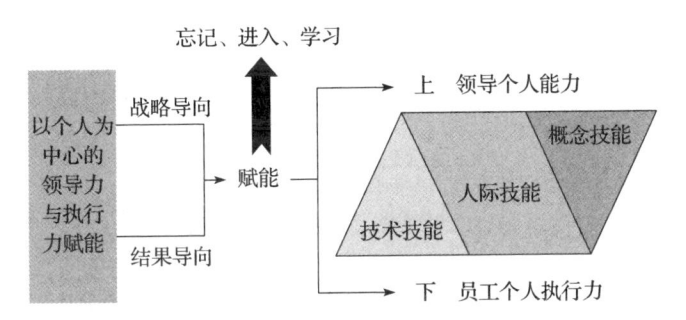

图7-3 以个人为中心的领导力与执行力赋能

（二）以组织为中心的领导力与执行力赋能

领导力成功有效的关键是给组织赋能，建立落实战略的运营体系。从理念、组织、制度、流程、方法、机制等方面完善战略意图落地的运营体系。具体包括以理念为核心的文化体系，以组织为核心的治理体系和管控体系，以制度为核心的行为体系，以流程为核心的操作体系，以方法为核心的方法体系，以机制为核心的激励体系及协调体系，如图7-4所示。

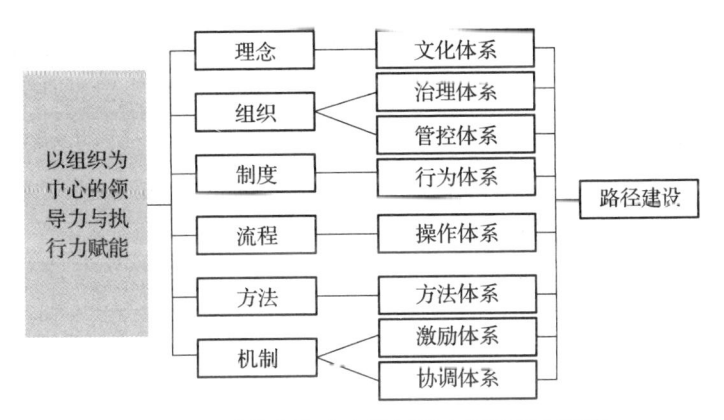

图7-4 以组织为中心的领导力与执行力赋能

（三）以路径为中心的战略意图贯彻体系赋能

领导者在完成个人赋能及组织赋能等基础能力建设之后，则需要依据战略意图采用战略地图、平衡记分卡（BSC）、关键业绩指标（KPI）、目标路径等方法，进一步建设战略落地的执行力体系，如图7-5所示。

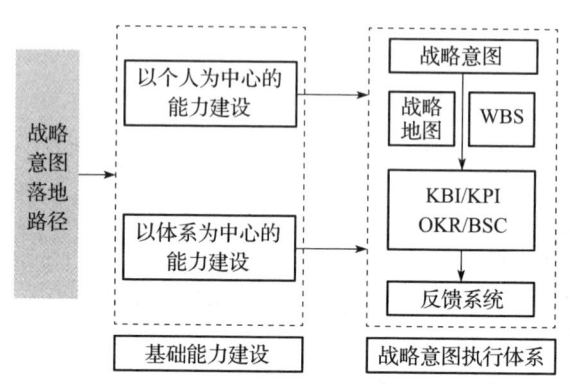

图 7-5　以路径为中心的战略意图贯彻体系赋能

（四）以数字为中心的智能化运行体系赋能

依据战略意图，结合落地路径，进行数字化赋能，建立以数字为中心的智能化运行体系。智能运行体系包含战略意图实现的运营架构、数据标准和数据平台。以数字为中心的智能化运行体系赋能如图7-6所示。

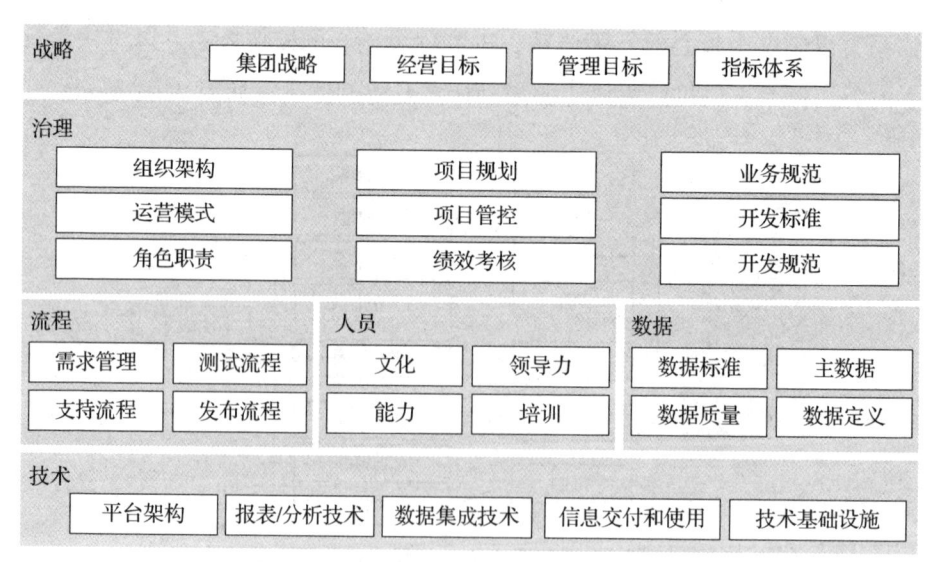

图 7-6　以数字为中心的智能化运行体系赋能

专栏 7-2

西贝：餐饮界"黑马"

数字经济带来各行各业的重构与裂变，作为与人交流更加广泛的餐饮行业，更需要基于人的多变需求做出多变的管理，其中管理的创新尤为重要。

1. 公司概况

西贝是 1988 年 5 月在内蒙古创立的一家餐饮企业，创始人是贾国龙，是一家集酒楼、餐厅和餐饮职业学校的餐饮连锁企业。2018 年营业收入达到 50 亿元，荣获"2019 年度中国餐饮品牌百强"。

2. 合伙人计划："创业分部 + 赛场制"

"创业分部 + 赛场制"是西贝创新的组织机制，使西贝创业团队在控制质量和保证品质的前提下不断裂变扩张。

（1）创业分部

西贝有 15 个创业分部，这些分部以总经理为核心建立，甚至以总经理的名字命名。西贝打破了餐饮企业传统的按地域划分为华东区、西南区等的做法，允许在同一区域有两个分部同时开展业务，但总部会协调双方门店的选址，避免恶性竞争。每一个创业团队都是西贝的合伙人，拥有分红权。年营业额最高的一个团队做到了超 10 亿元。每一个门店持股 40%，总部持股 60%，且门店持股的 40% 由门店自行分配。

（2）赛场制

为了激活组织的活力，西贝鼓励员工内部竞争，采用了给创业团队发放"经营牌照"的机制。西贝总部每年会组织考核团队深入门店对创业分部的门店利润、顾客评价、菜品创新等指标进行考核，然后进行"全国大排名"。根据排名的结果，西贝总部将收回排名后 30% 的管理团队的"经营牌照"和股份，并将其团队打散后重新分配。处在分配期中的员工，总部会发给工资。

西贝总部会对新开的店提供前三个月的资金成本，三个月后新开的店就必须实现盈利并与总部兑现持有的股份。

3. 精益化管理模式：提升顾客体验感

西贝每家门店都有一台红冰箱，上面写着"消灭不良品，道道都好吃"，目的就是发现不良的菜品与不满意的产品。西贝有一个考核标准，退菜率必须要在1%以内，即100道菜只能退1道。西贝的红冰箱制度并不是为了追究谁的责任，而是为了通过分析红冰箱内问题菜品的原因，找到店内潜在的问题。

这样西贝就可以通过红冰箱筛选出顾客不喜欢的、没有竞争力的产品，持续优化店内的菜品。

通过红冰箱制度，不仅提升了顾客的就餐体验，还能让餐厅进行自我审视，得到更多的进步，可谓是一举两得。

4. 立足主业，不断创新

2020年新冠肺炎疫情期间，西贝受到了强烈的冲击，客源急剧下降，为了缓解企业的成本压力，留住企业的人才，积极参与到盒马鲜生创新的"共享员工"中去，并且也创新出了西贝经营的新模式，即快餐及线上食品零售化。西贝正不断丰富自己的产品品类，并开发更符合年轻人喜好的副产品，持续吸引顾客注意，加上线上、线下的多渠道共振，持续打造自己的特色菜并支持在线上渠道售卖，丰富自己的渠道，让自己更有竞争力。

（资料来源：作者根据多方资料整理）

对于领导者来说，权力大过能力，即领导力最重要的是权力，是首要前提，能力排在次位。当然不是说能力不重要，两者是相辅相成的关系，也不能说领导力就是领导的权力，其包含权力与影响力。权力是基础，影响力是关

键。一些管理者只会用权力来带领团队，而不会用领导力，也就是说管理层缺乏影响力。管理层缺乏领导力或影响力是很普遍的现象，很多人认为管理层就是用权力来管理的，没有认识到有领导力这回事。所以，缺乏领导力是因为对管理的认识不足，没认识到领导力的重要性。

四、领导者自我修炼——领导力开发

领导力就是领导者用个人的魅力、专业高超的技能与文化素养去影响他人的正能量，实际表现为与他人交往和领导活动时能够影响和改变他人心理和行为的能力，其实质是一种人的影响力。

领导力无法通过组织直接赋予，而是需要通过学习和积累来获得，并通过员工的接受度来体现，从而对组织绩效产生影响，基于此就产生了领导力开发的问题。领导力开发的实质是帮助现在的或未来的领导者有效获取所缺乏的能力素养，其根本途径有以下两种。

（一）基于领导力的自我提升

领导力也是领导者引领一群人自愿为达成目标而努力奋斗的影响力，且影响力包含权力、魅力、情境，所以也可以视领导力 =（权力 + 魅力）× 情境。所以，领导力的自我提升要从权力、魅力与情境三要素分别进行。

（二）基于外在的教育训练

领导力开发四维度包括品格引发敬爱感、知识引发信赖感、才能引发敬佩感和感情引发亲切感。

（1）品格引发敬爱感。领导者品德高尚，道德水平高，会使员工产生敬爱感。

（2）知识引发信赖感。现在企业的大部分员工都是知识型员工，企业不是非要求技术性员工做管理者，但是管理必须依赖于知识与技术。

（3）才能引发敬佩感。才艺能使领导产生一种特有的魅力，让员工产生一种敬佩感。

（4）感情引发亲切感。感情融洽，就容易沟通，就会创造一种和谐愉悦的工作氛围，使员工产生亲切感。

除上面四个维度外，领导者爱学习、善于学习也能让员工感到领导者的魅力。卓越的领导者或职业经理人都是善于学习的人，时代在前进，科技在发展，在当今万物互联的时代中，一日不学习，世界就像隔开了一扇门。故管理者需要建立自我学习赋能的习惯，从而散发出无穷的潜在正能量，进而影响他人。

对于教育培训，有很多种方式与方法，一般采用以下几种：

（1）阅读图书。要想了解最新的管理知识及行业的前沿技术，就要阅读一些专业书籍来补充营养。

（2）免费讲座和研讨会。当下互联网时代的慕课或公益课多种多样，有利于相互交流心得。

（3）收费的公开课及专业大会。想要学习更加专业的技能和知识，就需要参加一些专业类课程和会议。

（4）内训。有针对性地参与企业内部各类相关的培训课程。

（5）线上社区交流。共同分享与交流，开放与融合，能使已有知识和技能更加融会贯通。

（6）反思与总结。对自己的工作进行定期的反思和总结，将相关心得整理成书面的文字是一种很好的锻炼，有利于实践经验的理论提升和自身的专业化发展。这也是当下流行术语——"复盘"的运用。

专栏 7-3

大唐网络：创新助力企业腾飞

企业领导者若想员工与企业同舟共济，就需要让企业与员工成为命运共同体，共享利益，共享风险。这样才能使员工发挥更大的创新价值，让企业获得更多机会。大唐网络立足于当下互联网时代创新风口上，基于5G、大数据、智能化等，着重从内部挖掘资源与技术，走出一条独有的特色发展之路。

1. 公司概况

大唐网络是专注于5G边缘服务的新一代信息技术公司，构建以"5G边缘服务平台"为主体，以"5G应用创新中心"和"5G产业引导基金"为两翼的"一体两翼"创新发展模式。围绕5G新基建领域，发展5G网络、算力基础设施建设，已初步形成"云网边端"协同能力。在"5G+智能制造"、车路协同、智能识别、电竞、智慧警务等领域落地5G创新应用解决方案和相关产品。

2. 从内部衍生到协同内外：内部技术和资源＋外部创意

大唐网络采取内部技术和资源＋外部创意的模式，创建了369云平台（见图7-7），为创业者提供基础技术模块和对接公共行业数据资源。外部创业者提供信息与点子，内部借用369云平台共享，做到有效的信息共享，从而创造出更好的价值。

图7-7 369云平台

3. 应用型人才和实践能力培养

卓越人才是效率的保证，更是企业长远发展的基石。通过校企联合，共建能力达成课程体系，提升复合型卓越大学生人才的培训标准。通过企业项目场景，实践教学，培养更加适合企业与行业发展的人才库，培养出更加适合国家5G发展与创新应用型人才。既是高等教育创新化战略的需求，也是实现企业新发展的需要，同时也为大唐网络的持续创新创造了沃土。

（资料来源：作者根据多方资料整理）

五、领导力提升策略

领导力的提升可以从以下几个方面来赋能：

第一，认识自我。作为一位领导者需要清楚地认识自己，知道自己的不足与优势所在。即便不是360度全面解析自我，也要用SWOT来认识一下自己。知道自己的不足，进行补足或改善，通过多维度赋能提升自己。善用周围的资源为己赋能，毕竟善于用人、乐意发现人才、发展人才才是领导者的卓越之处，也是成就他人并成就自己之举。

知道自己的不足，就要提前准备，不打无准备之仗，不仅能产生更深层次的影响力，还能成为下属眼中具备全方位能力的领导。

第二，打造个人IP品牌。古人云：厚德载物。领导者的品德决定了其影响力与企业的深度，领导的良好品德可以影响企业的未来。优秀的品德包括坚忍不拔的毅力、不怕输的心态、敢为天下先的创新、敢于承担与未雨绸缪的洞察力等。

第三，持续学习，与时代同步。在这个快速迭代的互联网时代，人人都需要不断学习，持续学习，不学习就难以有新的认知，无法更好地把握未来的经济发展方向，毕竟市场的蓝海总是给予先知先觉者的，而且作为领导者持续不断地学习也是提升领导力的必由之路，不能与时代同步，不能与经济时代共舞，领导者就是固步自封，就有可能会在刀刃上行走。同时，持续学习还能潜移默化地引领企业的文化氛围，在学习中给企业带来更好的价值与发现。

换句话说，领导者要懂行，懂行的难点有两个：一个是不仅要自己懂行，还要有能力培训他人；另一个是一个专家带着一群外行也很难提高效率。

第二节　领导者的十九个金句

经理人的领导能力需要从以下十九个方面来提升，让其成为卓越的领导者。

（1）领导者要让别人感觉好，不能只让自己感觉好。领导者要懂得站在对方的角度看问题，要本着舍得原则来管理下属与团队，以及与企业外部协作时要让对方感到可以双赢。领导者不能独占一块田，独享一片森林，要与大家共享。只有让对方感觉好，才能有效调动所有的资源为达成共同的目标而产生价值。

正如《菜根谭》里说的那样，待人宽一分是福，利人实利己的根基。这里也是从另外一个方面来解析让人感觉好，就是实现双赢与共赢。一个懂得让别人舒服的人，他们知道善待别人，其实就是在帮自己。成就他人，也就成就了自己与整体的目标。

让别人感觉好，企业内部管理需要注意以下五个方面：

第一，看破不说破，看穿不揭穿；

第二，不言人私，不揭人短，不戳痛处；

第三，不趾高气扬；

第四，不对别人品头论足，指手画脚；

第五，功劳是大家的。

（2）领导他人与自己单干需要几乎完全相反的动机和技能组合。卓越领导者从来不会自己单干，而是清楚如何领导下属来达成目标，这是卓越领导者的本色，综观这么多卓越企业，没有哪一家企业是领导者自己做成的。因为自己做，为了做成事，私心就会重，就会瞻前顾后，左顾右盼，风险重重，而且一个人很难具有全方位技术与能力，为达到目标，也可能会牺牲很多，即便能做成，也未必长久。

领导他人，则重在方向与战略，是利用下属的技能达到目标。群英荟萃，各个方面就考虑得比较周全，无论是技术还是品质都能考虑到位。

（3）领导者是硬权力与软能力的完美结合。硬权力是组织或职位给予的，是冰冷的，没有温度的，单一的使用硬权力不利于组织长久的发展，领导者不能只用冰冷的原则来制约人、管理人。硬权力主要针对的是事。

软能力是领导者权力的延伸，主要是指领导者的魅力与技能，以及领导者卓越的管理策略，是有温度与感情的。软能力主要针对的是人。

管理是以"事"为主，领导是以"人"为本。如果领导者只会管理人，不会领导人，组织工作就会非常累，因为人是不会一动不动地在那里让你管的，所以，唯有学会将"硬权力"与"软能力"完美结合才会使组织工作变得轻松和高效。

（4）领导者的本质是影响力，是通过影响力塑造人、改造人、发展人的过程。领导者是通过影响力与领导力去管理团队与下属的，领导力是领导者个人魅力与职业素质及优秀品质所渗透出来的正能量，它在潜移默化地影响着团队，引导团队中的每一个人参与到管理进程中来，而且是心甘情愿的，是发自内心愿意追随领导者的。这是卓越领导者管理的最高境界，是一种氛围，一种潜在的正能量与核心能量。

故领导者要注意个人影响力的打造与特色，领导者的所作所为，甚至言行举止都有可能被团队中的人所学习。领导者就要努力用无形的正能量去塑造人、改造人，更重要的是发展人，给团队中的每一个人赋能，注入活力，打造一支敢打、敢拼、敢闯的胜利团队。

（5）领导者最稀缺、最宝贵的是绩效。领导者是依成败论英雄，即用卓越的绩效来衡量，没有好的绩效，就不会提升影响力，领导力也会减弱。所以说，领导者最稀缺、最宝贵的是绩效。

（6）领导者要在做事与做人之间实现有效平衡。领导者在领导过程中要综合利用科学与艺术、理性与情感、智商与情商。在做事与做人之间达到科学的平衡，让下属折服。

（7）管理是非人格化的约束。管理是以控制为导向的管理过程，而领导是以个性化导向为主的管理过程，重在激励。

（8）管理是制度的主人，领导是变革的主人。管理的过程重在稳定，而领导的过程重在发展，重在企业的变革与创新，且着眼于未来。

（9）组织必须警惕管理过度。管理过度是管理者最大的资源浪费，也是导致企业或组织变差的因素。管理过度在企业中很常见，特别是在快速成长与技术发展阶段，组织层层审核、流程繁杂、会议过多等都属于管理臃肿的范畴。其实这都是管理者没有信心、不相信下属、没能有效赋能与授权的表现。领导者需要放开手脚，相信下属，给下属更好的发展机会与空间。

（10）领导者应该执经达权，因时、因地、因人、因事制宜。执经达权就是凡事先想，一切遵照规定，然后才随机应变。创新要适时适当，因地、因环境、因人而异。简单来说就是按照管理法则来应变，执经达变。以不变应万变，变中有静，静中有动，这样的领导境界才是合理的。卓越经理人之所以卓越，就是在既定的原则内，会有所创新，有所突破，不会一成不变。"变"是卓越经理人永久的信念与策略。

（11）领导变革的最佳方式是坚守原则，行为激进。指领导者做人做事要有原则与底线，不会为了谋利而丧失原则、为了达目标或利益而不择手段，其实这也是做人的处世哲学。

行为激进是指领导者要有机敏的思维和科学发展的意识，善于创新，愿意接受新的事物，敢为天下先，这也是新时代管理者成功的良策。过于故步自封，不用激情拥抱新生的技术与事物，终将被社会所淘汰。

（12）领导者应该学会向上发挥影响力，拓展工作主动权。领导者在领导的过程中，既要为组织与下属服务，也要行使权力。既要营造良好的工作环境与搭建平台，也要发挥上级的激励；既要明确规则，也要授权有度。

向上需要争取更大范围的权力与利益，既要权力，也要利益，从而为更好地开展工作创造机会与空间。领导向上管理获得权力,拓展工作需要平衡,而非偏向任何一方。

(13)管理者执行学派的本质是知行合一。知行合一不仅是一般意义上的理论与实践相结合;而且知与行没有先后之分,既在未"知"的情况下,也可以"行";在先"行"的前提下,才来了解"知"。单一说某一方面,或者单一执行某一方面都是不断创新的过程,一味地等待,会失去很多的机会。

(14)领导者是内圣外王,执两用中的管理过程。修己安人,内圣外王是儒家哲学思维。孔夫子讲,修己以敬,修己以安人,修己以安百姓,即修身,治国,平天下。领导者需要很好地修身,提高自己的修养与能力,各方面的举措不会让下属不安。

执两用中,出自《礼记·中庸》:"执其两端,用其中于民,其斯以为舜乎?"即经理人做事要善于阴阳结合,不能过于追求极端的做法,要预留一些空间。做人做事需面对变化万分,如何应对?是众人十分头痛之事。聪颖智慧之人,善于学习借鉴并衡量利弊,从中选择最为合适之道,方能最大可能地减少阻力,获得通途,这其实就是古人所言的"执两用中"之法。

现代人做人做事往往容易激动而不计后果,其实就是不懂"执两用中"的道理。在行为处事之前,多想想利弊和后果,多思考一些解决的方法,多争取"双赢",结果就会大不同。

(15)领导者重在预防而非"消防员"。预先管理,风险决策是卓越领导的能力,领导者必须用良好的洞察力发现未来或过程中的潜在风险,及时予以修正并做出对策。另外,在管理过程中,需要下属提供选择题,而不是问答题,这也是领导者预防管理最好的策略。

(16)领导就是服务。低级领导多做事,高级领导多做人。卓越的领导就是服务,服务就是给团队更好、更广的空间,给下属更好的舞台,一切为企业的整体价值目标创造条件,提供资源与各方的需求服务。

(17)信任和尊重他人,得到的往往比期望的还要多。领导者基于信任与尊重的需要，良好地授权，懂得放权，团队与下属就会创造出更好的价值，这是领导者管理的基础。

（18）领导者干在实处，走在前列。困难来临时领导者要干在实处，走在前列。在困难与失败面前不推诿，敢于担当。领导者最大的毛病是显摆，凡事过于张扬就有可能处处树敌；领导者最重要的修炼是藏拙，即大智若愚。

高处不胜寒，领导者注定是孤独的，因为领导者的世界是普通人难以想象的，而且领导者的荣誉与凄凉是共存的。

（19）领导者需要提高四个维度的素质：改善形象、增强魅力、彰显风范、自我修炼。这四个维度主要是提升领导者的影响力，有效提升领导力的修为之道，而且领导者也需要本着缩小与下属的心理距离、拉大能力距离的原则来提升自我。

第三节　数字时代职业经理人领导力创新

数字经济时代是以智能驱动数字经济并且重塑整个行业新业态，多方融合再创的时代。用传统的管理模式成本会增加，效能也会降低。需要与时代同步，顺应数字时代的潮流，做出管理者的创新与新变革，用数字经济武装管理者的头脑。

在新的环境下，企业也进入了一个全新的经济大环境，充满了未知与不确定性，数字时代给不确定的观念、思维方式、行为方式、领导力，以及阻碍企业成长的组织与人才机制提出了巨大的需求和挑战，需要做出变动。特别是受近两年的互联网区块链技术与去中心化的影响，牵涉各行各业，每个企业都受到了互联网的冲击，绝大部分企业都在主动或被动地进行着企业发展方向、商业模式、盈利模式和产品线的转型。对此管理者就要重新认识以上四个要素在当今环境下的不同与转变。

一、数字经济时代的概念

数字经济时代是一个充满智慧的时代，也是一个需要转型发展的时代。对于企业来说，数字经济时代是市场机遇重新分配的时代，是机会与风险并存的时代。当下数字经济、新基建和区块链的话题，已让管理者深刻意识到数字经济作为一种新的经济形态，是数字化的知识与信息的关键生产要素，是以数字化技术为核心驱动力、以智能化驱动为内在推动力，重塑整个商业的业态与行业再整合与融合，重构经济发展与创新模式的新型经济形态。而对于企业管理者来说，不仅要知道数字经济背后的商机，更要知道它会为企业带来什么样的深远影响。那么，不能清晰地知道数字经济时代的意义，就会错失很多的机会与商机，新的发展与创新也是比较艰难的。

二、数字经济的特征

大数据是互联网经济模式的最大特点，数据为王成为最重要的资源，如何从数据中发现机会、找到蓝海是当下企业管理不断探索的过程与未来。

（一）数据成为经济发展最重要的资源

数据在当今企业经营及管理的进程中至关重要，它能快速带来生产力，找到企业中的不足，减少损失，降低成本，数据分析成为企业制胜的法宝。而在国家层面，数据也是经济与技术发展的核心资源与要素，成为国家之间竞争的核心资源，也是当下最紧缺、最稀有的资源。可以说，拥有了数据就拥有了一切，数据成为打败竞争与垄断，打败落后的重要武器。

（二）数据存储是最重要的条件

在数字经济时代，数据成为推动经济发展的关键生产要素，而数据的存储也就成为当下最关键的因素。无论是国家还是企业都在花巨资建造数据存储的设备，没有较好的存储设备就不可以很好地利用这些数据。数据存储也带动新的数字技术存储升级与改造创新，通过技术创新，让海量数据可利用成为关键。

（三）数据时代核心就是去中心化

在数据时代，企业的很多信息是公开透明的，是可以共享的，从而减少了传统经济数据模式的高额成本与节点累加的成本。从这个方面说，哪家企业能拥有数据，利用好数据，就能更容易发现潜在的商机与蓝海。对于企业来说，要尽快以去中心化的思维来重新创新企业的经营与发展之路，不谋未来何以谋生存。

专栏 7-4

卫宁健康："互联网+医疗服务"新模式

企业快速发展离不开行业机遇，企业的业务能力提升离不开核心竞争力，特别是在医疗信息化行业，能够前瞻性地抓住互联网新业态下的医疗新模式，敢于创新与突破，就能傲视群雄，引领市场，并取得丰厚的成果。

1. 公司概况

卫宁健康是国内专注于医疗健康和卫生领域整体数字化解决方案与服务的高新技术企业，业务覆盖智慧医院、智慧区域卫生、"互联网+医疗健康"等。2020年3月，卫宁健康以420亿元市值位列"2020胡润中国百强大健康民营企业"第29位。

2. 创新"互联网+医疗健康服务"（四朵云）

卫宁健康以推动行业数字化转型、提升健康服务水平与人们就医体验为愿景。在夯实医疗信息化产品和服务的同时，积极利用新兴技术开创新的医疗健康服务模式，前瞻性地布局"互联网＋医疗健康"领域，全力推进"云医""云药""云险""云康"和"互联网创新服务平台"协同发展战略，打造"4+1""互联网＋医疗健康"生态格局，形成了"闭环"的互联网医疗生态圈；经过6年的发展，已经初具规模。

3. 智慧医疗业务条线广＋覆盖全国

卫宁健康是大健康行业的"智能引擎"，公司业务覆盖医保基金监管、医保支付方式改革、医保基金运行管理、商业健康保险智能风控、医疗机构精细化管理等，应用大数据、人工智能等技术，为医保、商保、医疗等各方提供解决方案与服务体系。卫宁健康业务线覆盖很广，涉及智慧医院、区域卫生、基层卫生、公共卫生、医疗保险、健康服务等领域。卫宁健康和创业惠康（以前叫创业软件）是行业中纯正的医疗信息化企业，卫宁健康的占有率为9.3%，高于创业惠康的5.7%，如图7-8所示。

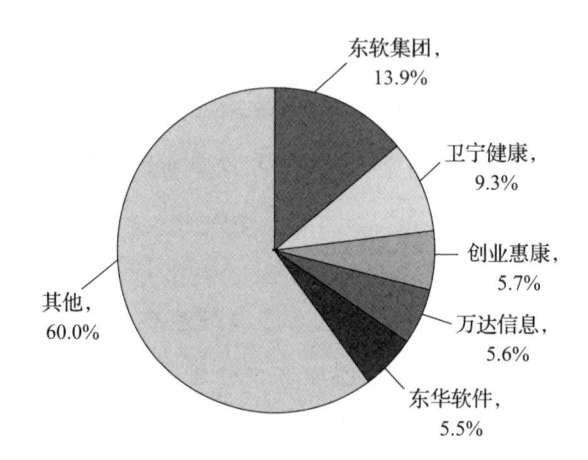

图7-8 医疗公司市占率

图片来源：IDC《中国医疗行业IT解决方案市场预测，2018—2022》，国金证券研究所。

（资料来源：作者根据多方资料整理）

三、数字经济的未来

在万物互联快速发展的数字时代，管理者必须清楚当下企业所处的环境，并且做出科学、有序的管理变革，时刻用变动思维来决策，领导者也要面对新的环境提升个人的领导力。

（一）数字经济时代的特点

市场环境得以不断开拓创新，也给了企业更多前行的动力。当下的市场环境"变"是主旋律，"快"是主节奏。任何企业都不能置之度外，需要因时制宜，不断开拓创新，而且当今的市场销售格局也发生了转变，大数据可以依个人的喜好，有针对性地进行目标销售，市场也由买方市场转为定制化市场。与此同时，信息的传输、互联网去中心化、任何企业及产业链都是公开透明的，相对应的成本也是公开透明的。因此，领导者就要从以下三个方面来提升个人领导力：

首先，在数字时代领导者要善变与敢于变。这里的变主要是针对数字时代的人力资源情况做出的变，由于受互联网的影响较深，数字时代的人力资源发生了很大的变化，针对这类群体，领导者要懂得授权与信任，给予他们资源与支持，因为他们接受能力强、敢于接受新事物、爱自由、不愿意受约束。

其次，信息的获得与洞察力需要快速。信息传输快，更新迭代也快，因此领导者需要在满天飞的碎片化的信息里找到可利用的、有价值的信息，并且在管理中做出应对与改变。任何迟疑都有可能错失良机。

最后，重在技术提升与内部成本改善。信息公开，成本公开，那么领导者在企业或组织内部的重点就是提升企业的技术能力与企业内部的开源节流，而不是从产业链上找机会。

（二）企业拥有了更多的发展空间和开拓领域

数字时代信息的公开，领导者需要用慧眼发现潜在的商机与差异化的市场潜力；或者依据当下的情况，提前布局，从数据中找机会，创造机会。

领导者要在公开的信息找到产业链上最有利的合作伙伴与机会，不是找最好的而是找最适合的，要本着双赢与共赢的态度来对待产业链上的合作者。

（三）企业管理更加智能化和现代化

互联网信息传递的快捷性、信息采集的及时有效性、数据分析的科学精准性，让企业智能化管理成为现实。例如，亚马逊用AI智能管理在线的员工，并且根据规则做出的开除处理，就是智能化企业管理的一个小缩影。

这就需要领导者不断学习，与时代共同进步，从而让自己的影响力与权力得到有效的巩固。

在数字经济时代，快是主旋律，团队或个人工作中的商机与技术创新发现也需要快速做出决策，如果还是如之前一样层层申报，机会可能稍纵即逝，故此就需要团队或个人借助数据信息自主决策，从企业老板的角度来审视。除此之外，为保证决策的正确性，领导者需要传递使命感，赋能下属，让其明确领导者的意图，通过组织文化建设，帮助下属放大个人价值，以此建立使命感和提高归属感，充分发挥有纪律的能动性，引领团队合力推动组织。

通过赋能个人与赋能组织，个人与组织的潜能得到了发挥与有效挖掘，那么领导者的领导力就会发挥到最好，企业也将创造更好的价值成果。

章末案例 施耐德：HR信息系统整合及自动化赋能HR

面对新经济、新组织、新人类，人力资源如何利用新技术进行数字化转型，实现团队组织的智慧协同，提高生产力；提升新人类的整体体验，赋能员工；打造组织创新活力，激活组织。施耐德集团多年来致力于大数据和 AI 技术在企业中运用，赋能于 HR，让 HR 满足技术快速发展的时代，高效解决日常操作中高重复、低价值的工作，也思考如何利用智能化手段最大限度地加速"零服务"，在与员工交付的时候就解决问题，而无须后续人工操作的介入。

1. 公司概况

施耐德是全球 500 强企业，致力于全球能效管理和自动化领域，也是中低压配电及工业自动化行业的领先者，在能源与基础设施、工业、数据中心与网络、楼宇和住宅五大市场，为客户提供全生命周期的能效解决方案。赋能所有人对能源和资源的最大化利用，推动人类进步与可持续的共同发展。

2. 大数据的系统理解与运用

只有大数据系统才具备充分的数据处理能力，有效快速的整理分析给管理者更好的数据建议支持。在软件层面，数据消费者具备一定的数据洞察力并且对数据的需求明确、清晰。

施耐德推动数据转型，已为企业人力资源提供了可行性的人力资源常规性的数据，通过 BI 工具将基础报表进行可视化整合，提高了数据的直观性及易读性，实现了真正意义上的数字化转型，提高了管理者的决策效率、科学性及可靠性。

为了有效帮助企业 HR 做出决策，做到更具前瞻性，施耐德正在尝试搭建更有效的数据模型，实现真正意义上的让数据说话，从而让当下 HR 工作更加完美、高效及精准，如图 7-9 所示。

3. 施耐德人力资源信息化策略

（1）系统整合

系统整合可以减少时间的浪费并节约成本，让系统更加融入现实社会，实现数据整合与分析。

```
        数据分析与建模
        Data Analysis &
           Modelling

        商务智能仪表盘
          BIDashboard

           基础报表
          Basic Report
```

图 7-9　施耐德大数据分析模型

（2）模型搭建

数据模型是数字经济化利用的基础，有效的模型建立将有助于企业的快速分析与决策。

（3）移动化

移动化是当下最便捷、最普及，也是最高效的交流与使用工具，企业基于需求研发的 App 是未来的趋势与必然，人人都可以用手机与企业领导沟通或安排各种需求，节省了大量的时间与物质成本。

（4）精益生产

精益生产需要数据的支持，特别是一些细微处的数据，通过系统快速收集并分析，找到精益生产痛点与难点就是容易的事。

（5）数字化平台

施耐德专门搭建了可为员工提供学习的渠道，还设立了便于销售了解客户需求的基于物联网的架构与数字化平台。另外，通过平台自动运行出来的环境指标、效益指标、人员指标衡量集团在可持续发展方面的努力和效果。数字化平台可以有效地跟踪，衡量员工培训效果，从而推动员工主动学习。

企业创建的 AI 面试，最大限度地提高了 HR 效能，面试人员通过 AI 对话面试与后台数据收集，让 HR 从繁杂的工作中解放出来，通过 AI 智能化的数据收集与分析，不但改善了之前选择资源少的问题，还提升了合格员工的录取率。

4. 总结与启示

第一，数字化时代，伴随着新技术的产生与运用，企业发展也步入了新的阶段，数字化转型成为企业未来的首要任务。企业想要蓬勃发展、提升软实力，就需要运用大数据给予高效科学、有理有据的信息与资料，赋能于组织领导者，赋能于企业人才，让企业人才的培养和发展更加全面。

第二，大数据与 AI 推动了领导力的提升。利用大数据技术，通过对海量的数据进行有效的收集、分析和处理，可以让企业管理者找到合适的、有效的运营模式，帮助企业探索未来定位，保持员工士气，在市场竞争中占据优势，同时保证业务具备良好的盈利能力。随着大数据时代的到来，各行业都获得了新的发展机遇。大数据在很大程度上提高了企业的核心竞争力，通过对企业海量数据的汇总分析，决策人员可以对企业的运营情况进行有效的分析，从而将各环节中的潜在因素挖掘出来，并且通过有效的控制，提高企业的生产效率和经济效益，从而提升企业的市场竞争力，促进企业的健康发展和进步。

第三，人工智能、云计算、大数据等新兴技术被越来越期盼成为开启企业降本增效乃至转型升级的金钥匙。促进开工和实体经济深度融合，让 AI 为企业全方位赋能是企业的发展之路。AI 与大数据实现真正意义的用数据说话，解决之前用预估来预测或计划的模式，减少了失败的风险，可以最大限度地利用各种有利的资源杜绝存在的风险，并提供给管理者多种预案以供参考，让企业未来的风险真正可控。大数据和人工智能使人类进入一个崭新的时代。

（资料来源：作者根据多方资料整理）

本章小结：本章主要介绍新业态经济环境下的领导体系，以及领导力的艺术与领导的十九金句，并说明数字时代与互联网时代领导力的新变化。领导者需要用变动的思维来应对当下新的经济环境，通过认识数字时代大环境的特点，有针对性地对个人与组织赋能，创造更美好的未来。

第八章

目标管理

> 目标是行动的方向与动能，目标是黎明时的阳光。目标既是方向也是承诺，清晰明确的目标可以带来资源与动力，能够让我们不断审视脚下的路与自我的对与错，以及方向是否发生了偏离。没有了目标，就如大海里失去了航向的船，行往何处，去往哪里无从得知，触礁与翻船都是随时可能发生的事。作为经理人，制订目标就是管理的开始，有了目标才会有行动的方向，才能有的放矢并循序渐进地开展工作，才能带领团队走向胜利的远方。

作为高科技企业，我们的发展不在一城一池，不在眼前利益，在于长远的战略布局。我们关注的是产品、技术实力和市场占有率。

——中际旭创董事长　王伟修

开章案例 | 华友钴业：破难而进，要做就做到最好

有挑战，更有机会；有压力，更有动力；有困难，更有希望。企业发展中危机与成功始终都是孪生的，关键是目标的定位与方向。有了明确的目标，面对困难和挑战镇定自若，科学决策，勇往直前，找准危机下的企业定位，提起精神，全力以赴，任何企业都能顺利闯关，在新一轮竞争中成为强者。

1. 公司概况

浙江华友钴业股份有限公司（以下简称华友钴业）成立于2002年，主要从事新能源锂电材料和钴材料的研发、制造的高新技术企业。目前，形成了资源、有色、新能源三大业务板块，打造了从钴镍资源开发、冶炼，到锂电正极材料深加工，再到资源循环回收利用的新能源锂电产业生态。在保持全球钴行业领先地位的同时，致力于成为全球新能源锂电材料的领导者。

2. 卓越企业战略目标，赋能团队

面对严峻复杂的世界经济形势，作为大型跨国企业的华友钴业，2020年在奋战二季度之际，董事长陈雪华提出"四个不变、三个不能"——"三大攻坚战目标不变、年度经营目标不变、项目建设目标不变、重点工作目标不变"，"防疫不能松、市场不能丢、生产不能停"。卓越的企业文化与充满正能量的战略目标，让企业正能量满满，也从另一维度潜在赋能于团队。

3. 坚持创新驱动

华友钴业是国家级高新技术企业，建有完整的科技创新体系。公司持续加大研发投入，增强科技创新能力，围绕产品领先、成本领先的竞争战略，聚焦主流市场、主流客户、主流产品，进行新工艺研究、新装备应用、新产品开发，实现了一批创新成果的突破。同时，与东南数字经济发展研究院展开合作，打造了锂电材料智能工厂。资源板块加快工业化与信息化融合，提高装置自动化和生产信息化水平，取得了稳定生产、提高效率、降低成本的效果，推动矿冶一体化转型升级。

企业拥有国内同业一流的技术人才队伍，并与中南大学粉末冶金国家重点实验室、国家工程研究中心共同创建了联合研究基地，以公司研究院技术骨干组成的研发团队被评为浙江省重点创新团队（企业技术创新团队）。

瞄准"成为全球新能源锂电新材料领导者"的愿景，陈雪华正带领华友钻业锲而不舍、追梦奔跑。

4. 总结与启示

第一,做企业要有信念,做管理更要有目标,目标是管理者行动的动力之源,奔赴的方向。管理者善于目标管理并科学地引导,转化为团队的动能,给团队赋能,让团队激情常在,打造一支战无不胜的企业团队。

第二,新时代经济新业态模式下需要创新、协同、合作,对于技术的创新与外部信息的融合需要开放与包容,致力于构建头部企业朋友圈,增强企业在整个产业链条的综合实力。

第三,在危机与风险面前,全力以赴。卓越的企业家都是在经历重重磨难与风雨后才成长起来的。在危机中秉持形势逼人、挑战空前、道路曲折、产业光明的信心与理念,保持定力,沉着应战,企业就会走出困境,迎来曙光。

(资料来源:作者根据多方资料整理)

第一节 认识目标管理

目标是行动的指引与方向,是赋予团队的动能与航灯,是把繁杂的工作规范化与科学化的促进因子。没有了目标,掌握不了目标的制订方法,就会缺乏内在动力与驱动力,团队就如一盘散沙,不知方向在哪里,目标的达成就遥遥无期了。

也就是说,目标管理是以目标为焦点与管理工具,通过有效的策略与方法,强调以自我控制为主要手段,注重工作方向与成果的管理艺术与策略。

一、目标管理的概念

(1)计划管理不是目标管理。目标管理是总体目标分解下的行动指南与方向，是目标下的自我管理。它不同于计划管理，计划管理只是一个计划，而目标管理不但有目标，也包含行动与方法。

（2）目标管理不仅仅是对任务目标的管理。目标管理是方向与承诺，是对过程、方法及要求的管理，是以目标任务为导向的绩效管理体系，包含绩效目标、绩效分解、绩效实施、绩效控制、绩效改进。

（3）目标管理是通过系统组织达成目标的路径。目标管理以实现目标为宗旨，通过目标管理统筹人、财、物、技术等资源，形成实现目标管理的路径。

（4）激励机制是目标管理的促进剂与加速剂。是指目标管理必须借助激励机制，最大限度地激发出团队的能力，从而实现自我控制的一种措施。通过把整体目标细分为一个个的小目标，通过个人的积极参与从而实现总体目标。

（5）目标管理是组织目标与个人目标的有机结合体。只有组织中的每个人都努力达成整体目标细分下的小目标，整体目标才是有意义的。组织中的每一个小目标都不是独立的，与总体目标都是关联的，如图 8-1 所示。

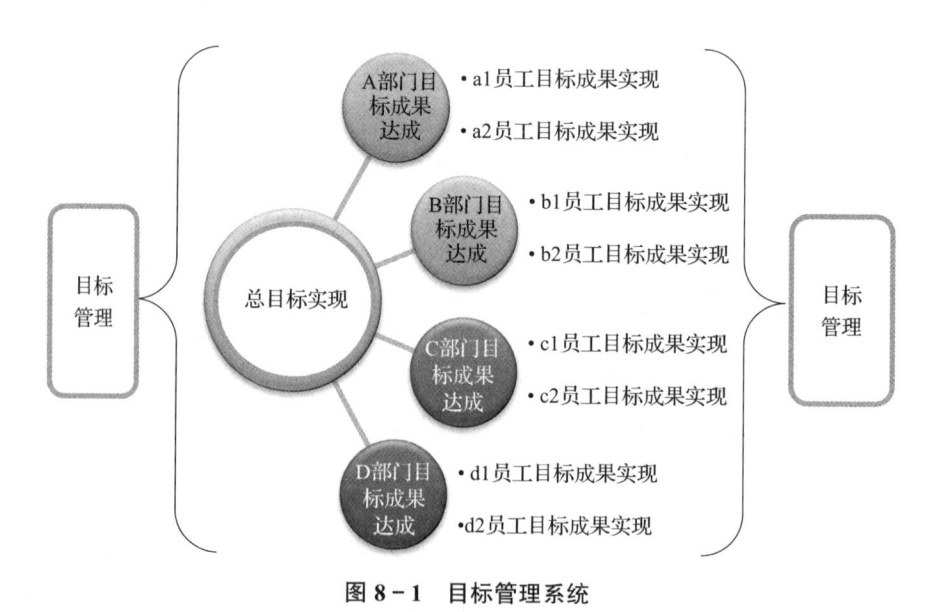

图 8-1　目标管理系统

（6）目标管理重在人人参与，并且从参与目标的制订，是双向沟通的结果。目标管理不是上层指定下属的目标，而是组织中每一个自我设定的整体目标下的一个小分支。只有下属自我控制，并不断提升，总体目标才可能有效达成。

（7）团队与个人的目标都是组织整体目标的小分支，都是相关联的，而不是独立分开的。

二、实现目标管理的条件

（一）企业的目的和任务必须转化为目标

由单一维度评价变为多维度评价。任何目标的实现都是需要多方面目标的达成来实现的，也就说目标没有主次之分，每一个单一目标是由细化的多个小目标组成的系统，要对多个目标进行有效的评价与管控。例如，制造部门的生产效率，是由人员、设备、技术、工艺、环境与产品结构或外因等因素组成的，如果仅评价单一生产效率，就是不科学的，也是不足的，评价也就失去了最终的目的。

（二）任何项目与工作都需要有目标管理，而不是任由发展

（1）目标管理的对象是全员的目标管理，是需要全员参与的。目标管理是需要从上到下，从高层到基层，每一个员工的目标管理，缺失哪一方都是不足的，对总体目标的实现百害而无一利。

（2）目标的实现与考核必须是系统的、有规则的。目标管理强调的是自我控制，因此对于实现目标与考核的标准化就是很重要的一环。目标管理考核既要关注成果，也要关注成果的状况，即虽然目标管理强调的是成果实现，但是对目标管理的评核也要考虑影响与激励的作用。不能依成败论英雄：成果未必能 100% 完成，达到 90% 也是需要合理评价

的。对于超额完成的评价需要更好的激励方式，而不是死板的、没有变通的。

（3）注重发挥所有人员的潜能与积极性，即每个人都是组织系统中的一个分支，是整体下的关键节点，是在总目标下细化出来的小目标，是要求每个人参与到目标管理的过程中去的，从制订到实施与最后的评核都是全程参与，从而最大限度地激励下属的参与度及成就感，实现自我成长与自我管理的进步。

目标的制订必须是可达成的、可行的，而不是无法达成的，一个无法达成的目标，不是成功的目标管理。还有目标制订得不能求大，追求质量高，应该是针对比重较大的目标重点策划；质量不能追求极致，需要制定适宜的要求并循序渐进地提升。

另外，激励需要与目标相一致，激励不能脱离了目标单独制订，激励机制的制定也需要员工的参与，共同讨论，从而就会形成员工的动能。激励需要及时，不能拖沓，这样会让员工有误解从而激情不在。

正确的目标不是纸上谈兵，而是通过一定的努力可以实现的，基于此就需要员工参与目标的制订，让他们对制订的目标给予认可或接受。

（4）任何目标都是企业总体目标的一部分。在企业里面所有的部门与团队都是围绕着整体目标而参与其中，不可以各自为政甚至自立门户。需要视部门与团队而下发比重不一的目标，实现总体的平衡。

专栏 8-1

健帆生物：血液灌流龙头，势冲云霄

当下人民的健康与高质量的生活是医药企业关注的焦点，需要从人民健康所需及国家需要而布局，创新与发展，顺应社会大环境，适时决策，为人类健康幸福谋利。

1. 企业概况

健帆生物科技集团股份有限公司（以下简称健帆生物）创建于 1989 年，员工 2000 余人，总部位于粤港澳大湾区核心城市——珠海。专业从事生物材料和高科技医疗器械的研发、生产及销售，是国家火炬计划重点高新技术企业，荣获"国家科技进步二等奖"，承担多个国家级科技和产业化项目，具备院士工作站、博士后科研工作站等科研平台，是国内首家以血液净化产品作为主营业务的 A 股创业板上市公司，市值稳居医疗器械上市公司前列。

2. 注重创新，科研实力雄厚

健帆生物具有强大的自主研发能力，获批组建广东省血液净化工程技术研究开发中心、广东省省级企业技术中心、博士科研工作站、博士后科研工作站、院士工作站等多个科研平台。在临床应用研究方面，已与国内八十余家大型医院建立了紧密的科研协作关系。

公司自身拥有 186 名硕士，8 名博士，专业覆盖了高分子合成、有机合成、生物工程、医用生物工程材料、临床医学、分子生物学、临床检验、基础医学、免疫学等。

3. 持续打造核心竞争力

健帆生物的核心产品是一次性使用血液灌流器产品，是国家Ⅲ类医疗器械，也是风险等级最高的医疗器械。此类产品附加值极高，毛利率常年保持在 85% 以上。

健帆生物除了巩固自身灌流的龙头地位外，还在加大细分领域研发与开拓，公司产品在肾病、肝病以及陆续培育的新业务领域深挖潜在市场空间。确保企业技术壁垒可依赖性，保持较好的先发优势，继续占领血液灌流产品的龙头地位。

4. 拓展海外市场，产品进入多国医保

在境外市场领域，公司持续关注新的利润增长点，积极拓展海外市场，目前公司完成了对 50 个国家的销售，并且公司的产品被越南、伊朗、土耳其、德国、泰国、拉脱维亚等国家纳入了医保。2019 年，公司海外市场收入约为 0.18 亿元，同比增长 21%（见图 8 - 2）。

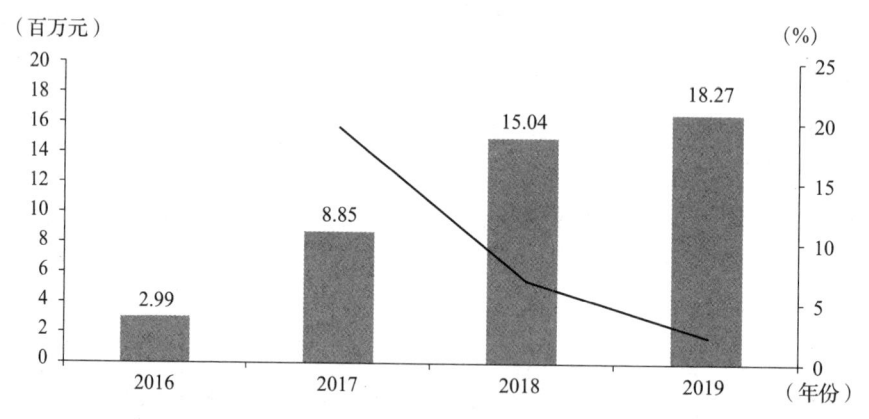

图 8 - 2　公司海外市场收入与增速

资料来源：公司公告，http://www.jafron.com.

5. 加速数字化转型

2025 年，健帆生物将打造独有的"产品—服务—金融—'+互联网'"多位一体的血液净化全价值链，实现集团化、品牌化、多元化发展，为成为"世界一流的高科技医疗技术企业集团"的企业愿景奠定坚实的基础。我们相信，高科技产品＋高素质人才＋高质量服务＝不久将来的成功。

（资料来源：作者根据多方资料整理）

三、目标管理的核心

企业内部的目标体系是全员共同为之奋斗的指引与方向，需要全员同

心同德、同心协力、人尽其才、物尽其用地去确保组织目标的达成。从上到下的目标都是息息相关、层层相连的，不是独立的，整体目标的实现是企业所有人共同努力的成果。

（一）目标管理的主要特点

一是重视人的因素。目标管理需要全员参与，并且是整个过程的参与，包括从开始的制订、实施、检讨、反馈、评核、激励等闭环的全过程。强调自我主导、自我管控，所有人在目标管理中都是平等的，上级支持和信任下级，下级依赖上级，构建一个和谐与相互尊重的体系。

二是建立目标锁链与目标体系。目标管理通过共同的协商与确认，将组织的整体目标逐步分解，转换为各部门、各级管理员、各个员工的分目标。目标过程中责、权、利是清晰的与交织的，就如一棵大树，它的成长既依赖于数以万计的根系吸收地面的营养和水分，又依赖于每一片绿叶从阳光和空气中吸收养分，最终让这个棵大树长大长高，开花结果。总的来说，只有个人目标与总体目标形成了一体性并有较大的关联性，才可以做得更好。

三是重视成果。目标管理的闭环过程是以完成目标及最终考核为终结的，目标结果是后续人事考核与升职加薪评估的重要依据。整个过程是员工全程参与的，管理者不可以干涉过多。管理者必须时刻牢记：对于企业拥有者或最高管理层级而言，他们重点关注的可能不是你的管理方法与知识，而是你真正做出了多少，其验证的不是你努力与管理的过程，而你交出的业绩与成果。所以，在目标管理制度下，监督的成分很少，最主要是靠个体的坚持不懈，以及优秀的业绩。

（二）目标的三大要素

表 8-1 为目标的要素。

表 8-1　目标的要素

要素	内容	目标示例
目标是什么	实现目标的重点与项目名称	A 企业提高年销售额与利润率
达到什么程度	达到的质量、数量、状态	2020 年销售额达到 10 亿元，毛利润率达到 20%
如何做	完成目标应采取的措施	通过采购新设备，以提高产量 通过科技创新，销售额增加两亿元 通过内部物料与水电的节约控制，年节省额达 600 万元 通过提高单位生产效率，节省成本 200 万元
什么时候完成目标	期限、部门、计划与跟进表	生产、工程、维修、其他 1 月： 2 月：
是否达到了既定目标	最终业绩审核	实际销售额： 利润率：

目标的要素要清晰明了、一目了然，有了目标就有了方向与行动指南，才能发挥目标管理的作用，如图 8-3 所示。

对上级的目标管理　　　　　　　　　　　对下属的目标管理

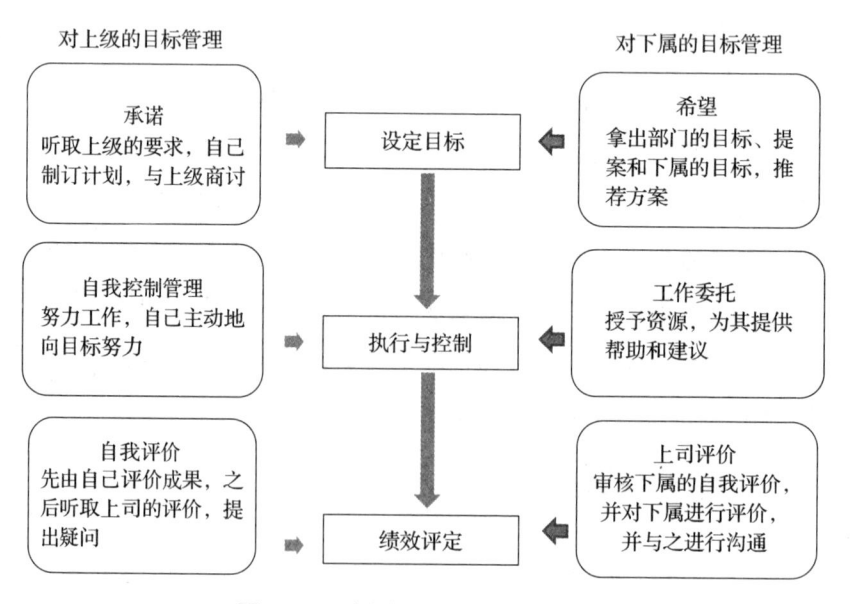

承诺
听取上级的要求，自己制订计划，与上级商讨
→ 设定目标 ←
希望
拿出部门的目标、提案和下属的目标，推荐方案

自我控制管理
努力工作，自己主动地向目标努力
→ 执行与控制 ←
工作委托
授予资源，为其提供帮助和建议

自我评价
先由自己评价成果，之后听取上司的评价，提出疑问
→ 绩效评定 ←
上司评价
审核下属的自我评价，并对下属进行评价，并与之进行沟通

图 8-3　对上级和下属的目标管理

第二节　目标管理成功的要素

一、目标管理成功实现的因素

（一）目标统一，劲儿往一处使

企业的各个部门在确认目标统一的基础上，所有人都发挥各自的能力与潜能，为达成目标而同心合力。在执行的过程中难免有争执，不过，只要不影响目标的达成，求同存异地去开展工作。

（二）各司其职

管理者与下属需要在各自的领域展开工作，管理者的工作主要是在计划、监督、激励、领导、辅导和重要业务问题的处理上，重在策略；而下属的主要工作是在执行与落实的细节，重在执行。

上司有上司的目标，下属有下属的细分目标，目标是一个统一的联合体，大家在各自职位层面上开展工作，都清楚各自的职责与目标，工作就不会杂乱无章。否则，界线不清，目标不明，下属就会没有目标地乱忙，上司每天都在做"消防员"。

（三）激发主动性

目标管理强调的是目标设定的个人要参与其中，是自己认同的，所以，也就没有抵触或很少抵触。

有了目标管理，上司不再天天指手画脚、说三道四，指挥今天做这个，明天做那个，而是自己想办法，不主动不行，从而使下属的创造性和潜力得到挖掘与发挥，个人的再创价值得以实现。

有了目标管理，一切按照自己的方案或想法进行，任何事情都参与其中，你不会错过任何好的机会与创新的可能，你一心用在完成目标上，需要智慧、思考与斟酌，一切都围绕着目标的达成而进行。

(四)关注重点

要事第一是职业经理人正确做事的原则,面对大量的工作,不可能全部参与并亲力亲为,需要清楚哪些是重点,是关键的要点。一般情况下,经理人只关注那些占比前三的目标,只要达成这几项,就能完成目标的80%,也就是关注贡献值较大的目标因子。

(五)科学量化

目标管理最好的方面就是指标量化管理的清晰与科学性,根据当下预测未来可达成的情况,并据此给予评价与激励。也就是说,在目标制订后量化评核的规则就已经是透明化与量化了,从而事先引导人的行为,避免事后诸葛的情况发生。

理想就在明天,只要努力,霞光无限。你现在的预期里藏着你的成功之路,目光能看多远,你就能走多远,预测未来的最好方法就是创造未来。

专栏 8-2

中际旭创:全球高速光模块龙头企业

科技创新是企业的核心力量,企业要在创新之中创造企业的核心技术与产品,并且利用好周围的资源,助力企业再次腾飞。中际旭创作为高端通信模块的龙头,把创新作为企业发展的第一动力,引领信息时代潮流,致力于将自己打造成全球高速光模块领域的龙头企业。

1. 企业概况

中际旭创股份有限公司(以下简称中际旭创)是一家集光通信器件设计研发制造、智能装备制造于一身的技术创新型企业。公司业务涉及高端光通信模块、电机定子绕组制造装备等多个产业领域,在美国和中国台湾地区设有研发中心。中际旭创始终把创新作为企业发展的第一动力,以科技创新带动管理、模式、文化等方面的创新。

2. 与谷歌强强联合

中际旭创积极与世界一流企业强强联合，扩大投资并汲取先进技术经验。谷歌不仅给其投资，还给订单，甚至为中际旭创在技术上保驾护航。中际旭创第一款1000G光模块产品芯片就是谷歌联合芯片公司为中际旭创独家提供的。

搭上了谷歌的快车，中际旭创凭借卓越的产品很快切入亚马逊等海外云计算巨头的供应链体系当中。随着国内云计算的发展，华为等企业也成为中际旭创的客户。

3. 适应5G未来的需要，加大信息数字的开发与投资

5G时代数据流量大爆炸，400G光模块将成为数据中心新的产品方向。作为全球高端光模块的龙头企业，中际旭创具有全球领先水平的唯一量产400G单模产品，占据全球一半的市场份额。

在国内新基建不断加码的背景下，中际旭创迎来了发展的机遇。新基建即新型基础设施建设，主要包括5G、大数据中心、人工智能、工业互联网、特高压、新能源汽车充电桩、城市轨道交通七大领域。

4. 加大研发投入，技术与产品领跑市场

"卓越的创业团队，领先全球的技术工艺。"这是谷歌的基金负责人对中际旭创的评价。

中际旭创夯实并拓展核心技术，以确保紧跟行业需求，在行业快速迭代中占得了先机，并保持了持续领先优势，有力巩固了自己的行业龙头地位。

中际旭创一直重视对行业前沿技术的积累并持续加大研发投入力度。财报数据显示，中际旭创2020年前三季度的研发费用达2.92亿元，同比增长了30.18%，其中，仅第三季度单季的研发费用就达1.77亿元，同比增长了43.77%。图8－4为归母公司净利润同比增长率。

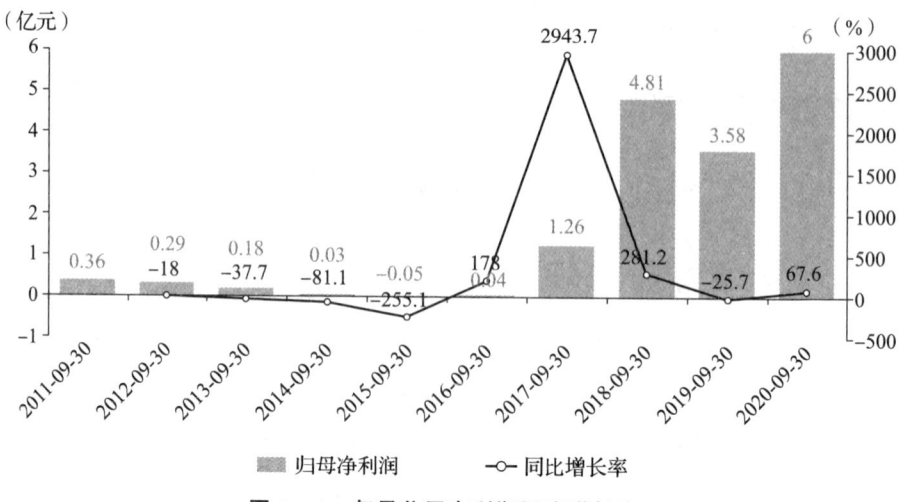

图 8-4　归母公司净利润同比增长率

为了持续深化在传感器、物联网及芯片领域的投资，中际旭创还拟投资入股耀途进取基金，以期能够借助专业投资机构的优势进一步提高自身盈利能力和市场竞争力。

（资料来源：作者根据多方资料整理）

二、目标管理成功实现的特征

怎样的管理才算得上是目标管理呢？或者说，目标管理的好处和特征是什么呢？让我们了解一下目标管理的好处与特征，看看管理者正在做的是否符合目标管理。总体来说，目标管理的好处有以下几个方面。

（一）目标清晰，业绩更好

目标清晰，方向就不会偏离，大家朝一处努力，一切资源皆为此而助力，业绩必定会好。目标含糊不清，全员不知道企业的战略方向与取舍，就不知在何处、去往何方。没有了清晰、具体的目标，大家就会失去努力的方向与动力，该做的事不做，不该做的事忙个没完。

（二）权力责任明确，自主管理

目标管理的宗旨就是要求全员参与、自我管控。由于员工参与了整个过程，责、权、利就是清晰的，规则也是透明的。这样，员工就知道采取什么方法、利用何种资源、过程如何控制、达到什么结果去不懈努力。如果管理者参与过多，目标管理就不是员工认可的目标管理，一切都是领导的指示与方法，目标管理就是错误的。在目标管理中，员工重在执行，管理者重在监督、支持和引导，大家各司其职、分工合作，就会打造高效、和谐的企业文化，目标管理就会在一个较好的环境氛围下达到更好。相反，管理者亲力亲为，不但自己身心疲惫，也拖累了员工，可以说是得不偿失的。

（三）激发主动性

激发下属的主动性是一个卓越经理人常用的目标激励策略。

（1）目标是自我参与协商制订的，可以减少过多的问题。目标管理主要是个人自主管理，目标也是通过沟通分解下来，并由个人制订的。这样的目标是有自主"知识产权"的，当然，抵触的因素与成分就很难出现。

（2）目标是自我参与制订的，因而做事会更高效。如果目标是基于个人职业生涯而制订的，下属的工作热情一定比较高。成就目标也就是成就自我的职业生涯，下属自然乐在其中。

（3）参与制订了目标，等于许下了承诺，员工必会努力实现。人毕竟都有自尊心与上进心的，自己设定了目标，做出了承诺，自然就会深耕细作。

（4）设定了目标后，下属就成了目标管理的主人。因为目标管理实际上就是自主管理，就是上司有效授权的一个方面，制订权、选择权、执行权三权在一身，需要各方面努力与选择，有挑战性是必然的，但是有挑战的目标才更有成就感。

（5）自主管理就如实行了"承包制"，谁也不希望有其他人的指指点点，总是自己千方百计地去突破并达成目标。如果不主动努力和创新，目标管理的达成就是一句空话。

（6）潜力得到发挥和挖掘。目标管理的自主管理，就如八仙过海，各显其能，每个下属都会挖掘自己深处的创新动能与智慧，用自己有限的能力创造出无限的价值，潜力的发挥和挖掘也将是最完美的。

（7）目标管理的评价以结果为重要导向，即凡事以结果去评价，这是原本商议的标准与规则，不能因为有任何的私心而让评价失去了意义。在企业里面，用数据来验证目标管理才是最正确的。

（8）自主管理等于全方位的自我领导，你是老板或领导，就需要筹划目标中的每一个环节与任务，目标管理本身也是一个系统的综合体，而不是单一的活动与任务。

（9）目标管理的最终要求是成果的实现，实施过程中的方法因人而异，没有一个万能的方法，只要能挖掘出自我的潜力，让成果有效达成，何需顾忌是哪个领导的赞同与否定？毕竟目标管理是以成果论英雄。

（四）抓住重点

要事第一是卓越经理人的管理原则。所以，经理人需关注重要的事，分清重要的事与紧急的事。这也是卓越经理要事第一原则的体现，要把有限的时间用在最有价值的事情上，而不是眉毛胡子一把抓。

（五）关注结果

以终为始，关注结果是目标管理的重要特点。以结果为焦点，过程中的任何问题都是围绕此焦点展开的，团体中的每一个人都会为此建言献计，也就少了过多的争议与排外问题的产生。

总之，成功的管理者都关注结果，关注结果也是一个卓越经理人成功的重要因素。

专栏 8-3

欣旺达：锂离子电池领域的领军企业

欣旺达历经20多年，发展成为全球锂离子电池领域的领军企业，致力于提供绿色、快速、高效的新能源一体化解决方案。欣旺达的使命是"创新驱动新能源世界进步"，愿景是"成为受人尊重的世界级新能源企业"，核心价值观是"成就客户、自我批判、诚信本分、激情奋斗、团队合作"。欣旺达坚持聚焦消费电子及新能源汽车产业战略，专注于锂离子电池行业，持续投入产品技术开发，不断开拓国内外高端品牌客户；在管理层面持续推动流程化组织建设和管理改良，积极引进复合型高端人才，构建多元化人才梯队，强化组织整体的执行力。公司管理层及实控人对公司未来发展拥有坚定信心，将持续做好经营管理工作，促进公司战略规划落到实处，为股东创造价值。

1. 公司概况

创立于1997年的欣旺达历经20多年，发展成为全球锂离子电池领域的领军企业，形成了3C消费类电池、智能硬件、汽车动力电池、储能系统与能源互联网、自动化与智能制造、第三方检测服务六大产业群，致力于提供绿色、快速、高效的新能源一体化解决方案。

2011年4月，欣旺达登陆深交所创业板，成为创业板第一家以锂电池模组整体研发、制造及销售的上市企业。在资本力量的加持下，欣旺达迎来了高速发展，先后获得了"世界能源500强""中国电子信息企业百强""中国电池百强企业""中国民营制造业500强"等荣誉称号。

2. 文化引领组织流程化、过程标准化的双核驱动模式

欣旺达坚持文化引领未来、文化驱动发展的经营理念，形成了"三化一体"（即人本文化、质量文化、文化战略）的引领模式。在文化引领的牵引下，组织流程化、过程标准化成为运营过程的双核驱动力，确保组织健康发展、质量优先的卓越模式。

3. 全员参与，持续改进，追求"零缺陷"

欣旺达长期开展质量文化建设，引进先进质量工具，持续推行精益六西格玛、全面质量管理和提案改善活动，构建质量人才梯队，以客户为中心，追求零缺陷，使公司成为锂电行业高质量的代名词。

欣旺达建立内部企业大学。欣旺达大学依据公司总体发展战略和人力资源战略，推动和组织公司培训体系的建设，并通过对各类员工和管理人员的培训和发展，支持公司的战略实施、业务发展和人力资本增值。对外配合公司业务发展和客户服务策略，为客户和合作伙伴提供全面的技术和管理培训解决方案，提升客户满意度。

欣旺达高度重视人才发展，建立员工管理与专业技术的职业发展双通道，通过分层分类的职位任职资格体系，引领员工可持续成长，为员工提供多元化的成长平台。

在员工福利方面，欣旺达提供在行业内有竞争力的薪资，针对卓越核心人员进行股权激励，提供管理/技术双通道晋升机制，有效激励员工的创新性与积极性。

4. 提前布局，谋就"小宁德时代"

2010年筹划上市之时，欣旺达早已对动力电池领域有所布局。

作为锂离子电池产业链下游的模组厂商，欣旺达的产品几乎覆盖了所有锂离子电池的应用场景。

欣旺达在动力电池领域向上游延伸。2014年，欣旺达收购东莞锂威，布局电芯环节。2015年开始与五菱汽车、五洲龙、北汽福田、东风汽车、广州汽车、吉利汽车、欧辉客车等汽车厂商展开合作。

2020年10月12日，获得了瑞典汽车厂商沃尔沃的资质审核。这是欣旺达与雷诺—日产联盟建立合作关系之后，又一次获得了世界知名车企的青睐。

5. 全产业链延伸

以锂电子电池作为核心点出发，上游延伸到电芯正负极材料、动力电芯制造等关键环节，下游延伸至电动汽车、储能电站、分时租赁等领域，打通了全产业链一体化，如图8-5所示。

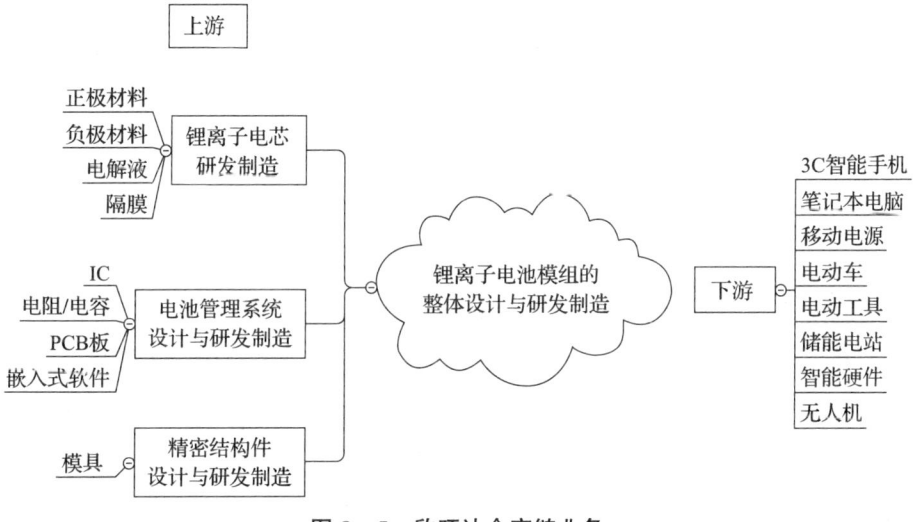

图 8-5 欣旺达全产链业务

资料来源：公司公告。

公司最终的计划是，成为世界领先的绿色能源企业及新能源一体化解决方案平台服务商，并且在精耕细作原有的锂电池产业链的基础上，将业务领域向VR、可穿戴设备、能源互联网、电动汽车动力总成、智能制造、检测服务等方面进行延伸和拓展，创造更广阔的市场领域。

（资料来源：作者根据多方资料整理）

三、目标管理中存在的问题

团队的目标做不好是因为没有一个好的目标管理，那么认识何为不好的目标管理就显得尤为重要，一个不好的目标管理主要体现在以下五个方面。

（一）目标变来变去

下属参与度降低，目标成了领导的指令，就已经不是下属认可的目标管理，没有下属参与的目标管理，何来自我管理呢。

（二）讨价还价

有些经理人，把与下属讨论制订目标认为是权力的流失，太过于信奉自我的权威，并且视下属为兵，我是领导，我说了算，错误意识充斥着整个失败的管理过程。

（三）目标不能共识

经理人与上级制订的目标，一般情况下是很难再更改的，那么基于此，如何与下属沟通达成共识就是一个棘手的事。毕竟下属看待问题是从他自己的角度来看待的，是很难理解或懂得上层的战略与意图的。在这个方面，要引导下属站在上层的思维角度来进行沟通与讨论，让下属知悉企业的未来发展战略与潜在的风险，相信必然能达成一个两全之策。

如果一意孤行，不能达成共识，下属的错误认知会引导他们做出错误的行动，对经理人的工作无助，更会对企业的整体目标产生较大的影响。当然也有部分下属会基于压力与奖金，故意压低目标，这也是需要注意的。

成功的人，往往会让下属基于过往的数据指标，采用每月或每季度小幅递增的方式让下属制订目标，这样看似小小的递增模式，一来容易让下属接受，二来也可以让全年的目标达成。

（四）目标难以量化

对于一些文职性较强的工作，用一般意义的数据来量化他们的效率是有一些难度的，但是可以转化思维，从与他们关联性较强的部门挂钩，用其他部门质量的稳定性来转化，这样就可以制订出定量性的效率来。总之，只要大家做好沟通与引导，就不是难事。

当然，针对一些真的没有办法用数据来量化效率的下属，也不必要为此而过于看重。

（五）下属不主动

有一些下属可能只考虑眼前的薪资，对于目标没有太大的动力。管理者让做什么，就做什么，属于只有踢一脚才会动一下的人，无论你说什么，他们总是"好好好，是是是"来应答，对于这些人，除了一些日常的沟通引导其正确的职业规范，也要常监督与督促。

专栏 8-4

雪榕生物：操帆摇杆，乘风破浪

随着人民生活水平的不断提高，人民对绿色健康食品的需求量日愈增长，特别是对于一些具有食疗价值的菌类食材，其需求量指数般上升，对菌类口感与品质追求也上升到一个更高的层次，喜欢用膳食来调理身体成为当下健康的生活理念。甚于此，雪榕生物也多方举措，为了满足人民的更高需求而不懈努力，打造国内最大的食用菌生产与销售企业。

1. 公司概况

上海雪榕生物科技股份有限公司始创于 1995 年，于 2016 年 5 月 4 日在深圳交易所创业板成功挂牌上市。作为农业产业化国家重点龙头企业及中国航天事业战略合作伙伴，雪榕生物秉承"科技还原生态之美"的发展理念，专注于科学培植食用菌，引领均衡膳食之道，打造航天品质食用菌全国供应链，实力守护 14 亿国人健康菇篮子。

2. 科技引擎、环保至上

雪榕生物在菌种、工艺、培养基配方等方面，具有核心自主知识产权，公司拥有专利67项、5个认定菌种。

雪榕生物以先进的生物工程育种、人工模拟生态环境、智能化控制、自动化机械作业进行生产，在生产过程中不使用任何农药和化学添加剂，无残留，从源头上确保了食品安全，并通过完整的质量控制、品质保障体系及质量追溯体系，解决食用菌产品生产和流通环节安全问题。2015—2019年营业收入如图8-6所示。

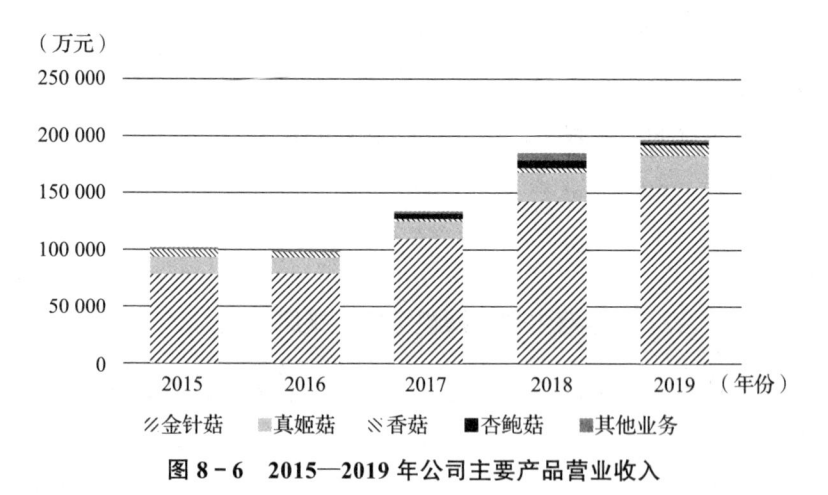

图8-6 2015—2019年公司主要产品营业收入

资料来源：2015—2019年度公司年报。

3. 循环经济、资源集约

工厂化食用菌生产具有"不与粮争地，不与地争肥，不与农争时，不与其他行业争资源"的独特产业优势，是符合科学发展需要的农业朝阳产业。

以玉米芯、米糠、麸皮等农业边角料进行食用菌标准化、现代化、规模化栽培，生产过程智能化控制、自动化作业，废弃菌渣再用于生产有机肥和燃料，点草成金，变废为宝，实现了农业生产良性循环，2010年被评为上海市循环经济示点单位。

4. 崇高的企业价格观与愿景，助力企业蓬勃发展

雪榕秉承以"中正"思想为立企之本，顺应天地变化之道，锐意改

革、推陈出新，在变通中永葆生机和活力的核心价值观。倡导永葆危机意识，永葆学习创新意识的企业文化，让永葆危机意识成为雪榕强大基因的核心，让学习创新成为雪榕不断前进的动力源泉，并且时刻保持危机意识，时刻保持战斗状态和迎难而上的企业氛围。

雪榕生物致力于成就一个伟大的企业，为领跑全球食用菌行业孜孜以求、锐意进取。满怀对生命的敬畏和尊崇，为创造人类绿色、健康的生活，同心协力、矢志不渝。

5. 全国线上线下销售网络健全，进一步打造品牌价值

作为农业产业化国家重点龙头企业，公司着力实行"全国战略布局和多品种战略布局"的双轨驱动战略，率先完成全国布局，在国内已建成七大生产基地（泰国雪榕生产基地在建中），在900千米的运输半径内覆盖了我国近90%的人口。相比于其他企业，公司通过全国合理布局可以实现产销联动，优化生产销售各个环节，有助于自身更好地掌握各地食用菌产品的供求信息，在全国范围内统筹调度产品并合理定价，提高销售行为的主动性与可控性，更好地抵御区域性供求失衡的风险，提高经济效益。在全国布局的基础上，公司采用助销的销售模式，大大加强了与各级经销商之间的客户黏度，使各级经销商即使在食用菌的销售淡季也能保持推广公司产品的积极性，在产能迅速扩张的情况下，仍能维持较为稳定的价格体系；同时，公司产品的品牌知名度也得到了迅速提升。

（资料来源：作者根据多方资料整理）

四、目标的执行

（一）目标计划转化为行动计划

从目标到计划与行动，也是循环往复的PDCA闭环过程，如图8-7

所示。

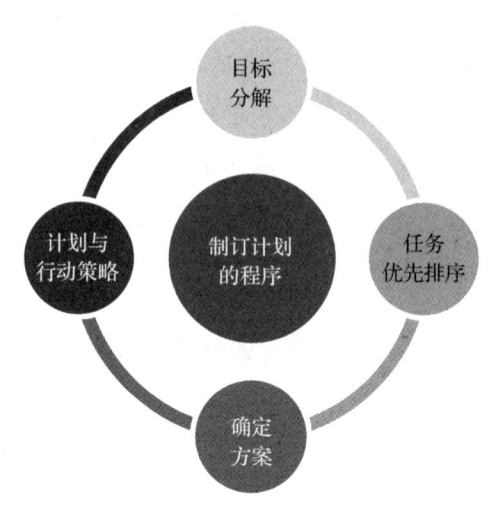

图 8-7　从目标到计划与行动切入流程

（1）要实现年度目标、季度目标、月度目标需要做哪些事。根据分解后的目标，制订重要的具体事项，针对每一个阶段的小目标制订更详细的计划，如图 8-8 所示。

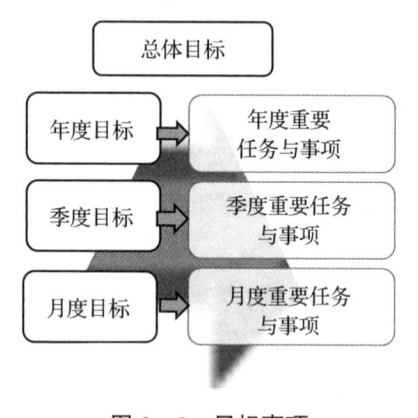

图 8-8　目标事项

（2）有哪些重要障碍需要预先考虑与预案。针对具体事项，要对可能遇到的问题与困难进行预先的考虑与预案，如遇到问题时需要做什么、需要什么资源支持、如何做等。做好预先管理也是目标管理的策略。

（3）行动时间计划表。好的目标管理必须要有一个时间期限的要求，即在哪个时间段完成哪些事，需要达到成果目标的期限等。如果没有行动的时间表，可能会延迟短期目标的完成，从而拖累了整个目标，如表8-2所示。

表8-2　行动时间计划

序号	时间	月度事项	完成期限	评估

姓名	授权或委托事项	完成期限	评估

月度进度	
月度检讨	

（4）需要什么支持。针对过程需要支持的较大的项目或困难，就需要有针对性地制订预案，从项目投资或技术开发及其他资源方面进行考虑与计划，并且也需要有相应的后备预案。做到运筹帷幄，一切皆在掌控之中。

（5）需要做哪些准备活动。目标管理总是有一些挑战与难度，因此也要对下属开展一些相应的技术与知识活动，让大家早一点做好心理准备。

同时，针对过程中需要支持的地方，也要给大家有一个清晰的引导，知道遇到问题与困难时需要从哪里着手。

（二）过程中发现问题时经理人的改善策略

在目标管理的执行过程中，上级主管不能过渡干预，当然也不能听之任之，而应该做足以下几个方面：

（1）随时了解、掌握和关注下属的目标完成情况，并让下属定期汇报本人的目标进度与完成情况及总体目标的完成情况，定期进行目标进度的检查和总结。

（2）为下属创造能顺利并出色完成目标的环境与沃土。

（3）鼓励和支持下属自由地运用自己的能力、经验，实现真正的自我控制与管理。

（4）要与其他部门沟通与交涉，调整并整顿工作环境，给下属创造愉悦的工作环境。

（5）当下属目标进度完成良好时，要明确表扬与赞赏，鼓励下属以更好的士气与激情在下阶段做得更好。

（6）当下属在目标管理进程中出现懈怠与错误时，需仔细了解懈怠与出错的具体原因，给予必要的批评或采取果断的措施。

（7）当下属遇到困难时，必须给予支持与技术援助，让下属感到强烈的支持，没有孤独做事的感觉。

（8）对下属进行必要的培训。无论目标管理是在启动前还是在过程中，必要的培训是让下属提高目标管理效率的较好途径。

（9）遇到突发事件时，与下属共同商议解决的方法，不能搁置不理，让下属感到孤立无援而失去信心。

（10）持续关注内外部环境对目标管理的影响，必要时要做出目标调整。

（11）与下属保持良好的人际关系，成为工作中的合作伙伴与搭档。

（三）目标的修正

一般情况下，目标管理的目标是不能随意修改的，除非受到一些内外环境较大的影响时，可以考虑适当地调整。

1. 外部环境变化较大时

目标计划的制订从一开始就是建立在对未来预估的基础上的。

（1）当环境有了重大的变化时，目标需适当地调整，如遇到金融风险事件或重大的国际贸易摩擦时，就需要考虑做出调整。目标的修正并不是因为下属的努力程度的高低而变更的，是视外部环境变化而做出的弹性修正，是合理与科学且必要的。

（2）当外部环境有利于企业的发展时，目标需调高。例如，国家支持的新兴技术产业，降税减负政策与补贴等。

（3）当外部环境不利于企业的发展，即使下属与团队最大的努力也不能顺利实现时，需要调低目标。

2. 内部环境变化时

（1）企业内部策略发生重大调整，即企业的发展战略与营销战略发生改变时，也需要据此进行相应的调整。

（2）发生突发事件时。如遇到自然灾害或企业的安全事故，严重影响目标时，需要做出调低的考虑。

（3）企业的新产品与技术发生了重大的升级，也需要做出调整。

（四）目标管理评价

目标管理的绩效评价是上级与下属的双向沟通过程，评价的目的并非仅仅是考核或惩罚，更重要的是总结经验、吸取教训、寻求解决问题的方法。评价的内容是员工承诺并经上级认可的目标，评价的标准是双方事先沟通确认的目标达成规则。

1. 目标管理评价的方法

（1）下属自我书面评价，然后交给上级；

（2）上级基于下属的评价，给予中肯的再评价；

（3）就目标管理的绩效与下属进行面对面的沟通和交流；

（4）将最后沟通与交流的结果填入评价报告；

（5）将评价报告与最终的结果送到人事部备案。

2. 目标管理评价的结果

（1）可以用数据评分。

目标完成得分情况 = 目标达成率 × 重要程度 × 努力程度 × 困难程度

（2）对于不能用数据量化的指标，可以用完成的质量与时间来进行评价。

超过预期目标的，得分为120%；

按计划完成，达到预期结果的，得分为100%；

未达到预期结果或延期的，得分为60%。

绩效评价流程如图8-9所示。

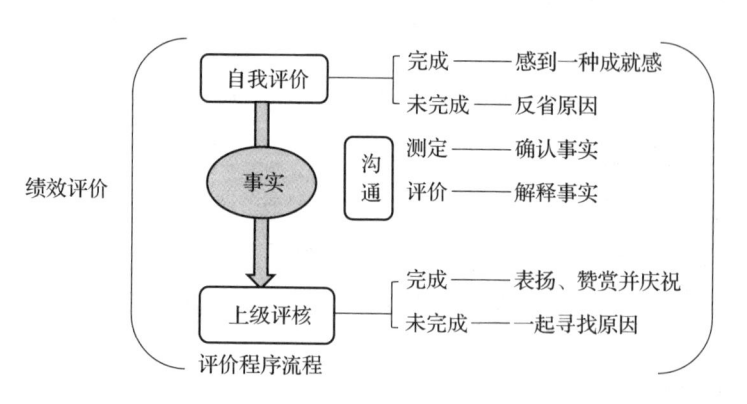

图8-9 绩效评价流程

（五）评价结果的应用

基于评价的结果按业绩与能力给予相应的精神或物质奖励，以此作为升职或加薪的重要参考因素。要做到有效的激励且有奖有罚，奖要有后续的动力，不能是蜻蜓点水式的激励；对于罚需要分清绩效的具体情况，即不能依评分高低作为依据。

专栏 8-5

澄天伟业：智+芯共舞，鹏城万里

科技公司要打造独有的核心技术能力，并且看清风口所在，并努力为之。特别是在当下，科技公司更需要不断地创新发展，专注于核心竞争优势的建设，坚持以市场为导向，技术创新为引领，走自主品牌发展之路。

1. 公司概况

深圳市澄天伟业科技股份有限公司（以下简称公司）成立于 2006 年 8 月 1 日，是智能卡行业集研发、生产、销售及服务为一体的高新技术企业。于 2017 年 8 月 9 日在深圳证券交易所创业板挂牌上市。

2. 管理体系不断优化，提高员工主观能动性

公司建立集团层面的顶层创新机制，将创新覆盖到生产中心的运营管理和公司的业务模式，同时加强公司业务内部控制制度建设，加强集团人才管理与流动，打造更具竞争力的管理梯队，做好人才培养工作，优化绩效管理体系，通过各种有效激励措施，充分发挥公司人才的主观能动性。公司主营业务和应用领域如图 8-10 所示。

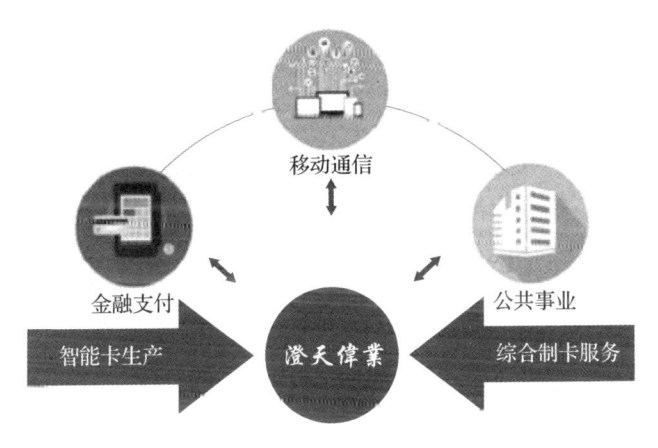

图 8-10 公司主营业务和应用领域

3. 优化产品结构和服务，营收增速稳步向上

在公司"延伸产业链，拓展新领域"战略下，通过不断优化产品结构，增加附加值更高的智能卡后端服务，为客户提供多元的综合服务，推动公司业绩的不断增长。自 2015 年以来，公司营业收入稳步增长，经营规模不断扩大，2018 年实现营业收入 3.55 亿元，同比增长 20.53%，实现归母净利润 0.55 亿元，同比增长 3.62%。2019 年以来，公司更是多元化布局芯片领域，相信未来在芯片加持构筑产业护城河的背景下，公司业绩还将持续稳定增长。

4. 延伸产业链、拓展新领域

继续聚焦主业，延伸芯片环节，专注内生增长。全球智能卡市场蓬勃发展，拓展下游应用领域。通信技术发展、在线支付的兴起和 EMV 迁移等因素共同推动智能卡业务的发展，应用领域不断向政府和居民健康领域拓展。与通信企业联合研发制造 5G 通信卡，并且延伸到芯片的研发与制造产业中，进行专用芯片生产，生产的芯片也可作为终端产品销售，增厚公司业绩，实现"1+1>2"的效果。

（资料来源：作者根据多方资料整理）

第三节　职业经理人目标管理的有效策略

自我管理是对一个人全方位的管理并制订有针对性的方案，通过对自我的有效管理，可以充分开发人的潜能，提升职业能力。良好的自我管理能够奠定职场修养的基础，实现赋能，让职业发展有动力和持久力。

一、职业经理人目标管理的制定

职业经理人的目标管理是整个目标管理体系中的起点,它主要包含两大部分:战略目标(长期目标,3~5年目标)和年度目标(短期目标,1年内)。要做好管理,自然关乎到其落地执行,没有做好执行,就等于是空谈。所以目标管理要明确目标如何设定和用什么方法执行到位,在执行的过程中不断地根据情况检讨并做出自我调整,直至目标的达成,这就构成了一个管理的闭环。职业经理人的目标管理循环如图8-11所示。

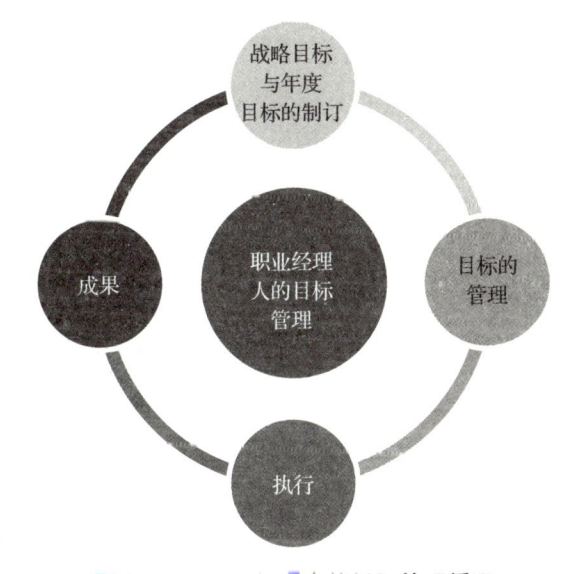

图8-11 职业经理人的目标管理循环

从经理人自身角度来制定目标管理,目标分为两种:战略目标和战术目标。

战略目标属于长期目标范畴,它既受外部环境的影响,又受组织内部资源、人力等的制约。外部环境主要包括相关政策、经济环境、社会文化、信息技术、竞争对手五个方面。了解这五个外部因素,对于职业经理人的目标管理是必要的,脱离了对外部因素的考虑,一些战略目标就会在运行中受到制约并有潜在的风险。

（一）外部因素

1. 相关政策

政策影响着企业能否持续的、合法的经营下去。企业必须顺应大政策的环境来考虑自己的发展战略，对于政策明令禁止的或不支持的，就要想办法避开。例如，对环境有影响的塑胶，一些高污染、高耗能的产业等。

政策影响着企业的方方面面，这不仅有宏观方面的，还有微观方面的，比如受政策鼓励的互联网创业，互联网影响着人们的消费观念，而同时也在潜移默化地影响着企业产品与销售策略的调整，这是战略目标需要深层次研究的方向。

2. 经济环境

每个地区的经济发展、人们的消费习惯和爱好都有较大的差别，那么企业采用的竞争策略也要有针对性。还有就是，两国之间的贸易关系或摩擦也会影响到整个环境的变化。同时，基于本企业所在行业在经济中的占比情况，以及在世界经济大环境不断变化的现状下，企业的定位需要多方的考虑，使企业能够从夹道中生存，朝有利于企业经济发展的方向前进。

3. 社会文化

时代不同、人们受教育的程度不同、环境差异大，这些都影响着我们的价值观，从而改变了我们的行为，而这种改变也蕴含着机会。当今的互联网时代，年轻一代是这个年代的主流消费群，他们的习惯与认知受社会文化的影响比较大。

4. 信息技术

习近平总书记早在2018年两院院士大会上的重要讲话就明确指出，"世界正在进入以信息产业为主导的经济发展时期。我们要把握数字化、网络化、智能化融合发展的契机，以信息化、智能化为杠杆培育新动能。"当下经济是产业数字化、数字产业化的新业态。

5. 竞争对手

当下时代的竞争对手来自何方你都未必清楚，受数字经济的影响，行业在重塑，新业态也在更新迭代，竞争对手来自多方，可以说是四面楚歌，今天的对手可能成为明天的关键客户。

就如大润发创始人黄明瑞所说：我赢了所有对手，却输给了时代。

（二）自身因素——企业发展的多维度指南

内部自身因素包含五个维度，主要是从使命到愿景，再到战略落地及目标的制订与实施，还有目标的关键结果，涵盖企业内部的各个层面，是企业未来方向的指引灯，是目标管理的指南，如图8-12所示。

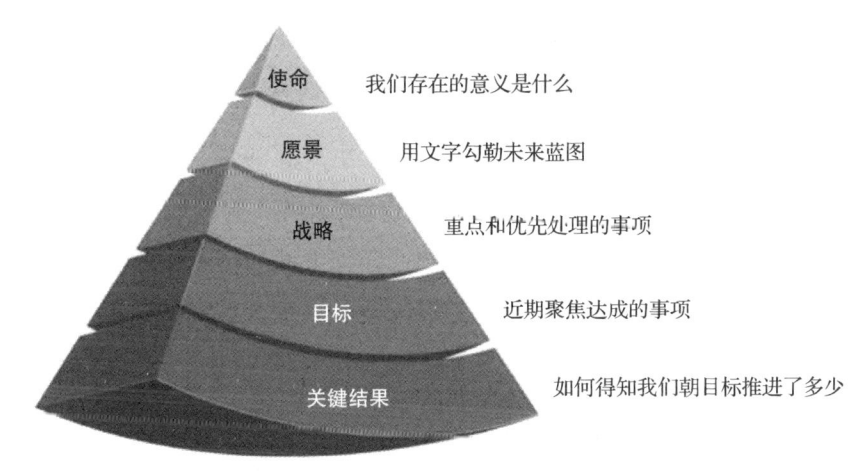

图 8-12　目标管理与自身因素的影响

二、从执行层面看职业经理人目标管理

经理人制订目标后，不是从此以后就放手不管不问，而要对目标管理过程进行适时的管理与跟进，需要了解目标管理实施的进度如何、达成情况如何、目标是否有偏离、需要哪些支持与帮助等。经理人根据下属的特长、能力和行为去授权授责，激发下属的自我调整、积极做事的主动性。有效利用下属的自我控制与管理能力，最大限度地挖掘出他们的潜能是卓越经理人必要的工作。

（一）目标按重要与紧急程度，依时间细化为小目标

要事第一不是经理人的独有原则，所有员工也要按此来执行。根据目标制订时商议的重要与紧急的序列，按时间优先顺序再细化到工作中的小目标：在什么时间完成什么样的进度、达成什么样的结果、目标的达成是否具有效率、是否需要再修正，每一个小目标都是一个小的管理循环，完全达到要求就进行下一个目标。

（二）工作为何这样做的意义需知会员工，并且要有合理的授权，授权不授责

只有清楚地告诉员工目标为何要这样做，且目标达成后的意义是什么，才能有效促进员工的参与度与积极性。更重要的是与员工说明目标达成后奖励标准是什么，有哪些措施，是加薪还是升职、给予特定的荣誉等。员工清楚了这些，就会有一些资源或其他方面的需求，此时适当的授权很重要。清楚授权的范围与边际，以及达不到要求后的惩罚机制等，就能最大限度地激发员工的积极性与参与性。

（三）过程重在监督与激励，重引导，少责怪

当管理者针对目标授权后，员工在自己的能力与授权范围就可能已经把事情处理好了。此时管理者需要的是监督工作的进度与质量，以及授权是否超出边界等。

1. 定期汇报

针对此过程的有效监督，管理者可以视目标与员工商议好汇报的结构与内容，用固定的表格来汇报工作可以提高效率，不需占用员工大量的时间，不需要再多的考虑，只要按真实的情况填写就可以了。当管理者通过表格发现进度不符合预期时，就需要与下属沟通并分析方案，或者到一线去协助。

2. 多鼓励，少责怪

没有人不愿意把工作做好，也没有人故意做错事，人不是万能的，犯

错也在所难免，遇到这种情况，管理者不能一味地责怪，而是要就事论事，查证原因，分析问题的根源与后续的纠正方案。多鼓励员工参与问题的查证与方案的优化，适当的鼓励与信任能使下属减少犯错。

鼓励令人感觉到被信任、被理解，更多的是能激发潜能。想做事的人总不想辜负对他有所期待的人。卓越的经理人都信奉"成就别人，成就自己"的道理。

3. 授权是否有滥用

管理者在目标实施的过程中要多去了解与侧面观察，或者与相关人员沟通，授权是否用在正确的地方，是否有超越边界、违规等情况，杜绝授权被滥用。授权不授责，需要跟进与落实，不是一句口号与空话。

当然授权时要做好预先管理，既预想到授权后可能出现的情况，并提前做好管控，减少过多的问题与错误。当然也需明白，超出权力的工作一点都不能做，而且没有员工故意去做越权的事，所授的权对被授权者来说也是责权利于一身的集合。

目标完成后，要及时按商谈的方案实施激励，不要吝啬赞扬，快速兑现前期的承诺，才能让员工再接再厉，争取更好的成果。

三、职业经理人目标管理的高效执行

一个卓越的职业经理人在目标管理中需要做到以下几个方面的要求：

（一）参与执行

参与执行是指经理人必须要参与到目标管理中去，而不是将目标束之高阁。管理者是下属的一面镜子，你需要下属成为什么样的人，你必须先成为什么样的人。在目标管理中，职业经理人不但要亲自参与，更要关注下属在目标管理中需要什么支持，虽然下属被授予了适当的权力，但是职业经理人在下属的目标管理中恰当的出现并给予的各方支持，对下属来说是莫大的鼓励。

（二）不为失败找理由

目标管理是依成果为导向、依自我管理为中心的，职业经理人在目标制订之初，就已抱有必胜的信心。遇到任何困难与问题，不会轻易放弃，对于经理人来说困难与问题就是新的机会与潜在的资源。每一次的失败都将是成功的开始，没有困难与问题职业经理人就没有了存在的价值。即便真正遇到较大的困境，成功的经理人会善于利用周围的资源，周围的资源有上级、有同事，也有下级。始终相信方法总比困难多，曙光就到来了。

（三）服从

经理人作为企业的管理者，要服从上级的指示，并且按照上级给定的目标完全执行。如果一个企业经理人不服从上司的要求，甚至有违背上司的目标要求，不但无法完成目标，也将给企业带来更多的负面影响。在企业里，管理者是火车头，火车头都跑偏了，做为车身的员工早就跌到轨道之外了。良好的服从，正面影响了下属的服从性与积极性，从而确保了目标管理在正常的轨道上运行。

（四）做过了不等于做好，每一次把事情做好

卓越职业经理人在目标管理中始终保持每一次把事情做对并做好的原则。不要出现当一天和尚撞一天钟的情况，不管钟是否撞响，是否按时敲，是否撞到钟的中心，不能有任何做过就可以的想法。这样就可以更加高效地完成目标，减少不必要的浪费与损失，也可以杜绝用高额成本来做到目标管理。

（五）即刻行动，不拖延

快速执行、立即行动是卓越职业经理人本色，对于关键与要事需要第一时间高效处理，不要有过多的借口来推辞。因为时间就是效率，时间就

是生命。目标管理中的任何事务无论大小，必须第一时间去解决或给予支持；同时也让下属明白目标管理是需要高效行动的，不延迟、不推诿，建立目标管理的良好氛围。

（六）在上层发现问题时就已经解决

在目标管理的过程中，对于发现的问题或预知到的问题，不是找理由推脱，而是利用周围的所有可用资源，把已发生的问题或潜在的问题做好改善或预案。这样不但利于目标管理的有效进行，也让上司对经理人的认可度与支持度更高。而任何企业的上司不需要一个只会反馈的经理人，他们需要你的建议与行动，且是有备选的选择题。

（七）专注的精神与毅力

在目标管理过程中，专注的精神是攻破疑难杂症的基础。实施过程中问题与困难肯定是有的，较大的困难也在所难免，如果碰到相对较大的困难就泄了气，目标管理就没有了挑战性，这样的经理人成不了卓越职业经理人，也不会有丰硕的成果。

（八）保持良好的自律

经理人的自律是目标管理成功的关键，自律可以养成好的习惯，你会按照既定的计划、既定的要求，按部就班、保质保量去工作，你的自律也会在无形中引导下属高效执行并保持良好的纪律性。自律的团队也必将成就优异的成果。

（九）高标准、高要求

高标准、高要求贯穿于目标管理的整个过程。高标准与高要求的做事风格，使下属清楚也必须要用高标准与高要求来对待目标管理工作。每一次都把事情做对，把事情做好。

章末案例 | 片仔癀：匠心筑造"药中茅台"

只有技术才是企业坚不可摧的护城河，也是企业不断研发与创新的动力。企业若想获得持久的成功，就需要打造无法被超越的技术竞争壁垒，打造无人能及的技术城墙，这样企业才可以稳定持续地经营下去。片仔癀始终以创新为企业的发展动力源泉，用心筑造中国的"药中茅台"。

1. 公司概况

片仔癀药业公司是以医药制造、研发为主业的国家技术创新示范企业、中华老字号企业，为国家中药一级保护品种，中成药单品种出口连续多年位居中国第一。2020年上半年，公司实现营业收入为32.46亿元，同比增长12.15%；利润总额为10.39亿元，同比增长15.95%；净利润为8.8亿元，同比增长16.2%；上缴税收为5.03亿元，同比增长48.88%，再创同期历史新高。

2. "绝密配方+天然原料+强大品牌"三大稀缺要素铸就强大护城河

片仔癀是国内仅有的两个中药一级保护品种之一，也是唯一配方和工艺被列入国家"双绝密"的稀缺品种，受到实质的长期保护。其核心原料天然麝香受国家管制，10年内供不应求的局面不变，公司通过自建养麝基地+扩充麝香库存保障原料稳定供应，足以支撑未来放量需求。片仔癀具有500年的悠久历史，品牌价值极其深厚，连续5年蝉联"肝胆用药第一品牌"，常年高居"中华老字号"品牌第二位。公司业务毛利率如图8-13所示。

3. "一核"稳步前行，"两翼"迎风而起

2014年以来，公司积极构建以传统中药、生物制药为核心，以保健药品、保健食品及功能饮料和特色功效化妆品、日化产品为两翼，以药品流通为补充的"一核两翼"大健康产业发展战略，致力于把片仔癀打造成国内一流的健康养生品牌。

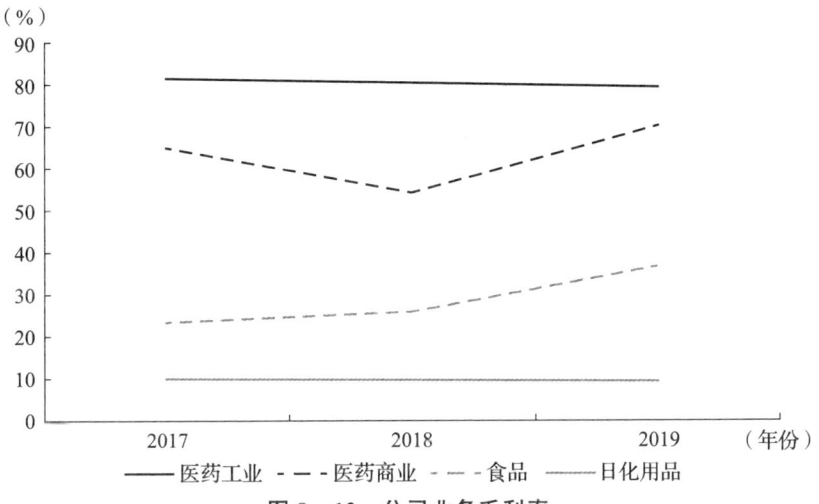

图 8-13 公司业务毛利率

资料来源：公司官网。

稳"一核"，持续培育核心品种，新药研发强化成长动能；振"两翼"，将日化、化妆品业务打造成为重要增长引擎，受制于品牌影响力及药妆疗效显著的影响，公司采用差异化策略推出的片仔癀牙膏日化业务步入收获期，有望成为未来大单品。凭借体验馆渠道宣传推广，日化、化妆品品牌效应逐步强化，未来有望持续放量。日化、化妆品板块营业收入及增速如图 8-14 所示。

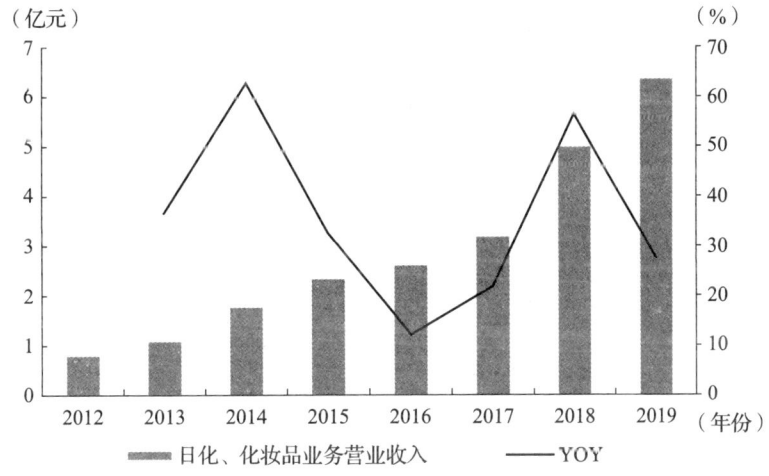

图 8-14 2012—2019 年片仔癀日化、化妆品板块营业收入及增速

资料来源：Choice，东方财富证券研究所。

4. 精诚精制：施以良心 + 品质两剂"原料"

片仔癀药业始终严守"不接受不合格品、不传递不合格品、不放行不合格品"的质量承诺，践行"诚信为基，执行为要，敬业为本，创新为魂"的质量行为准则，实施基于"战略供应链"的全面质量管理模式，引进卓越绩效、6S 等先进管理理念和工具，导入 ISO、CNAS、两化融合等标准管理体系，构建全面质量管理体系，产品关键质量指标及顾客满意度居同行业前列。通过不断夯实战略供应链上游的原料保障及科技保障基础，建设中药材种植、养殖基地，建立完善的供应商管理体系，并对重要中药材实施战略储备，多措并举保障药材品质及供应，为顾客持续、稳定地提供优质产品。

5. 聚力赋能：需求端发力，供给端助力

片仔癀在创新领域，深耕于产业链，不但保证品质，也降低了成本。前端自我培植养植基地，后端从成本上面下功夫。

6. 总结与启示

第一，打造企业的技术与品牌的护城河。作为中国中药知名品牌，企业需要确保核心技术的牢固性与长远性，聚焦中药业，东阿阿胶、片仔癀、云南白药及同仁堂各家都有独门绝学。需要秉持品质为主的战略原则，不谋一时之利，谋国家中药瑰宝之称。

第二，创新迭代，持续创新。无论是什么行业，创新发展是必由之路，面对消费迭代、市场革新，两者依然没有躺赢可能。必须要持续创新，从产业链上挖掘蓝海，并且依据社会的发展，因地制宜地做出适合的多元化发展之路。医改大潮汹涌，提质增效、创新升级已是常态，即使贵为中药龙头，也不能怠慢。

第三，补短板，强创新，培育新增长点，升级产业链条。生物医药的黄金赛道——超 4000 亿元的美肤护肤市场，堪称蓝海。面对瞬息万变的

日化竞争市场，物有所值与市有所值并有显著疗效的产品是重中之重。如果产品结构单一，营业收入稳健难以长久，也会为持续高增长埋下隐患。因此，需要补短板，强创新，培育新的增长点。

（资料来源：作者根据多方资料整理）

本章小结：本章重点介绍目标管理赋能的重要策略，从目标管理的特点、核心、要素等多个角度进行解析，指出目标管理中的不足与错误之处，以及何为好的目标管理、如何正确制订目标管理。同时，介绍了职业经理人的目标管理制订与实施策略。总的来说，目标管理就是成果管理，管理的不仅是成果，也是不断赋能的过程。目标管理重在执行，核心是成果，赋能是持续动力。

参考文献

[1] 布莱恩·莫兰. 超高效时间管理：用12周完成12月的工作（新时代·职场新技能）[M]. 北京：清华大学出版社，2019.

[2] 彼得·德鲁克. 人与绩效[M]. 闾佳，译. 北京：机械工业出版社，2019.

[3] 毕于衍. 赋能主导下的企业人力资源管理研究[J]. 经济管理文摘，2019（12）.

[4] 卞汉权. 科学分钱：学习华为分钱方法，解决企业激励难题[M]. 北京：电子工业出版社，2021.

[5] 蒂法尼·杜芙. 自我赋能[M]. 陈晓耘，译. 北京：中信出版社，2018.

[6] 蒂莫西·克拉克. 追随：让下属心甘情愿跟着你的秘密[M]. 郑纪愿，译. 南昌：百花洲文艺出版社，2017.

[7] 段引. 有效沟通在企业管理中的作用与策略[J]. 四川劳动保障，2021（1）.

[8] 杜幕群，朱仁宏. 管理沟通[M]. 3版. 北京：清华大学出版社，2018.

[9] 段柯. 数字时代领导力的维度特征与提升路径[J]. 领导科学，2020（16）.

[10] 范国盛，樊恒希. 领导授权的艺术[J]. 当代江西，2013（7）.

[11] 冯雨州，廖倩. 现代企业管理中的有效授权研究[J]. 商业时代，2010（29）.

[12] 郭宏，桂俊杰. 时间管理中的信息化手段[J] 中外企业家，2013（32）.

[13] 葛瑞. 企业如何有效实施目标管理与绩效考核[J]. 人才资源开发，2018（18）.

[14] 贾海生. 加强组织赋能提升队伍建设[J]. 企业管理，2019（S1）.

[15] 贾森·杰伊，加布里埃尔·格兰. 高难度沟通（麻省理工高人气沟通课）[M]. 北京：中国友谊出版公司，2017

[16] 蒋巍巍. 向上管理的艺术：升级版如何正确汇报工作[M]. 北京：人民邮电出版社，2020.

[17] 孔英丽. 通过有效授权，实施企业高效管理[J]. 经济研究导刊，2015（15）.

[18] 李家龙. 对自我管理要素体系及其实现的研究[D]. 武汉：武汉大学，2009.

[19] 理查德·哈格斯，罗伯特·吉纳特，戈登·柯菲. 领导学：在实践中提升领导力[M]. 朱舟，译. 北京：机械工业出版社，2016.

[20] 林炫鹏. 浅谈招聘管理者角色定位与认知[J]. 中国管理信息化，2020，23（1）.

[21] 刘广. 领导授权赋能行为对知识型员工创新行为的影响：知识共享与自我效能感作用研究［D］. 广州：华南理工大学，2019.

[22] 刘水英. 管理者如何实现有效授权［J］. 中外企业家，2013（20）.

[23] 刘剑. 论企业领导者如何实现有效授权［J］. 中外企业家，2015（6）.

[24] 刘海. 浅谈经营管理中激励艺术的运用［J］. 东方企业文化，2014（7）.

[25] 刘益颖. 领导授权赋能行为对员工建言行为的影响研究［D］. 郑州大学硕士学位论文，2019.

[26] 雷强. 如何提升互联网时代领导力［J］. 紫光阁，2015（7）.

[27] 刘兆鑫. 强化执行力的领导力建设论析［J］. 领导科学，2019（22）.

[28] 刘峰. 新时代的领导力和领导科学［J］. 中国领导科学，2018（2）.

[29] 李开复. 领导力的精髓就这9条［J］. 企业观察家，2019（11）.

[30] 李晔. 企业团队沟通管理问题探讨［J］. 企业改革与管理，2020（17）.

[31] 刘云高. 企业管理中有效沟通技巧探析［J］. 化工管理，2019（12）.

[32] 李平. 韧性领导力的内涵及其提升路径［J］. 决策与信息，2019（11）.

[33] 李雪雪. 浅谈德鲁克的目标管理［J］. 山西农经，2017（13）.

[34] 孟欣. 目标管理述评及其应用建议［J］. 企业改革与管理，2020（21）.

[35] 马化腾. 数字经济：中国创新增长新动能［M］. 北京：中信出版社，2017.

[36] 聂娜. 知识管理型企业组织结构设计与创新要素分析［J］. 商业时代，2013（13）.

[37] 南勇. 共情沟通：如何让沟通具有超级穿透力［M］. 南京：江苏凤凰文艺出版社，2019.

[38] 潘润兴. 目标管理在企业中的运用和对策［J］. 现代经济信息，2018（9）.

[39] 邱树萍. 管理中的激励艺术［J］. 山西财经大学学报（高等教育版），2010，13（S1）.

[40] 任晓明. 目标管理在现代企业管理中的作用［J］. 智库时代，2020（11）.

[41] 任绪增，刘洋，邱金辉，等. 浅析企业管理沟通存在的问题及对策［J］. 中外企业家，2019（29）.

[42] 瑞·达利欧. 原则：如何创造出完美独特的自己［M］. 刘波，綦相，译. 北京：中信出版社，2017.

[43] 邵喜武，王海艳，佟国光. 现代企业领导激励艺术的新思考［J］. 工业技术经济，2009，28（4）.

[44] 水藏玺. 学管理 用管理 会管理：优秀管理者成长三部曲［M］. 北京：中国

经济出版社，2016.

[45] 孙文. 向赋能型组织转型[J]. 企业管理，2020(8).

[46] 宋璐璐. 领导授权赋能行为对员工建言的影响：一般自我效能感的作用[D]. 山东：山东大学，2015.

[47] 汤潇. 数字经济影响未来的新技术新模式新产业[M]. 北京：机械工业出版社，2020.

[48] 田凤. 激励：让员工自动自发地奔跑[M]. 北京：中国纺织出版社，2021.

[49] 王建和. 阿里巴巴管理三板斧：阿里铁军团队管理实战教程[M]. 北京：机械工业出版社，2020.

[50] 王林. 杰克·韦尔奇的"别样"精神激励艺术[J]. 领导科学，2014(18).

[51] 武佳，赵欢. 互联网时代下企业员工的多元化赋能[J]. 商场现代化，2020(12).

[52] 王昊. 论管理者角色的认知与转变——从技术专家到管理者[J]. 新视野，2014(4).

[53] 吴德贵. 领导者激励艺术——论现代领导的九大艺术（七）[J]. 人事天地，2011(8).

[54] 王通讯. 一本引人关注的领导力之作——评《卓越领导力》[J]. 中国领导科学，2019(5).

[55] 吴晓波，约翰·彼得·穆尔曼，黄灿. 华为管理变革[M]. 北京：中信出版集团，2018.

[56] 万希. 中层管理者角色认知及其职业危机管理[J]. 经济与管理，2009，23(4).

[57] 肖司炫. 领导授权赋能行为对隐性知识共享的影响研究[D]. 武汉：中南财经政法大学，2019.

[58] 徐泰铭. 领导授权赋能行为对员工创新行为的影响研究[D]. 厦门：厦门大学，2019.

[59] 许一. 领导的"演艺"——知识经济时代领导力的新要素[J]. 领导科学，2014(12).

[60] 徐晓丹. 浅析企业目标管理[J]. 现代商业，2020(17).

[61] 余来文，林晓伟. 互联网思维：组织、生态与管理[M]. 北京：经济管理出版社，2020.

[62] 伊恩·麦克雷. 激励与绩效：员工激励多样化方案[M]. 龙红明，译. 北京：

人民邮电出版社，2020.

[63] 余来文，林晓伟，孙燕，等. 互联网思维：组织、生态与管理 [M]. 北京：经济管理出版社. 2020.

[64] 雍志娟，王勤，张启军. 从无为而治到赋能为上 [J]. 企业管理，2018（12）.

[65] 于靖，刘博. 企业绩效管理中有效绩效沟通的策略研究——以 IBM 的绩效沟通体系为例 [J]. 现代交际，2019（4）.

[66] 职连发. 培养中层管理者的时间管理能力 [J]. 内蒙古科技与经济，2014（17）.

[67] 周晓东. 基于管理职能的管理者角色认知 [J]. 领导科学论坛，2014（11）.

[68] 曾启帆. 有效授权，铸造卓越领导力 [J]. 教育家，2017（31）.

[69] 张磊. 价值：我对投资的思考 [M]. 杭州：浙江教育出版社，2020.

[70] 张振江，王永，王雨轩. 领导干部如何有效授权 [J]. 领导之友，2017（24）.

[71] 张晓东. 关于企业管理者授权和有效授权的探究 [J]. 人才资源开发，2017（20）.

[72] 张德伟. 老板，你懂得有效授权吗？[J]. 中小企业管理与科技（中旬刊），2013（11）.

[73] 张友霞. 人事管理中激励艺术的运用 [J]. 企业改革与管理，2014（23）.

[74] 赵桢. 企业如何更好地发挥目标管理效用的思考 [J]. 商讯，2020（12）.

[75] 张晓龙. 数字经济环境下的私有云平台设计探讨 [J]. 智能物联技术，2018，1（2）.

[76] 张宏伟. 关于企业目标管理和绩效考核的思考 [J]. 商场现代化，2018（12）.

[77] 张玉利，史宇飞，薛刘洋. 数字经济时代大型企业驱动的创业创新实践问题研究 [J]. 理论与现代化，2021（1）.

[78] 朱勤，孙元，周立勇. 平台赋能、价值共创与企业绩效的关系研究 [J]. 科学学研究，2019，37（11）.